逆轉中華

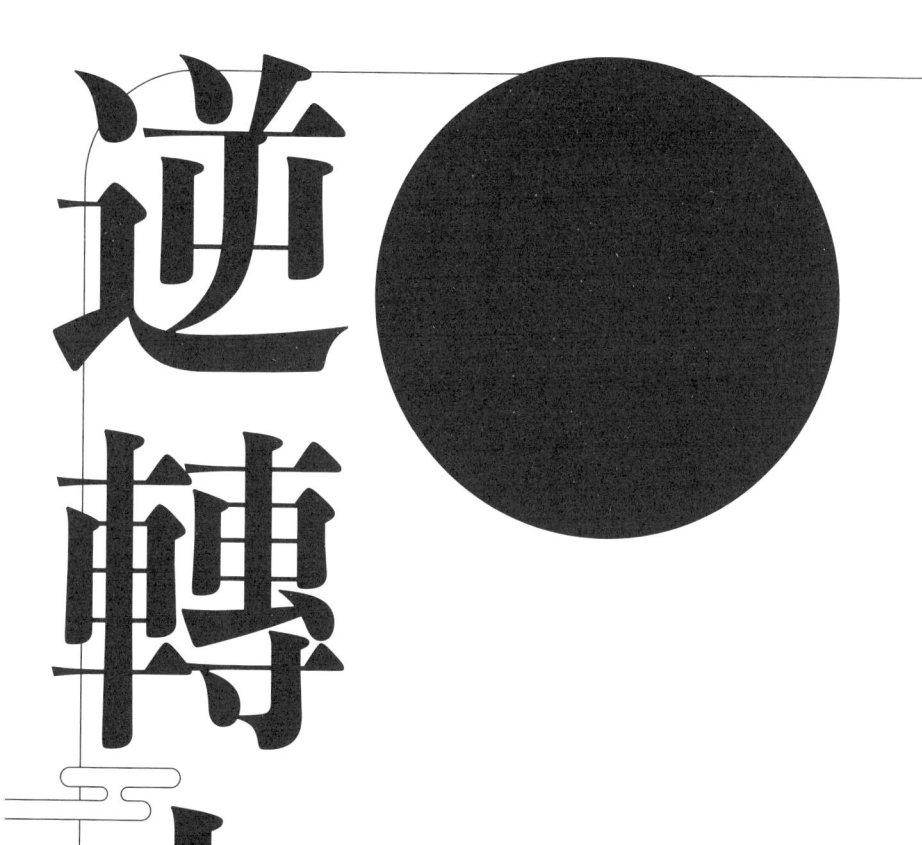

江戶日本如何運用情報與外交改寫東亞秩序

State and Diplomacy
in Early Modern Japan

Asia in the Development
of the Tokugawa Bakufu

Ronald P. Toby

羅納德・托比 —— 著　　堯嘉寧 譯

哥倫比亞大學東亞研究學院（the East Asian Institute）研究論文

東亞研究學院是哥倫比亞大學有關現代東亞的研究、教育和出版中心。東亞研究學院成立於一九六一年，其宗旨在向更廣泛的大眾介紹有關中國、日本和韓國的重要新研究成果。

獻給我的雙親

與

紀念赫歇爾・韋伯（Herschel Webb）

目次

推薦序　匯聚當代人的歷史視野……鄭維中　7

史丹佛版前言……13

原版前言……23

第一章　導論……43

第二章　後豐臣秀吉時代的外交正常化……61

第三章　認可的透鏡：幕府正當化過程中的外交 81

第四章　透過雙筒望遠鏡看到的世界：動蕩東亞的幕府情報機構與日本國家安全 129

第五章　透過禮儀之鏡：照出理想世界的鏡子 173

第六章　結語 221

附圖目次 235

查閱的檔案與手稿／收藏出處 237

註釋 287

參考書目 314

推薦序
匯聚當代人的歷史視野

中研院臺灣史研究所副研究員　鄭維中

二〇〇二年，日韓兩國共同舉辦了世界盃足球錦標賽。這反映了當時東北亞乃至於整個東亞（東協加三）的經濟整合態勢。其中一個重要里程碑，便是日本首相小淵惠三與韓國總統金大中於一九九八年簽署了〈日韓共同宣言—面向二十一世紀的新日韓夥伴關係〉。如同此一宣言所規劃的願景，在二十一世紀初，日韓兩國站在自由民主政治、市場經濟的基礎上，大幅推進了彼此各方面的合作關係。在東北亞歷史展開新的篇章之際，兩國勢必得清理過去歷史上的糾結關係，以廓出一個共通認識的基礎。自二〇〇一年起，兩國召集學者從事共寫日韓關係史的嘗試，並且於二〇〇五年首度發表了聯名報告書。

配合這整體的發展，日本公共電視臺（NHK），也將種種歷史研究的新成果匯集製作成歷史紀錄片。這一系列紀錄片即《日本と朝鮮半島2000年》，首集於二〇〇九年四月起開

始播放。最後一集（第十集）即在日韓合併百年紀念（二〇一〇年）時播放，相當具備象徵意義。這是在近十年前所發生的事實。也就是說，以日韓為主所發動，民主國家們對於東亞歷史的再定位，已經進展了一段時間。

在這樣的「歷史再定位」的風潮中，最為核心的議題無疑是近代國家的形成過程。這也是東北亞日、韓兩個民族國家（當然也）不免都受到作為背景的巨大帝國——中國的影響）在這數百年間如何形成各自認同並且相互定義的問題。這當中有許多必需處理的痛苦記憶。不僅包括「日韓合併」，也要面對在十六世紀晚期牽動了中、日、韓三國的國際戰爭：「文祿・慶長」之役或「壬辰」戰爭。這一系列紀錄片以第八集來面對此一歷史。其中受訪的韓國鄭杜熙教授表示：「這場戰爭對於後世的影響相當大。直接上來說，它成為了中國明朝滅亡與日本德川幕府成立的契機；廣義上來說，則造成以儒教思想為基礎的中華世界秩序為之崩解，從而產生無法藉由舊有秩序來統合東亞全體的狀況。」在後續第九集，探討了此一戰爭之後，日韓透過「朝鮮通信使」恢復交往後的東北亞國際秩序。仲尾宏教授在此集中指出，日韓兩國曾經存在過「善鄰」、「交鄰」這樣的平等關係，但這樣的關係從明治時代後就被日本人所遺忘。這種遺忘的原因可能是幕末時代的用語「鎖國」被過度強調，而忽視德川幕府除了限制與歐洲人交往外還有其他外交活動的緣故。仲尾教授並指出，檢討所謂「鎖國」的實像，在二〇一〇年也是日本學界納入重新評價的議題。

009　推薦序　匯聚當代人的歷史視野

讀者將能發現，這些在前述ＮＨＫ紀錄片中被視為必須告知大眾的研究成果，都是本書在一九八四年首次出版時所觸及的議題。明治時代以來的歷史敘事之所以長期未經歷這樣的「再評估」，當然跟日本在二次大戰後的整體發展有關。作者在本書的〈史丹佛版前言〉已有解釋，在此則不贅言。對照於約三十年後ＮＨＫ紀錄片的內容，大致上可以說當初本書所提出的論點與論證都受到了日本學界的肯認。

在二十一世紀初，由東京大學小島毅教授主持，推動了〈東アジア海域交流と日本伝統文化の形成──寧波を焦點とする学際的創生〉（二〇〇五─二〇〇九年）大型學術計畫，產出了如同《從海洋看歷史》這樣集體合作的作品。[2] 這樣的努力，無疑已經對於明治以來「孤立發展的日本史敘事」產生了衝擊，而使當代的日本公民對於其在東亞海域的地位取得最新的認識。與之對照，雖然臺灣的命運自甲午戰爭以來受到地緣政治極大的影響，臺灣史當中對於涉外關係的研究卻比較少獲得關注。而在二〇一〇年前後日韓學界逐步關心東亞世界於前述壬辰戰爭的發展時，臺灣史學界仍鮮少有人注意到這與臺灣早期歷史發展的關聯性。大多數臺灣史學者在探討這段歷史時，仍滿足於延續臺北帝國大學於一九三〇年代刊出

1　ＮＨＫ「日本と朝鮮半島2000年」プロジェクト編著，《日本と朝鮮半島2000年（下）》（東京都：田中製本，2010，第一刷）頁127-128。

2　羽田正編，張雅婷譯，《從海洋看歷史》（新北市：廣場文化，2017，初版）。

的研究成果，幾乎沒有更新。3 即使美國學者歐陽泰（Tonio Andrade）在《福爾摩沙如何變成臺灣府》一書交代早期日臺關係時，也都還是仰賴戰前一代日本學者如中村孝志的業績，未有重新探討的餘力。4 首先受到這新一波歷史詮釋運動影響而改寫早期日臺交涉史者，大概是寫出《公司與幕府》一書的亞當・克拉洛（Adam Clulow）。讀者可翻閱其關於濱田彌兵衛事件的描寫，可知我所言不虛。5

筆者在寫作《海上傭兵》一書時，也受到本書的影響。這是因為在看待鄭氏家族（鄭芝龍父子）崛起的制度環境時，不可避免地要關照除了中國朝廷外另一個在東亞海域有難以忽視發言權的大國日本。6 托比此書對於德川時代早期日本對外關係的敘述，極有條理地表述了當時國際環境裡面對於外交的文化想像與實踐。本書對於鄭芝龍請兵日本時幕府內部的諸多考量，還有三藩之亂鄭經出兵前後幕府對於東亞局勢的判斷等，都有細緻合理的討論，讀者不妨看看四十年前托比早已明瞭的事實與提出的洞見。

對於保障言論自由，採取民主體制的國家而言，公民對歷史認識必須具備一定素養。臺灣從十六世紀晚期以來，就被捲入了周邊國家動盪、活躍的地緣政治角力之中。這是由於臺灣位於海洋航路交會之處，有可能觸動周邊國家利益之故。同理，歐亞大陸風雲變色，也可能在轉瞬之間影響了臺灣島上居民的命運走向。這都是生存於臺島當下的讀者們應善自體會之事。展讀此書，讀者在這十七世紀東北亞地緣政治猛烈變化的歷史中，將可感受到那深遠

歷史的餘波，如何作用於活於當世的我們身上。

3 岩生成一，〈長崎代官村山等安の臺灣遠征と遣明使〉(臺北帝國大學文政學部史學科研究年報，1934，第一輯)。
4 歐陽泰著，鄭維中譯，《福爾摩沙如何變成臺灣府》(臺北市：遠流，2007，初版)。
5 克拉洛著，陳信宏譯，《公司與幕府：荷蘭東印度公司如何融入東亞秩序，台灣如何織入全球的網》(新北市：左岸文化，2020，初版)。
6 鄭維中著，蔡耀緯譯，《海上傭兵：十七世紀東亞海域的戰爭、貿易與海上劫掠》(新北市：衛城出版，2021，初版)。

史丹佛版前言

日本在過去的一個半世紀經歷了劇變,根據日本自己的評價,它先是贏過道德墮落的中國,接著在技術上成為先進西方的追隨者,於是成為亞洲的領頭羊和解放者。戰後的日本再次師法西方,到一九八〇年代後期便發現(或是想像)自己已是「排名第一」(Japan as Number 1)——這是傅高義(Ezra Vogel)很有先見之明的想像,許多日本人也都樂於接受這個說法。隨著每一次變化發生,日本人都會重新發現(或是發明)一種符合現狀的新過去。

不過在明治維新之後的一百年中,日本人一直在極力貶低過去的德川時代,聲稱這段沉重的傳統束縛了他們的精力,迫使他們在新興現代世界的政治和經濟秩序中只能夠退居次要地位。

上個世紀的大多數著作對過去的主要敘事都是根據西方中心主義的假設(不論該假設是援用斯賓塞哲學、馬克思哲學或是韋伯哲學的術語建立的),也都接受了後達爾文理論的社會、經濟和政治發展概念,並經常用工業主義、資本主義和帝國主義或社會主義的標準來衡

量國家發展。雖然這些原本都是西方的基準，但是也都被拿來衡量日本。

如果是用這些標準，在舊秩序的所有悲劇性錯誤中，最明顯的錯誤大概是日本政府看似在一六三〇年代切斷了與其他國家的外交、商業甚至是文化關係。所謂的「鎖國政策」迫害天主教徒並驅逐葡萄牙商人、限制荷蘭商人（使他們實際上像是被拘禁在長崎），還有禁止日本人出國遠航，被認為是將日本的海外擴張扼殺在萌芽階段（否則日本的海外擴張或許可以和荷蘭、英國或是伊比利的海上帝國互相抗衡，打造從長崎到暹羅的一長串日本貿易殖民地）。此外，若是與西方繼續保持往來，代表日本可以完全獲得歐洲最先進的科學、工業和戰略發展成果，甚至可能促成一場持久的科學和工業革命。日本在十六世紀的技術水準大致上可與歐洲並駕齊驅，若是沒有這場錯誤，日本也不至於在幾個世紀的自我孤立後「落後於」西方。

既然「鎖國」可以解釋為什麼日本相對落後於西方，便也有助於解釋日本在技術和工業、經濟和政治上何以一直處於「追隨者」的地位。從明治維新到太平洋戰爭之前，還因這個觀點而使民族主義者幻想「重新征服」傳說記憶裡曾經屬於日本的大陸領土（例如朝鮮）。低人一等的地位傷害了日本的民族自尊心，如果可以將這怪罪到早已作古的幕府領導者的錯誤決定，自然為受傷的民族自尊心提供了一帖良藥。

在太平洋戰爭後的一九五〇和一九六〇年代，西方歷史學家和其他社會學家感興趣的不

是解釋這段落後,而是理解日本為什麼當「追隨者」當得如此成功,非西方民族中(當時)只有日本已經在設法「現代化」。德川日本的「牆內世界」這個溫室如何培養了日本這樣優秀的追隨能力?為什麼日本能夠取得成功並保有民族獨立,而比日本「更堅持儒家路線」的中國和朝鮮則失去了全部或大部分國家主權,也沒有實現現代化,我們可以在日本的案例中找到哪些經驗來教給其他想要進行現代化、但是比較慢跟上來的追隨者?

從長期來看,這意味著要在已經過去的德川時代——這是一段嚴密封閉的、完全本土化的過去——尋找日本能夠成功化身追隨者的奧秘。例如:史密斯(T. C. Smith)在解釋農村的社會關係時,發現了「現代日本農業的源頭」;多爾(R. P. Dore)在「德川時代的教育」項目中,發現日本有高於其他前現代社會的識字率和大眾教育普及率,或許只遜於少數西方國家;在「德川宗教」方面,貝拉(Robert Bellah)發現十八和十九世紀盛行於城市商業階級間的異端心學運動有一種類似新教的倫理,或許可以(間接)解釋後明治時期的日本資本主義成功發展的精神源頭。

不過,如果說日本是工業化和現代化的追隨者,到了後工業和後現代時,日本則已然成為領導者;其實也有些人認為早在十八世紀,就已經出現一些看似沒有關聯和連續性的明顯跡象。確定的是在一九七〇年代中期之後,美國在越南戰敗並失去跨大西洋的霸主地位,日本則在經濟和工業上突飛猛進——首先是鋼鐵和造船業,然後是汽車,接著是後工業時代的

製陶、生物技術、電子計算機和機器人技術——這使得日本和西方**都**開始質疑日本是追隨者而西方是領導者的假設。日本的實業家和內閣大臣開始嘲笑西方、尤其是美國的社會正在衰退。他們愈來愈放膽吹噓日本是世界上最先進的「資訊化社會」。現在也有愈來愈多政府、工業界和學界的外國領導人前往日本尋求貸款、建議和技術，將日本描述為卓越的追隨者已經失去了說服力。日本現在需要的是體現其領導力、主導性、權威和自足的英雄敘事。

本書的再版也是重新定位日本歷史這個重大命題的一部分，要讓日本的過去成為更符合現下的前篇。要使日本擺脫孤立、邊緣化、停滯發展和追隨者的解釋角度，將日本置於敘事的核心，承認日本可以自主建構自身的命運。本研究最初是在一九七〇年代中後期開始構思，當時我便不認為早期以歐洲為中心的研究假設是適當的，尤其是要解釋日本與更大區域及全球架構的關係時，因為這極度低估日本在東亞地區的地位，似乎只是為了哀悼日本在一五四〇到一六四〇年間與歐洲的早期接觸後，便拒絕了以歐洲為中心的世界秩序。

相較之下，本書提出的模型是日本與外國有活躍而且能夠自主的關係，如同日本人自己認為的，這個模型將日本置於世界的**中心**，而不是以中國為中心的世界邊陲，或是以歐洲為中心的世界外圍。本書的確認為日本並不像**鎖國**一詞暗示的那樣畏縮、被動而孤立，而是積極的，且具有建設性，積極尋求重建日本與國際環境的關係，以促成國際和國內的目標。日本還會積極搜集有關外部世界的資訊——本書將其稱作「國家安全情報」——這也與孤立、

發展遲滯、追隨者的日本形象不符。不過，就像是我在此後出版的研究中會討論的，幕府為國際貿易和技術情報提供了有力的支持（這與十八世紀日本國內進口替代產業的發展密切相關），本書構想的圖像與森谷尅久設想的資訊化過去產生強烈的共鳴，因此十分符合日本人對當下這個資訊化時代的想像。

我於一九七〇年代中期在日本和北美的學術發表中，首次提出十七世紀的日本會積極參與區域和國際事務的想法，當時還面臨一些質疑。我指出日本在十七世紀的目標是積極建構與外部世界的有序關係，這個連繫不僅強化了國內的主權和國家安全，也使國家得以規範其想要維持的對外貿易，而不是不情願的日本關起國門來逃避外國商人的糾纏。這個觀念對既有觀點形成過大的挑戰。它無法與一個封閉的社會、經濟、文化和政治的敘述有連貫性地銜接在一起。它也不符合十九世紀的日本人和西方人各自的自我定義：當時認為是歐洲人──從失敗的拉克斯曼（Adam Laxman）和列扎諾夫（Nicolai Petrovich Rezanov）、威廉二世（Willem II）和貝特爾（James Biddle），到最後終於成功實現美國橫跨太平洋的昭昭天命的使者培里（Matthew C. Perry）──前仆後繼敲開了日本的大門，而這種敘事中需要一個封閉的日本。

認為日本開放而活躍的論述，無法與十九世紀中葉的日本是封閉而被動的結局相容。開放而活躍的描述也無法解釋日本何以要「鎖國」和區分「內與外」，並因此而無法處理外國

人、外交關係和所有外國事務。如果要讓本書的結論被接受，就要大規模重新檢驗連接起當代日本與近世過去的宏大敘事。在一九七〇年代中後期，日本依然被視為追隨者，或是在以歐美為中心的世界秩序中一個邊緣、貧窮、狹小且資源匱乏的國家，這樣的自我形象在日本占據著主流地位，使得傳統敘事很難被超越。

但是在越南戰爭後，隨著美國相對衰落而日本興起，日本和世界的其他地方都開始重新建構各國之間的互相認識。隨著環太平洋地區的重要性日益增加、雷根經濟學（Reaganomics）解決了美國生產過剩的問題，日本取代美國成為世界的頭號債權人，日本和其他國家的人都開始認真思考日本是不是有可能在世界事務中居於核心地位。西貢淪陷後，美國的實力削弱，日本新崛起的金融和工業實力則更加引人注目。雖然當時我和其他人都對這個趨勢的影響沒有明確認識，但是現在我意識到：正是越南戰爭後日本被重新置於核心的這段大背景，再加上一些對事物關聯性的敏感度及預見能力，讓我能夠對近世提供一種新敘事，認為是日本打造了以自己為核心的東亞秩序。

我提出「海禁」的說法來取代鎖國──海禁旨在規範日本人和外國人的出入境；我也用德川日本的文獻資料推導出日本認為自己並非孤立，而是位居地區和國際秩序的中心。雖然日本自詡為中華的說法幾乎沒有得到多少國家認可──當真十分稀少，不像是中國自命為中華所得到的認可──不過日本中心主義的概念卻對建立和維持國內政權的正當性至關重要，

也是建構日本人身分認同的主要議題，同時還影響到德川垮臺時的國內政治，以及日本帝國主義擴張時期的國際政治。

甚至在一九七〇年代之前，日本學者就提出過「鎖國」的概念既過時、也具有根本的誤導性，他們認為十七世紀上半葉的日本國內政權要建構與延續正當性與日本對區域和國際關係的積極建設密切相關。但是這些由西嶋定生、田中健夫等人提出的論點卻從來沒有受到其獨創性和重要性應該得到的關注──我認為主要原因是它們超前了時代，日本當時對歷史的陳述還有待進一步發展，這些理論是構成新敘事的先聲。

不過，本書認為日本自詡為中心地位、可以自主決定區域和國際關係的結構（這些結構與國內的社會和文化關係、政治、意識形態結構都密不可分），以及對資訊感到飢渴（會積極地挖掘和搜集──雖然沒有傳播──對國家、社會或經濟而言重要的信息），這些都能夠與當下的情況互相呼應，現在的環境似乎也準備好接受一個更積極和更國際化的恰當歷史敘述。近年來，新一代的日本學者在本書和田中及西嶋的研究基礎上，將日本積極建構中華地位和頒布一系列出入境規定（即前文提到的海禁）的看法，進一步發展成「海禁／日本型華夷秩序」的理論，該架構也有足夠的說服力，可以抵擋支持鎖國論或日本落後於西方的理論所提出的攻擊。

除了這個爭論之外，有關中世和近世日本的國界性質也存在激烈討論，尤其是在黑田日

出男與村井章介的研究中，我特別樂見此事，因為由本書接下來的內容便可以看出，我認為日本在江戶時代的國界並不像許多學者迄今認為的那樣清晰而確定。黑田與村井等人認為近世日本語境中的國界概念具有可塑性和滲透性，他們和我的研究都再次提醒我們：不要把維也納會議（或聯合國）之後才出現的現代國界或主權概念套用到近世的日本。

本書的日文版──《近世日本の国家形成と外交》（創文社，一九九〇年）──出版後，引發了這方面的進一步爭論。耗費心力地對譯文逐句檢查，讓我不得不重新思考本書提出的主張，但是我依然對本書提出的詮釋充滿信心；不過，我並不完全贊同將本書提出的詮釋進一步發展成固定的模型，尤其是以日本為中心之世界**秩序**的部分。自本書的首版問世後，我在研究中愈來愈清楚地區分客觀存在的秩序和意識形態建構的秩序，這也構成了德川時代日本的一個特點。

我希望我已經清楚地表達我所提出的秩序只是一種觀念、而不是經驗的事實，日本人自認為自己和其他國家的活動都體現了這個理想化的世界秩序。但是後來的一些研究卻將這個秩序視為現實，擾亂了原本屬於觀念層面的意義。同樣地，也有一些研究將不明確──甚至是有爭議──的等級秩序、國家主權和領土劃分轉化成清楚的國界，或是將未定區域──例如蝦夷和琉球（今天的北海道和沖繩）──變成明確的日本領土。琉球同時是日本和中國的藩屬國，它的地位實在讓人摸不清頭緒，因此劇作家近松門左衛門甚至在十八世紀發出過以

下疑惑：「那個國家的位置到底在哪兒？它是中國的領土嗎，還是日本的領土？」這個問題一直到一八七九年才得到解決，並且在一九七二年重新確認。戈巴契夫在一九九一年四月訪問東京，算是痛苦地提醒了日本人：日本北方的邊界問題也還未解決。

自從本書的首版問世以來，我一直在關注這些階段性的變化，但是在這些充滿爭議的自我和他者的民族表述中，想要為近世日本劃定一個明確的內外邊界似乎變得益發困難。在日本國內，遭蔑視的少數民族聲稱他們的祖先有來自國外的神聖血統，大批陶工其實是韓國俘虜的後裔，東北部的漁工有時候會穿著阿伊努人（Ainu）的服裝，這些都足以反駁有一道不可滲透的屏障把異邦人排除在日本外部的概念。對外也有神話主張日本的主權及於朝鮮，甚至還託大地認為連中國都要向日本朝貢，這使得日本的邊界擴張到島國的明確界線之外，為日本帶來重新收復「失去」的海外領土的夢想。

如果說這些夢想透過第二次世界大戰前的日本帝國獲得短暫實現，也只是確認了它的確有將想法付諸實現的能力。在戰後四十年中占據主流地位的日本自我認識（認為日本發展遲滯和認為日本是追隨者），其實在明治初期也居於主導地位。我不認為它們和前述幻想互不相容，在無可避免的辯論過程中，一定會有些人激進而大膽，其他人則溫順而保守。毋寧說兩者是共生的，相互支持也相互制約。不過，無論日本的自我形象是積極還是保守，都取決

於日本對其此前與外部世界關係的理解和重新解讀。

人們或許傾向於認為日本歷史在相對保守和對外擴張（甚至擴張主義）與交涉間形成不斷循環往復的節奏。當日本還在尋找自己的定位並摸索自己的角色時，鎖國的歷史解釋就很有說服力，也很方便。日本人不會也不曾對自己的角色只提供單一確定的解釋，在一個號召情報化（資訊化）、國際化和全球化的時代，也需要重新審視日本歷史的新視角。

R.P.T.

寫於伊利諾州香檳市

一九九一年四月

原版前言

在大多數時候——尤其是德川時代（一六〇〇—一八六七年）結束以來——奇怪的是無論學者還是一般人，都是以將這個時代拆解成不同領域的方式來理解它。於是便有了「德川國家史」或「德川經濟史」、研究對外關係的「德川『鎖國』史」，還有德川文化史、德川社會史等，這些都有各自的學者和流派，且直到最近，它們之間的交流仍然很少。

這樣的領域劃分在近世日本對外關係的研究中表現得最為徹底，其中的緣由也顯而易見。在國家處於分裂狀態的十六世紀，日本的對外關係完全混亂，這在很大程度上是因為日本不存在真正的中央集權，無法制定與外國接觸的秩序，同時，早期的歐洲殖民強權又持續不斷的挺進這個區域。歐洲人對東亞的國際行為傳統規範一無所知，也不是特別有興趣遵守。在一個國內戰亂不斷，政治動盪也未曾稍歇的時代，又加上高速都市化、社會流動和經濟變革，這一切都為「民間人士」和地方大名提供了九十年間投入外國貿易和私人外交的自

由，這種自由前所未見，比日本過去的任何時期都更不受拘束。

但是自從一五八〇年代開始，隨著豐臣秀吉和其後的德川家康對日本全境施以一種新的中央集權模式，這個新興國家不僅需要在名為「日本」的地理範圍內確立支配權，還需要建立日本對外關係的手段和模式。但是，這個「秩序」的形式要經過選擇，日本與外部世界產生連結的管道變窄了，直接從事對外關係的個人與機構變少，日本選擇保持關係的外國也減少了。在一五七五年，除了自由市場的資金和技術限制之外，出入日本並沒有任何限制。到了一六四〇年，除了少數人之外，所有日本人都被禁止出國，違反的代價便是處死；葡萄牙人和西班牙人——其實是所有「基督教徒」（指羅馬天主教徒）——都被禁止進入日本；入境的歐洲人和「唐人」（對當時的日本人來說，這個詞應該包括來自東南亞、印尼和菲律賓的海外華人）活動範圍也只限於九州西北角的長崎一港。

不過，管道的減少，也意味著一六四〇年之後的外交關係比起國家統一進程開始之前的關係更具有連貫性。在這個過程中誕生了一個新的中央集權的封建君主政體——德川政府——這個新的民族國家對世界上其他地方代表「日本」，它將此前的外交混亂整合進有秩序的國家權力中。新國家建立後，所有對外接觸——無論是外交、貿易或戰略——都**只能夠**由江戶的德川政府為之，或在其授權下進行。來到長崎的外國人會受到直轄於將軍的長崎奉行監視，私人日本商販與這些外國人的交易也是在長崎奉行的監督下進行。參與對外關係的

對馬藩*、薩摩藩**和松前等諸大名都有確實得到江戶的許可和明確的書面授權。雖然他們有時候可能違背江戶的意願，但是他們能夠這麼做的自由還是得自江戶的權力。當日本國內重建起無疑是這片土地五百多年來最強大的中央集權政府，它同時也重建起對外事務的中央權力。

雖然貿易的管道減少，但初期的德川幕府在一六四〇年之後依然擁有相當可觀的對外貿易量。與一般人（甚至是學界）的認知相反，日本的貿易對象絕對不限於來到長崎的荷蘭人和中國商人。對馬藩和薩摩藩靠著日本船隻，分別與朝鮮和琉球持續進行大量海外貿易，朝鮮和琉球都以複雜的方式擔任日本和中國間的轉口貿易角色。在十七世紀剩餘的大部分時間中，貿易繼續擴大，使得元祿年間（一六八八—一七〇四年）出現貨幣危機，貨幣危機的遺緒持續影響著日本在接下來數十年間的國內經濟和國際貿易。

在外交方面，德川幕府統治下的日本並不比一六〇〇年德川家康在關原取得勝利之前更為孤立。的確，一六〇〇年的日本人可以在東亞水域自由航行，歐洲人也來去自如。但是這種自由移動的另一面則是日本與東亞其他國家的外交疏遠，這是秀吉對朝鮮的七年侵略戰爭

---

* 譯註：對馬藩（Tsushima Domain）為江戶時代統轄對馬島、肥前國田代與濱崎的藩。
** 譯註：薩摩藩（Satsuma Domain）為江戶時代統轄薩摩國、大隅國與部分日向國地區的藩，藩廳為鹿兒島城。

（一五九二―一五九八年）造成的結果。即使一六四〇年的日本人已無法自由離開日本，歐洲人也無法自由進入日本，但是那時德川幕府讓日本重回東亞世界，與朝鮮和琉球王國建立起外交關係，也與中國維持著不穩定的民間貿易。

雖然日本在十七世紀的對外關係日趨正常，對外貿易與關係也日益增長，但是進入十八世紀之後，隨著東亞局勢漸趨穩定、歐洲人活動暫時衰退，以及日本國內經濟的變化，日本的對外交流逐漸萎縮。因此在許多人看來，日本似乎是對外在世界「關閉了大門」──雖然不同於十九世紀的朝鮮被認為是「隱士之國」，但日本的確處於孤立狀態。其結果使得對外關係的研究也脫離了德川史研究的主流。如果貿易和外交只是細小的一條線，當然不會成為編織德川日本這幅繡帷的經線和緯線，充其量就只是繡帷滾邊的小小流蘇。因此，經濟史學家很少關注德川的對外貿易對經濟的影響，政治史學家也甚少留意德川的對外關係對政體結構和動態的意義。

近年來，這種史學研究的領域隔絕已經開始被打破。一些年輕的史學家開始拒絕日本近世史研究中這種人為的專門化傾向。我們可以明顯看到制度史、思想史、意識形態史和經濟史等領域在一九七〇年代中後期達到高峰，對國家、思想和意識形態領域以及經濟的傳統解釋已經不足以呈現取得的資料，勢必需要依賴其他領域的成果。

京都大學的朝尾直弘一直在鑽研德川政體和社會的發展，並於一九七五年出版了《鎖國》

原版前言

一書。朝尾在書中指出德川早期的對外關係演變是德川政府發展中重要的一環。那本書對本書的第三章和第五章帶來許多啟發，我的結論也認為初期德川將軍是有意靠操作正式外交，讓創建中的新政權和新型政治秩序確立正當性。其他結論還有德川幕府初期的外交戰略奠定了日本人在其後幾十年、甚至幾世紀中的國際秩序觀，也決定了日本如何看待自己與國際秩序間的關係。

經濟史學家也開始注意到，即使在一六四〇年「鎖國完成」之後，德川的對外貿易規模依然很大，不可能對德川的經濟乃至於整個東亞的經濟都毫無意義。早在一九四九年，霍爾（John W. Hall）就注意到清朝早期的貨幣重度依賴日本進口的銅，岩生成一則根據長崎的荷蘭人、中國人和日本人的紀錄，在一九五三年發表了十七世紀日中貿易的定量分析，舉例來說，文中顯示十七世紀最後二十五年間的平均銅出口量超過每年五百萬磅，並在一六九八年達到出口高峰，超過一千三百萬磅！

接下來的工作就是要揭示貿易規模和內容與日本國家經濟間的關聯，這項工作始自一個讓人意想不到的地方——日本與朝鮮的貿易。雖然日朝貿易在德川時代一直都存在，但是被普遍認為其規模太小，在十七世紀的整體貿易圖像中顯得無足輕重，就連日朝關係史的重要學者中村榮孝都持這個觀點。然而田代和生在一九七〇年代中後期分析了獨占朝鮮貿易的對馬藩紀錄，並指出日本在十七世紀的整體對外貿易中，與朝鮮的貿易占有重要的比例，在高

峰年間甚至可能超過長崎生絲的貿易總量；田代還進一步指出在十七世紀末透過貿易流通到朝鮮的白銀，占了日本那幾年間新鑄銀幣的百分之八。其實依當時的米價來算，對馬藩在高峰年間的貿易利潤足以養活全大阪人口。田代教授的研究只涉及朝鮮貿易，不過她證明該貿易在德川日本的經濟整體中是不可或缺的。

其後的因尼斯（Robert Innes）更是明確地將日本西部在一六四〇年代後的經濟發展與對外貿易的增長連結起來，畢竟對外貿易本就主要集中在日本西部；因尼斯還認為採礦業和蠶絲業的發展都離不開德川時期的對外貿易。毫無疑問地，在長崎、對馬、鹿兒島、大阪和京都以及內海沿岸的幾個海邊城鎮，都有極大部分的人口依賴對外貿易維持生計。此外，速水融還發現十八世紀為京都提供外來勞工的村莊幾乎都參與了京都的絲織產業，而這個產業的原料在該世紀重度依賴進口生絲。如果採礦業也如邏輯推論、或因尼斯的研究所顯示的那樣離不開對外貿易，那麼十七世紀後期的日本有數十萬人是完全或部分依賴對外貿易維持生計。從這個觀點來看，顯然近年的學術研究都無法將對外關係排除在德川史的主流研究之外。

本研究關注的是德川初期與（東亞地區的政治和戰略關係，在考察了日本對外關係的這些要素之後，本書認為對外關係，或說維持對外關係，對德川政府的發展至關重要，即使在十八世紀之後，幕府領導者依然重視對外關係。本書處理了日本對外關係中三個互相影響的要素的其中兩個，即外交活動和國家安全；如果要討論第三個要素（即對外貿易），大概還

需要一本與本書篇幅相當的單獨著作,田代和生與因尼斯等人已經將對德川貿易的研究向前推進了一大步,可以與本書的內容互為補充。

為了研究前述問題,我會先在第一章的序言中討論德川對外關係史研究的背景,我要挑戰對德川時代特徵的固有觀念,因此理解這些概念的起源和發展也是必不可少的前備工作。我寫作這篇介紹性的章節之後,包樂史(Leonard Blussé)也發表了一篇出色的史學史論文〈日本史學與歐洲史料〉(Japanese Historiography and European Source),讀者可以參閱那篇文章,得到更完整的論述。第二章描述日本發動日本史上第一次由中央指揮的對外侵略戰爭(一五九二到一五九八年的朝鮮戰爭)之後,日本與東亞鄰國關係正常化的過程。雖然本書整體而言論述多過於敘事,不過這個章節是為了替後續的內容提供重要背景。除了日本與朝鮮的關係之外,日本與中國和其他國家的外交關係結構在很大程度上也取決於這次戰爭的經驗。此外,德川家康也是因為解決了這次外交危機,才得以在關原之戰取勝前成為外交上的領導者。

接下來的三個章節構成了本書的核心,它們分別從三個不同而相互關聯的方式分析德川在一七一五年之前的對外關係,每一章都將德川的外交活動與國內的政治結構和政體連結起來。第三章提出的論點認為在德川統治的前半世紀,幕府有意識地利用外交——既包括幕府想要維持和加強的關係,也包括幕府想限制的關係——作為宣傳工具,幫助新政權建立增強

其正當性的秩序。將軍藉由外交活動將自己提升到日本政治中的新地位，使他在政權中的定位更明確，也比任何一位前朝將軍擁有更完整、更獨立的正當性光環。

十七世紀也是東亞各國國內亂和國際糾紛接踵而至的時代，身處這個環境的日本是如何回應東亞的國際和國內紛爭，這樣便能夠瞭解島國日本是如何看待自己與大陸和海洋環境的安全和戰略關係，並藉由幕府的反應和持續感興趣的程度，證明日本的國內和國際環境之間一直有高度互動。

最後談到清朝在一六八三年統一中國，這造成國際戰略環境的重整，也改變了對中國的看法，以及維持到德川時代前夕、以中國為參照點的整個國際空間結構。因此，在第五章中，我將著手探討幕府與外部世界保持關係的方式──尤其是（但不限於）外交秩序，也包括外交秩序以外的其他秩序──這個方式對於重新建構以日本為中心的國際秩序可謂至關重要，它從根本上改變了日本在世界中的定位，自此，日本不再是以中國為中心的「他者」，而是以日本為中心的「自我」。十七世紀的德川外交加上日本的儒學思維傳統創造出一種新的「自我」和「他者」的思想觀念，有助於帶領日本走過十九世紀的西方挑戰。

檔案和史料

本節將簡要說明所用的史料。本研究花了許多時間在考察分散於東京到首爾等地檔案館的檔案史料。雖然以往研究德川時期對外關係的西方學者也曾經用過許多檔案史料，但是大部分都限於荷蘭人、葡萄牙人、耶穌會會士或是其他西方檔案館的歐語文件。坦白說，在面對這些被蟲蛀得坑坑疤疤的四百年前文件時，我有時候也會讀到產生自我懷疑的地步，不是從事研究的日本人還會跟我說「這些就連我們也讀不懂」，尤其是已經有為數眾多的、已印刷出版的一手史料。的確在一開始時，我也打算使用已出版的文獻就好。

不過，不論是解讀手稿文書的過程，或是這些手稿為我帶來身歷其境的感覺，更不要說這些手稿為我提供了已經出版的史料無法提供的訊息，都大大提升了我對研究主題的理解。經過幾天揮汗如雨地首在首爾的未分類文書檔案後，我找到了一封江戶幕閣寫給對馬藩大名的書信──這封信足以把江戶、長崎、對馬、釜山、首爾和福建發生的事件以因果關係做出有機的串連，讓這些事件成為一體的過程，並證明「鎖國」的日本與整個東亞地區的發展存在著連動關係──沒有什麼能取代我在當下的興奮感。

這項研究比我一開始想像的花費了更多時間才完成，而且我花了不少時間在學習閱讀這些手稿、如何從各地的圖書館和閣樓中發掘並讀懂它們──這些事並不總是快樂，但是經常

伴隨著逐漸掌握一種新技巧的興奮感。如果我放棄了這些布滿塵土的朋友和勁敵，當然可以更快地完成這本書，但它也必定沒有那麼令人滿意了。我就不會奮力克服一種嶄新、有時還很困難的技術，也不會獲得新資訊並因此得到啟發。學習、查找和閱讀這些手稿的緩慢過程迫使本研究的步伐更為紮實，好過通常只是根據要求盡快完成一項任務。這讓我可以在腦海中過濾和沉澱這些史料及想法，醞釀出我在一或兩、三年前不可能達到的理解，我對此深懷感激。

羅馬拼音、名稱和日期

本研究囊括東亞多國的人民、事件和文書，還有在東亞活躍的幾個不同民族的歐洲人的活動，因此不可避免地會在識別不是使用羅馬字母的人名和地名時產生一些問題，而且事件和文獻的日期也是使用多種不同的日曆。我試著在我的選擇中保持合理的一致性，並嘗試在這裡說明我做的選擇。

羅馬拼音：在拼寫日文字、人名和頭銜時，我是採用第四版的《新和英大辭典》（一九七四年）所用之修改後的赫本式（Hepburn）羅馬字，但如果是標準英語字典中會出現

的地名和常用語，則刪除母音上的長音符號，例如：「Tokyo」、「Osaka」、「shogun」等。若是對當代歐洲文獻的名稱和術語之引用，也會保留其原始拼寫。

韓語詞彙是依照馬科恩—賴肖爾（McCune-Reischauer）表記法標記為羅馬拼音，這是馬科恩（G. M. McCune）和賴肖爾（E. O. Reischauer）在〈根據韓語表音結構的羅馬化〉（The Romanization of the Korean Language, Based on its Phonetic Structure）中制訂的，唯一的例外是標準英語慣用的「Seoul」。

中文字與名稱則是依據《麥氏漢英大辭典》（Mathew's Chinese-English Dictionary）所用的修改後之威妥瑪拼音（Wade-Giles）標記為羅馬字母，例外的像是「Peking」和「Fukien」這類地名，因為這些地名在郵政上的拼法較為人熟知。

人名：日本人、韓國人、沖繩人和中國人的姓名一律按照原姓名順序，也就是姓在前，名字在後。唯一的例外是引文或是引用西方語言的作品（如果原文的作者姓名是依照西方順序）。

日本的貴族和武士階級會用世系、家族或個人姓名、官銜、禮貌性的稱謂和非正式名稱來指稱自己和彼此，視不同情況或他們生命中的不同階段而定，有時候難免把人搞糊塗。不過為了避免像托爾斯泰小說人物名字氾濫的情況，我選擇了明確但不一定絕對符合當時情況的方法，我通常只用一個名字來稱呼同一個人。因此，雖然像是一六一五到一六五七年的對

馬藩藩主宗義成（Sō Yoshinari）除了「義成」之外，還有其他三個名字和幾個不同的頭銜——他在寫給朝鮮的外交信函上是署名「平ノ義成」，而在寫給幕府官員的信中又署名為「宗對馬ノ守」——不過本書中統一將他稱作宗義成。

日本人名的發音通常無法從名字的漢字中看出來，其發音通常自成一格，而且會因為該人的喜好或時代風格，而隨著時間改變。以「Sō Yoshinari」為例，如果不是因為他的家族系譜為我們提供了線索，「義成」這兩個漢字也可以讀作「Yoshishige」，像是他的父親「義智」（Yoshitoshi）在某些研究中就被誤植為「Yoshitomo」。一位現代的日韓關係史重要學者中村榮孝，在戰前的出版物中表示他的名字應該讀作「Nakamura Eikō」，但是現在他偏好把自己的名字讀作「Nakamura Hidetaka」。

只要做得到，我都會利用標準參考書、家譜或語音學註釋來審對發音。如果文獻之間互相衝突，我會選用我認為最權威的來源；如果缺乏文獻，我也會盡可能做出最好的判斷。日本學者對這個問題也經常幫不上忙。因為他們當然可以簡單地寫出一個人名的漢字，根本不需要選擇讀音，西方學者則需要選擇發音。有關於閱讀日文名稱會碰到的問題之完整討論，可參閱赫歇爾（Herschel Webb）與萊恩（Marleigh Ryan）所著之《日本資料研究指南》（Research in Japanese Sources: A Guide）第四章。

官職又是另一個複雜的問題。我試著避免只用音譯的術語而加重閱讀本書的負擔，我的

翻譯則是參考先前學者的研究，日文頭銜的部分特別參照托特曼（Conrad Totman）的《德川幕府的政治，一六〇〇─一八四三年》（Politics in the Tokugawa Bakufu, 1600-1843），韓文頭銜則借助於瓦格納（Edward Willett Wagner）的《士大夫清洗：李氏朝鮮早期的政治衝突》（The Literati Purges: Political Conflict in Early Yi Korea）。

日期和年號：本書的研究涉及的民族共使用了六種曆法和紀年系統。日本、朝鮮、中國和東南亞國家都是使用中國曆法體系下的陰陽曆，但是彼此經常有差異：在日本和中國，可換算為一六三九年的這一年都是從公曆一六三九年二月三日開始，但是日本的這一年是閏年，結束於新曆的一六四〇年二月二十一日，而中國的這一年只是平年（即十二個月），結束於一月二十二日，一六四〇年才是閏年。荷蘭人的文書是從一五八二年之後開始使用公曆，葡萄牙人和西班牙人也是如此，英國人則是在一七五二年之前都繼續使用儒略曆（舊曆）。在一五八二年宣布公曆時，儒略曆比公曆晚了十天，到了一七〇〇年時，已經落後十一天了。

由於考慮到曆法的選擇對本研究有相當的重要性（詳見第三章），我選擇把所有日期都轉換成公曆，它和日本、朝鮮、中國的曆法都不相同，我會視需要在括號或注釋中附上該事件或紀錄的原始日期。不過有兩個例外。考克斯（Richard Cocks）日記中的日期會保留他原本使用的舊曆日期。如果本書提到的一些事件或文書只能夠找到在日本、朝鮮或中國曆中

的舊曆月分，我就會標註舊曆月分，再加上西曆年分，並視需要在括號中註記該國使用的年分，例如「一六二九年（寬永六年）舊曆四月」。如果書信中沒有具體列出該月的日期，我會將日期標記為「某日」，即「寬永六年四月某日」。根據標準曆法公式將日本、中國和朝鮮的舊曆轉化為公曆的話，必須每三年增加一個閏月。我是用前綴「i」來表示閏月。例如寬永 16/i11/26 就是一六三九年閏十一月二十六日，可以換算為一六四〇年一月十九日。閏月會跟在同樣的月分之後。我對日期的轉換是參考《新訂增補三正綜覽》（鐮倉：藝林舍，一九七三年）。

謝辭

無論我為這個計畫投入多少，如果沒有多年來各方給我的靈感、指導和財務支援，我的努力必定收效甚微。雖然本書的不足之處不應歸咎於它們——對此我個人承擔全部責任——但它們都為本書可能取得的任何成功做出了貢獻。我對他們致上由衷的感謝。

本研究的資金支持包括國防外語獎學金計畫、賈爾斯・懷廷夫人基金會和富布賴特博士獎學金計畫，它們支援了我在日本為期兩年半的研究。我從日本回來之後，有一年的寫作期

間（一九七六─一九七七年）受到獨立行政法人國際交流基金和哥倫比亞大學東亞研究學院的初級研究學者獎學金計畫的支持。加州大學柏克萊分校的日本研究中心提供了一筆補助金，讓我在一九八〇年的春季學期進行一次很有價值的訪問；伊利諾大學的亞洲研究中心免除了我在該學期的教學任務，讓我可以自由地前往圖書館進行研究和不受干擾的寫作。伊利諾大學香檳分校的亞洲研究中心、國際比較研究委員會的補助金，讓我得以在一九八〇年夏天重返日本和韓國，由於當時我已有更多經驗，也經過更多訓練，因此可以在東京和嚴原檔案館中找到大量資料；當我在一九七四年第一次帶著不合格的工具走訪對馬時，還無法識別那些資料的價值所在。研究委員會稍後還提供了一筆資助，讓我用於最終手稿的打字和文字處理，以及地圖和插圖的製圖及攝影。

第三章的部分內容之前已經在其他地方發表過，包括日文版的〈初期德川外交における鎖國の位置づけ〉發表於《新しい江戸時代の私藏を求めて》（東京經濟新報社，一九七七年），還有稍加簡化後以〈重啟鎖國問題：德川幕府正當性之外交〉（Reopening the Question of Sakoku: Diplomacy in the Legitimation of the Tokugawa Bakufu）為名刊登在《日本研究期刊》（Journal of Japanese Studies）第三季第二期（一九七七年夏季號）。出版者慨然允諾我在本書中使用這些素材。我還必須感謝幾家檔案館、圖書館、宗教機構和私人收藏家允許我將他們擁有的素材照片收錄為插圖和封面設計。在此也要對下列機構提供的幫助表示謝忱：神

戶市立南蠻美術館（現在是神戶市立美術館的一部分）、佐倉市國立歷史民俗博物館、首爾國史編纂委員會（국사편찬위원회）、東京慶應義塾大學三田情報センター、日光輪王寺、對馬嚴原萬松院宗家文書、紐約公共圖書館斯賓塞藏書（Spencer Collection）、東京韓國研究院、日光東照宮。

我要特別對美國、日本和韓國的許多人致上謝意，在我投入這項研究的幾年間，他們都不吝對我付出時間、智慧和鼓勵。這項研究計畫最初是我在哥倫比亞大學的課堂上與赫歇爾和萊迪亞德（Gari Ledyard）所做的研究。兩位的幫助增加了我對日本和韓國歷史的理解，也深化了我的研究技巧和對兩國語言的掌握。我也在他們的指導下以該研究作為博士論文題目。我於一九七四到一九七六年在日本期間，得益於金井圓教授的幫助，讓我在東京大學史料編纂所的辦公室裡工作時，能夠享受意想不到的方便，而且能夠自由遊走於該編纂所大量未出版的檔案資料之間。速水融教授和田代和生教授（她當時是中央大學的博士候選人）帶我走遍慶應義塾大學，安排我使用慶應義塾大學圖書館的宗家檔案。兩人也不吝付出他們的時間、精力和想法，指導我閱讀德川時期的手稿，帶領我探索未知的、有時候甚至還未編目的檔案。他們毫不藏私地分享自己的智識，並願意撥冗與我討論，大大有助於我檢驗自己的看法和詮釋，最終使我的論點更加完善。我還要感謝加藤榮一教授、田中健夫教授、山本武男教授和李元植（이원식）教授為我提供許多有益的評論和建議。我要感謝嚴原的宗家檔

案管理者角江篤郎先生慷慨地讓我使用由他管理的精彩館藏。現為國史編纂委員會會長的李鉉淙(이현종)教授也慨然安排讓我使用委員會收藏的宗家檔案資料。

還有其他幾位老師、同事和朋友閱讀本書的全部或部分章節的草稿，提出了他們寶貴的建議，促使我對本書的架構、論點和風格做出許多改進。哥倫比亞大學的柯提斯(Gerald L. Curtis)、莫利(James W. Morley)和瓦利(H. Paul Varley)：加州大學柏克萊分校的魏斐德(Frederic E. Wakeman, Jr.)、古德曼(David Goodman)和伊利諾大學的易勞逸(Lloyd Eastman)、伊佩霞(Patricia Ebrey)、賈赫(Frederic Jaher)、克魯格(Thomas Kreuger)和懷德納(William Widenor)閱讀並評論了本書的全部或部分手稿，還有金滋炫(JaHyun Kim Haboush)博士、羅徹斯特大學的豪瑟(William Hauser)和南加州大學的威爾斯(John E. Willis, Jr.)也是。印第安納大學的司徒琳(Lynn Struve)則對清初中國的地理提供了寶貴建議。我要特別感謝高橋登志郎先生多年來的友善與鼓勵，以及皮爾森(John Pierson)和琳達(Linda Meyer)，他們一直給予我支持和寶貴的批評。

逆轉中華　040

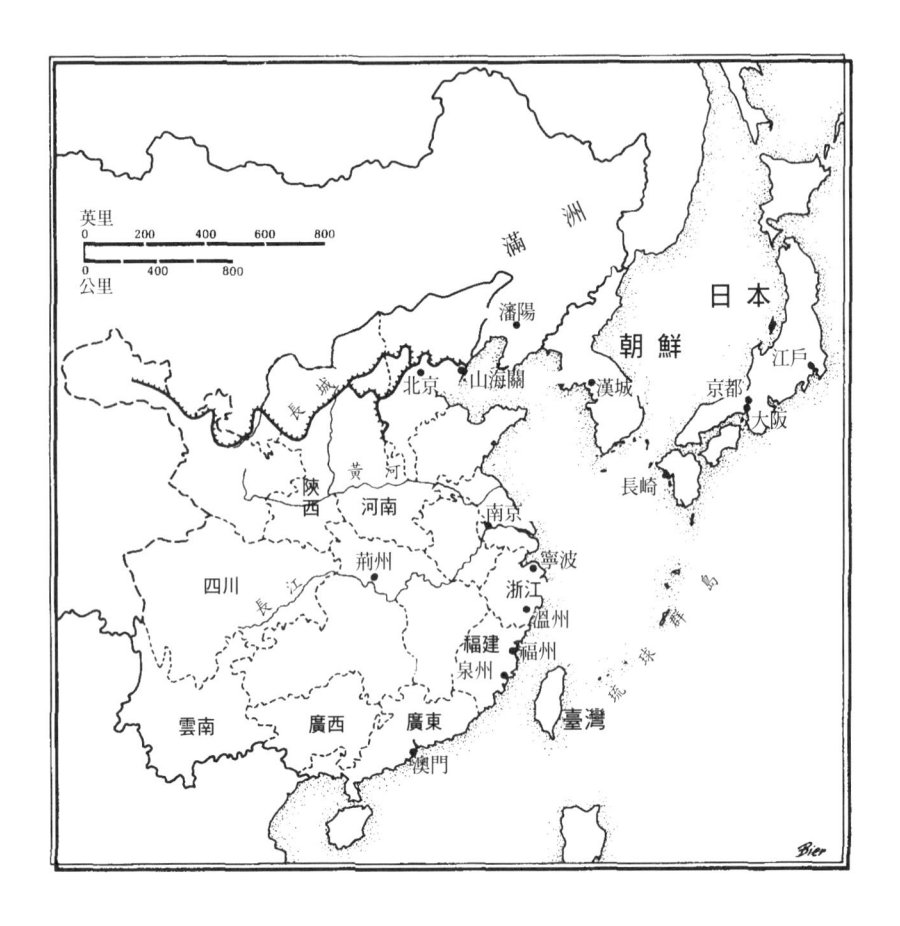

朝鮮 / 日本地圖

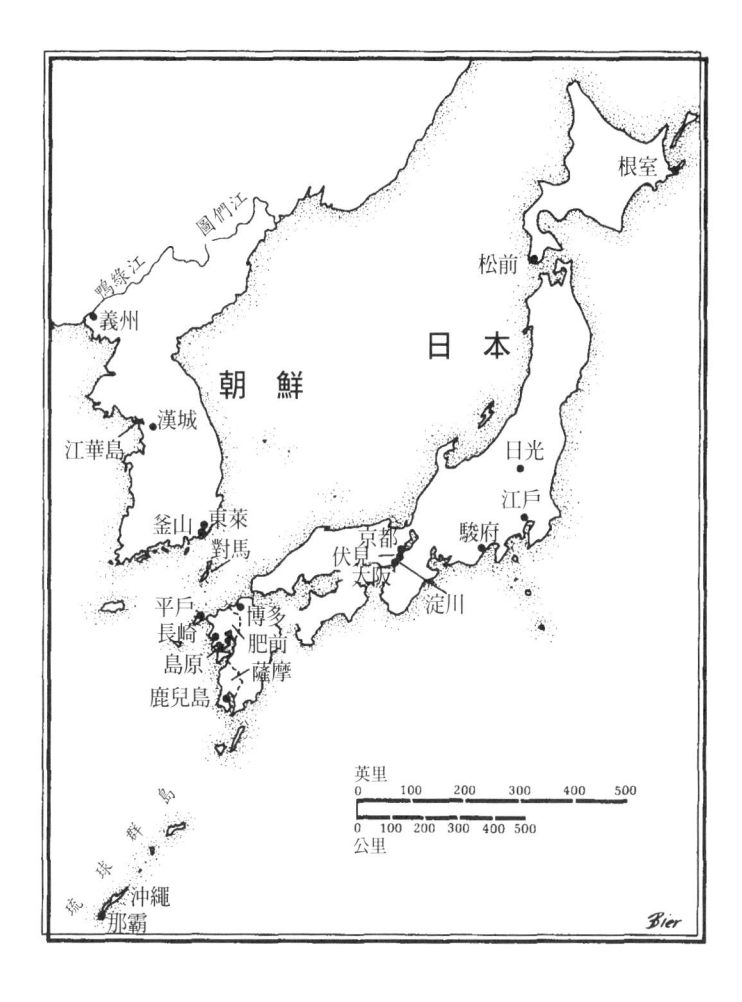

圖們江
鴨綠江
義州
朝鮮
漢城
江華島
釜山 東萊
對馬
平戶
長崎
島原
鹿兒島
博多
肥前
薩摩

根室
松前
日本
日光
江戶
駿府
京都
伏見 大阪
淀川

英里
0　100　200　300　400　500
0　100　200　300　400　500
公里

琉球群島
沖繩
那霸

Bier

第一章　導論

在一六三九年盛夏，一艘葡萄牙船隻在幕府的命令下離開長崎港駛往澳門，這是因為政府害怕被天主教顛覆，因此下令船隻離開日本。日本與伊比利亞商人和傳教士近一個世紀來的交往，隨著那次航行而劃下句點。英國於一六二三年放棄與日本的貿易，日本與西班牙的關係也在一六二四年結束，之後日本又驅逐了葡萄牙人，於是就只剩下荷蘭東印度公司作為日本與歐洲的連結。中國商人還是有留下來，日本與朝鮮和琉球王國的對外貿易也才剛開始到恢復，日本與外界聯絡的管道和媒介還是大受限制。

如果日本此前都（或說主要）是透過歐洲接觸對外貿易和外來思想，那麼驅逐葡萄牙人將使日本不再受惠於近世西方的文化，另一方面，日本也與東亞和世界中發生的貿易、外交和戰略之利益及危險無關。更值得擔心的是在驅逐葡萄牙

人的同時，日本人的出國航行自由也被加上嚴格的限制。在一六三五年之後，幕府下令禁止日本人向南越過沖繩、向西越過朝鮮。不過還是有其他貿易途徑，外交也有其他目的。

德川時代早期的日本對外關係一直是學界關注的重點。但是學者們幾乎都只關心日本與步步靠近的西方世界的關係，即使日本在一六三〇年代就已經出於國家安全考量而斷絕了這層關係。這種做法的確主導了西方對日本的普遍印象，許多人認為這就代表日本已完成鎖國。在這種觀念下，德川日本與亞洲的關係在受到關注的程度上就像只是次要的、例外的，與整體秩序無甚相關性。與歐洲的關係，或說相對缺乏這層關係，才在對整個德川時代的分析中占據核心地位。

討論德川對外關係的發展幾乎都是從日本對歐政策的角度來討論，這些政策最終發展為一六三九年驅逐葡萄牙人、消滅天主教、並由荷蘭人壟斷歐洲對日本的貿易。傳統的描述總是說在一六三九年之後，「日本帝國關起了大門⋯⋯（也）不⋯⋯容許居民在國內與國外，與外國進行任何貿易」。[1] 這類描述認為日本已經展開「鎖國」政策，如博克瑟（C. R. Boxer）所謂的成為「封閉國家」。[2]「鎖國」政策不僅被當作德川政體的主要特徵，同時也是江戶時代整體文化的決定性特徵。[3]

鎖國被看作德川對外關係的全部，它透過兩種不同但是互補的方式與德川國家體制的確立搭起看似有關的連結。有些人認為鎖國是維持幕藩國家穩定的必要前提，[4] 另一些人則認

為幕府有能力切斷日本與外部世界的連繫，意味著德川體制在一六三〇年代已經確立。[5]也就是說，鎖國被當作決定性的條件，它不是支撐整個政體的必要前提，就是該政體的必然結果。

這兩種觀點都有優點，但是在因果關係性質的具體闡述上也都有所欠缺。更重要的是，兩者的共同缺點是暗示鎖國是德川對外關係的全部。本研究將以更廣闊的視角觀察德川的對外關係，並強調必須考察德川與亞洲的關係，以證明對外關係對早期的德川幕府而言意義重大。

總體而言，本書是要主張對外關係、尤其是亞洲關係，對德川幕府的建構以及整個德川時代的歷史具有本質上及構成上的重要意義：日本和亞洲密不可分地交織在一起。不能僅僅出於歷史編纂的便利，將日本簡化地描述為「鎖國」，從而將亞洲自一六四〇年之後的日本史中剔除，因為日本並沒有對亞洲封閉，甚至也沒有對歐洲完全封閉。同樣地，也不能僅因為日本人不再航行到南方海域，就把日本從一六四〇年之後的亞洲歷史中剔除。正如明朝遺民會向日本提出請求所體現的，日本在東亞依然有重要的經濟和戰略意義，日本也始終不曾自外於亞洲的發展。

「鎖國」理論忽略了日本身在亞洲的事實，而且把日歐關係（「鎖國」）從日本和亞洲的關係、與日本整體的對外政策中剝離出來。「鎖國」理論認為在地理大發現時代後期的十六

世紀中葉，向南擴張的日本帝國與東西向擴張的歐洲帝國相遇，兩者的交流不斷增加，並一直持續到日本與歐洲的四大帝國強權和教皇產生往來。所有的一切都在一六三〇年代中止，因為日本異常地拒絕了與外國交流，並開始實施一連串政策，其目的是：（一）消滅具有顛覆思想的羅馬天主教，（二）由幕府壟斷對外貿易的利潤，以及（三）完全停止日本人的國外遠航（這個目標有助於達成前兩個目標）。一六三〇年代的政策形成日本歷史連續進程的重大斷裂，但是這種理論其實只考慮到日本與歐洲的關係，而簡化地忽略了日本與亞洲的關係。

但是如果捨棄這種偏狹的視角，把視野擴大到將日本身處的亞洲（尤其是朝鮮、琉球和中國）也包括進來，那麼就會發現日本在一六三〇年代的對外關係並沒有那麼大的斷裂。其實，日本在一五九〇年代經歷過一次更大的斷裂，當時日本入侵朝鮮並與整個東亞為敵。但是戰爭至少是一種「正常」的斷裂，而且無論是日本在戰前與亞洲的關係，或是兩者在戰後要恢復正常，都不存在嚴重的斷裂。再往後追蹤兩者的關係，還可以發現同樣的機制至少繼續維持到一八五〇年代。

其實幕府並沒有試圖壟斷對外貿易，但是的確有維護某些大名的貿易利益。在十七世紀的頭十年間，幕府授權薩摩藩與琉球和中國的貿易，也授權對馬藩與朝鮮的貿易，之後的每一任將軍也都重新確認這些授權。幕府在刻意重申這些貿易權利時還會強調一六三九年頒布

的、著名的葡萄牙人驅逐令。[6]

事實上，幕府允許日本人前往海外，也讓海外的日本人被遣送回國。從一六一一年起直到明治時代，對馬藩藩主一直在朝鮮釜山維持著一個長期的貿易據點「倭館」和一個陶瓷製造所。[7]倭館的人數有時候會達到上千人，為了維持貿易，對馬和朝鮮之間的交通往來也從未間斷。薩摩藩與琉球在政治和商業上的關係也使薩摩藩維持著實質的海外交通。[8]日本和其他東北亞國家之間也有日本及外國受難船員遣返的問題，因此持續保持著交通往來。[9]

將葡萄牙人逐出日本、因而使得日本的對外關係（尤其是與西方的關係）面臨萎縮，當然對德川歷史的發展具有重要意義。但是如果說這些被日本拒絕的對外關係因為缺席而變得重要，那麼詳細檢視幕府選擇留下來和培養的那些關係，應該顯得更為重要。本書也將說明在一六三九年後仍然保留的對外關係及其形式，其實都對建立和維持德川幕府的穩定發揮了重要作用。朝鮮和琉球會派使節團前往日本謁見將軍，這個做法一直持續到十九世紀，從幕府的政策決定和對政治群體的回應兩方面塑造出幕府的正當性。這些外交活動在日本創造對國際社會秩序的新認知，以及日本在其中所處位置的過程裡，也有助於強化官方與非官方的意識形態。幕府還動員了外交和戰略方面的情報機構，讓幕府能夠緊跟十七世紀東亞地區的戰略動態，雖然這些機構在十九世紀中葉的混亂中不是發揮得那麼成功，但是當幕府要在十七世紀末制定政策應對公海的海盜和中國內戰時，仍然得仰賴這些機構的協助。

在十七世紀初以來，德川幕府就以打造一套合理而全面的對外政策為目標，這一目標適用於日本與所有國家的關係，而且從一六三〇年代一直延續下來。這些目標推導自日本與亞洲的關係，同時也完全符合日本在該時期的對歐關係史。用所謂的「基督教世紀」來概括日本的對外關係並不足以解釋日本的亞洲政策。總而言之，幕府從未想過完全斷絕日本與外國的往來。

如果注意到老中在一六三九年下達葡萄牙人驅逐令之前曾經做過仔細的調查，驅逐之後又立刻向薩摩藩和對馬藩發出命令，認為幕府只是單純想鎖國的想法就會不攻自破。在下達命令的前幾週，老中還忙著與荷蘭人商討，以確保驅逐葡萄牙人不會威脅到日本與荷蘭人的貿易。[10] 在下令驅逐葡萄牙人之後，將軍隨即下令盡可能優待平戶的荷蘭人，[11] 還傳令要對馬藩藩主告訴朝鮮政府：「因為與〔葡萄牙人〕的貿易……從今年開始將被禁止。因此我們將尋求與葡萄牙之外的其他國家進行更廣泛的貿易，〔將軍〕下令我藩與貴國進行〔藥品和紡織品的〕貿易，數量要比過去更多……。」[12] 這不像是一份鎖國宣言，反而像是幕府努力在以下兩者之間取得平衡：一邊是國家的政治與安全需求，另一邊則是幕府想藉由維持及擴大對外貿易繼續賺取的利益。

幕府很快面臨到另一場難以讓政治安全和貿易利潤取得平衡的危機——清朝在一六四四年征服中國，帶來大規模內戰和海上貿易的中斷。在這場混亂的局面中，幕府在處理明朝滅

亡引發的安全問題時，[13]還是認為只有維持貿易才最符合日本的利益。在戰爭的不確定性下，老中仍然在一六四六年七月二十三日命令薩摩藩的島津光久繼續維持與琉球的貿易、獲得中國生絲。[14]

同樣地，禁止日本船隻前往東南亞貿易的決定也經過一再考慮。一封一九八〇年在一家舊貨店發現的古文書顯示在一六五〇年代的某個時候，商人角倉家曾向幕府請求重啟一六三五年暫停的朱印船貿易，雖然「鎖國」理論讓人以為江戶的態度堅定反商，但是出乎人意料之外，幕府回覆說雖然前三位將軍掌政時期的確有允許外出貿易的先例，但是「既然〔貿易〕已經暫停一段時間，〔對你的建議〕立即給出回應有一定難度。不過由於〔有一名幕府官員〕即將回到京都，因此也可以與〔該名官員和其他幕府官員〕商談此事」，幕府其後也會重新考慮這個請求。[15]無論如何，雖然沒有證據表明幕府最後有軟化、允許重啟朱印船貿易，但是看這個問題的關鍵是一種態度──即一六五〇年代的幕府認為什麼事情是可以做或是可以考慮的。正如同林屋辰三郎對這些新發現文書的評論：「我們沒有答案。」通常認為「〔一六三〇年代的〕『鎖國令』阻止了一切對外交流，但是這種觀念現在已經被顛覆了。這甚至讓人開始懷疑鎖國體制的絕對性」。[16]

幕府在停止與葡萄牙的貿易之前，精心準備了其他替代貿易路線，幕府在面臨東亞的戰爭時依舊鼓勵貿易，還在一六五〇年代願意考慮重啟日本的對外貿易，這些都表明幕府的行

之前，本書想先討論一下鎖國理論的發展史。

德川的鎖國理論與「鎖國」一詞

德川的鎖國理論並不是在該理論描述的年代出現的。雖然通常將「閉關鎖國」描述為幕府在一六三〇年代實施的一項有意識的政策，但是幕閣當時到底有沒有意識到他們決定的方向是要封閉這個國家，其實很值得懷疑。被認為構成鎖國政策的措施包括禁止日本人遠航海外、限制武器出口、嚴禁基督教和天主教徒來到日本等，這些政令的確是幕府頒布的，但是幕府沒有預期自己的行為會將日本與世界上的其他地方隔絕開來，也不知道「鎖國」這個如今最常被用來稱呼這些政策的詞彙。「鎖國」這個詞是現代描述德川歷史時的重要詞彙，但是在當時（十七世紀）其實尚未出現，[17]而且這個詞彙也不是日本人對自己的政策和歷史的看法，而是一六九〇年代的一名歐洲訪客對日本的看法遭到誤譯。這個經過曲解的概念直到很久以後，才在十九世紀傳入日本。

人們熟悉的十七世紀初期的日歐關係，在一六三三到一六三九年間因為老中向長崎奉行

「鎖國」一詞

「鎖國」一詞經過證實的最早出處是一八〇一年長崎的荷蘭語翻譯志筑忠雄將其用作一篇私下流傳的短文標題，由於原標題「關於如今的日本人因全國封鎖、不論國內國外之國民均不得與他國人民進行貿易是否有利之討論」過於冗長，不適合作為標題，因此志筑忠雄將「全國封鎖」幾個字顛倒過來，創造出「鎖國」這個新詞，並將他的言論稱作「鎖國論」。[21]

不過，這篇文章的原作者並不是志筑忠雄。他只是翻譯了德國醫生肯普弗（Engelbert Kaempfer）的《日本誌》（*The History of Japan*）當中的一篇附錄，因為志筑發現這篇文章有

發布的一連串命令而走向終點。[18] 這五次禁令被日本史學家統稱為「鎖國令」，其中的一次還被列在《國書總目錄》（這是對於前現代日本著作的標準編目）的「鎖國令」條目之下。[19] 雖然這些禁令實際上的確將葡萄牙人從日本的長期貿易關係中除名，而且將日本與歐洲的接觸削弱到只剩下長崎的荷蘭商人，但是沒有任何跡象顯示這些禁令旨在切斷日本與世界的連繫，而且就像是後面要討論的，這些措施其實表明幕府想要與利益一致的外國人繼續在謹慎的控制下保有外交關係。[20]

助於他反對當時（一八〇〇年左右）在日本流行的一個看法，該看法認為日本應該允許與北方的俄羅斯人進行貿易，以發展殖民帝國。這類看法在二、三十年前由知識分子本多利明、林子平等人在半公開的討論中提出（因為當時認為公開討論國家政策議題是不適當的），又因為俄羅斯在北方進逼，以及前老中田沼意次的提議而更深入人心。[22]

志筑忠雄是翻譯自肯普弗文章的荷蘭語譯本，其英文題目是「對日本帝國繼續維持現在的封閉狀態、不容許國內或國外之國民與外國進行任何貿易是否有助其利益之考察」(An Enquiry, whether it be conducive to the good of the Japanese Empire to keep it shut up as it now is, and not to suffer its inhabitants to have any Commerce with foreign nations, either at home or abroad)。[23] 志筑忠雄的翻譯是對荷蘭語的準確翻譯，而荷蘭語版本則是根據英語而來，但是英語版本並沒有忠實於德語原文（Beweiss, das im Japanischen Reiche aus sehr guten Gründen den Eingebornen der Ausgang, fremden Nationen der Eingang, und alle Gemeinschaft dieses Landes mit übrigen Welt untersagt sey)。[24]「維持封閉狀態」這段話是志筑忠雄的「全國封鎖」和「鎖國」一詞的根據，但是這段話在德文原文中其實沒有出現。

不過，當志筑忠雄讀到肯普弗的文章，而且瞭解德川幕府的對外政策史之後，他發現肯普弗這個歐洲人似乎贊成所謂的日本鎖國。肯普弗於一六九〇到一六九一年之間在長崎的荷蘭商館擔任醫生，當時日本的對外政策似乎不允許與除了荷蘭人之外的歐洲人接觸，因為到

了一六九〇年代，荷蘭人已經是唯一被容許留在日本的歐洲人。在一六七〇年代，一艘英國船隻「歸來號」(the Return)出現在長崎港，請求重新開啟英國與日本的貿易（英國人在五十年前因為無利可圖而放棄了與日本的貿易）。[25] 歸來號的請求遭拒，這對肯普弗來說像是確認日本要拒絕與任何荷蘭人之外的歐洲人接觸。肯普弗可能沒有意識到歸來號被拒絕的主要理由是英王查理二世（Charles II）娶了葡萄牙公主，於是日本現在便將英國視為天主教的合作者，所以是日本的敵人。雖然我們很難推測如果查理娶的是荷蘭人妻子，幕府會做何反應，但是我們因此可以知道一六七〇年代的日本還是會接受外國建立關係的請求。因為就在歸來號事件後的第二年（一六七四年），幕府就回應了暹羅國王的提議，重新開啟中斷四十餘年的日暹關係。[26]

史學家筆下的日本鎖國還通常與另一個要素經常成對出現，這個要素經常被用來形容日本在一六三〇年代之後的外交政策，即日本被認為在一六三〇年代建立了兩種對外關係——外交關係（「通信」）和不討論外交關係的貿易往來（「通商」）。與朝鮮和琉球王國的關係屬於前者，與荷蘭和中國的關係則是後者。這種歸類的缺點在於它和「鎖國」一樣，是在田沼*下臺後才創造出來的詞，但是卻回溯地被用來形容整個德川時代。[27]

* 譯註：一七六九至一七八六年的德川幕府老中，由於實行多項改革，後世也將其執政時期稱為「田沼時代」。

最早將德川的對外關係區分為「通信」和「通商」兩種類別的例子出現在一七九三年，當時拉克斯曼提出開放日俄貿易的請求遭到幕府拒絕。為了拒絕拉克斯曼的請求，松平定信聲稱日本的對外關係僅限於傳統上與日本保持外交或貿易關係的國家。十二年後，幕府又再度拒絕列扎諾夫伯爵開放日俄貿易的請求，模糊的說詞在當時變得清晰起來：與日本有外交關係的國家只限於朝鮮和琉球，貿易關係則只限於荷蘭和中國。林韑在一八五三年編纂《通航一覽》時，這種歷史認識已經根深蒂固，也被認為是德川對外關係的常態。

因此，原本是一七九○到一八○五年間對外關係辯論中的部分政治回應，到了一八五○年代早期隨著「通信」和「通商」首度成為解釋歷史的詞彙，成為了這些對外關係的歷史描述。「鎖國」一詞最初是在何時用於歷史描述中尚不明確。幕府的紀錄中第一次用到這個詞也是在一八五○年代，只是當時並不常見。

在美國公使哈里斯（Townsend Harris）到訪江戶前，日本海防官員於一八五七年給老中的上書中就用了「鎖國」一詞作為歷史事實：「於一六三六年，第三代將軍制定了御禁制，在那之後⋯⋯除荷蘭人之外，異邦人均不得航行〔到日本〕⋯⋯島原之亂後⋯⋯則制定了『鎖國之禁令』⋯⋯。」[31]這可能是官方文書中第一次使用「鎖國」一詞，此後，這個詞也開始用於史書中。至少在四年前，當幕府討論要如何回應准將培里時，大老井伊直弼本人並沒有使用這個詞彙，但是後世要編纂從培里到明治維新年間的對外關係文書時，編輯者將井伊直弼

的上書解釋為「我們不應該囿於鎖國之法」。[32]

到了一八五〇年代，以「鎖國」來描述一六三〇年代的對外政策已經成為歷史事實，並滲透到日本的大眾意識中。到了一八九〇年，重野安繹、久米邦武和星野恆在《稿本國史眼》一書中使用了「鎖國」這個詞，使它成為專業史學家的用語。不過，重野、久米和星野出於謹慎而沒有使用這個詞來描述一六三〇年代的政策和歷史發展，他們只是說幕府選擇性地關閉了對外貿易的港口。[33] 他們只有在討論明治維新時才會在回顧時提及「鎖國」，例如「鎖國之舊法」，[34] 或是「鎖國之舊習已深入人心」，[35] 這些說法都是在引用或解釋幕末政治論爭的時代語境中大致恰當地使用了鎖國概念，雖然他們的書中只有簡單提及一六四〇年代之後的對外關係，但是他們並不認為對外事務因為葡萄牙人被驅逐而全然終止。其實他們就連在討論肯普弗時也沒有提及他的「鎖國論」。[36]

然而，過了四分之一個世紀後，「鎖國」卻變得深入人心，就連中村孝也也對德川時代對外關係的研究題名為《江戶幕府鎖國史論》。[37] 中村孝也在緒論中仔細解釋「鎖國」是德川時代晚期的常用語，需要仔細定義。[38] 接著他將鎖國的概念解釋為：「在所謂的鎖國之前，日本的對外關係主要是與朝鮮、明朝、安南、暹羅和南洋諸島〔印度尼西亞和菲律賓〕等東方〔國家〕，以及跟西方的葡萄牙人、西班牙人、荷蘭人和英國人有所往來。即使在所

謂的鎖國之後，還是繼續和朝鮮、中國及荷蘭人來往，〔持續〕吸收其物質和精神文明，政治和經濟關係也都依然存在，只有在涉及天主教問題時才完全鎖國。鎖國政策並沒有影響到整體的對外關係，只是封閉了〔日本的〕某些部分。……其實〔日本〕絕非孤立，這也不是幕府的政策意圖。因此，若將江戶時代六分之五的對外關係冠以『鎖國時代』的說法，未免過於草率而馬虎。」[39]

但是中村孝也以前述方式說明自己的觀點後，又接著論述鎖國政策對德川幕府的存續至關重要，也是塑造江戶時代文化和社會的重要前提。[40] 中村著作的其餘部分幾乎只有考察十七世紀的頭四十年間日本與歐洲貿易大國的關係，而該關係最終於一六三九年的最後鎖國令」和「鎖國政策」實施後宣告終止。[41]

簡而言之，研究江戶時代對外關係的學者將德川幕府驅逐葡萄牙人，以及幕府對外的整體防禦姿態看作是一六四〇年之後忽視對外關係的證據，並認為一六四〇年後的對外關係都只是例外或出於好奇，對江戶時代的整體歷史沒有什麼重大影響。就連日朝關係的研究者都無法避免這個謬誤。中村榮孝是近世日朝關係的重要權威，本書也在很大程度上得益於他的研究，而他的〈外交史上の德川政權〉一文則從一六四〇年代直接跳到一八四〇年代為止，他對江戶時代的日朝關係研究──〈江戶時代の日鮮關係〉──只討論到一六三〇年代為止，彷彿中間的兩個世紀什麼事情也沒有發生。[42] 不過中村榮孝很清楚這中間發生了多少變化，收

錄這兩篇論文的《日鮮關係史の研究》還放入了多篇那幾年間日朝關係的文章，只是他沒有將這些主題整合進整個大時代中。

天主教禁令對西方的日本史論述也發生了類似影響。在默多克（James Murdoch）的《對外關係世紀中的日本史，一五四二─一六五一年》（*A History of Japan During the Century of Foreign Relations, 1542-1651*）[43] 一書中，幾乎只關注日本與歐洲的關係，甚少提及一五九〇年代的朝鮮戰爭後日本與亞洲的關係。默多克探討日本的「對外關係」也只到驅逐葡萄牙人為止，接著便轉向介紹德川末期的日本情況，他在「對外關係」中有極長的篇幅幾乎都在探討荷蘭在長崎的貿易狀況，雖然有提到中國人，但主要也是關於中國人對荷蘭人的影響。他幾乎不考慮日本與朝鮮的關係，只藏在談十八世紀早期政治的一個章節中，彷彿這還「小題大作」了。[45]

博克瑟可說是用「基督教世紀」精彩地解釋了早期德川日本的對外關係，他描繪了一五四九年到一六五〇年之間生氣蓬勃又令人振奮的日歐關係。[46] 博克瑟在〈鎖國〉（Sakoku, or the Closed Country）一章中提到日歐關係接近尾聲，只剩下荷蘭人還留在長崎，並在該章中考察幕府「在……一六三三到一六四〇年間採取鎖國政策」的原因。[48] 深具才華的艾利森（George Elison）承繼博克瑟，分析日本與天主教在第一個世紀間發生的碰撞，他具體呈現出日本決定疏遠具有侵略性和威脅性的西方帶來的不利影響，「德川的政策制定者將不信

任原則過於擴大。鎖國的原因很複雜，但最主要的原因是幕府漸漸警覺到天主教是外來威脅。**於是鎖國便成為幕府處理對外關係的全部**[49]（強調為作者所加），「鎖國發揮的作用阻止了外來天主教影響進入。它切斷了日本與外界的聯繫⋯⋯使德川日本成為孤立的文化」。[50]

日本通史作家也常以同樣方式忽略了德川時期的對外關係，他們或者是被艾利森這樣的結論和西方文化中心論、進步論等思想帶偏，或是因為敘事的方便而忽視。本庄榮治郎在〈明治維新前的日本海外發展事實與觀念〉（Facts and ideas of Japan's overseas development prior to the Meiji Restoration）一文中，說「在〔鎖國〕政策下，外國人不得來到日本，日本國民也被嚴禁出國。因此，『鎖國』成為德川時代對外關係的特徵」。[51] 比斯利（William Beasley）總結德川時代「維持了兩百年的『鎖國』制度」。[52] 本庄榮治郎與肯普弗、比斯利與博克瑟在語言表述上的相似性不言而喻。

如果要使「鎖國」概念成為有效的分析工具，就必須加以定義。也就是說我們必須知道鎖國的**範圍**、鎖國的**程度**、鎖國能提供給當時的日本和世界的全部可能性。為了做到這一點，我們還必須定義日本在德川時代的對外開放程度。因為如果要論證德川時代的日本並沒有我們現在認為的那樣孤立，在另一方面，我們也必須承認日本也不像（例如）同時代的英國伊莉莎白時代那樣開放。或許和英國的類比也有助於我們的比較，因為英國也同樣面臨它所認為的天主教威脅，但是英國的回應方式與德川幕府截然不同。

為了從政治、意識形態和安全保障的角度定義德川對外關係的範圍，我們可以參考幾位美國外交政策史學家的研究方法──在威廉斯（William Appleman Williams）的〈一九二〇年代孤立主義的傳說〉（The Legend of Isolationism in the 1920）[53]之後，用「孤立主義」來理解美國經驗的充分和有效性受到了質疑。就像羅森（Stephen Peter Rosen）觀察到的，就算在美國，對外政策的衝突也不是「孤立主義和干涉主義之間的鬥爭，而是兩個對國內體制和外交政策間的恰當關係持相反意見的陣營之間的爭執」。[54]培里來航之前的德川日本就像是聯邦時期和一九二〇年代的美國，問題的關鍵不是要在無差別的干預主義和嚴密封閉的孤立主義之間單純地二選一。相反地，無論是當時的美國還是德川時代的日本，都在努力以自己的方式制定有效的政策來化解對外關係的矛盾，這些政策不僅要被人民接受、要可以維護本國的價值觀，還要滿足國家在政治、意識形態、安全和經濟上的需求，同時要能夠維繫國內制度和確保對國家的認同感。

本書認為整個德川時代的日本一直在很大的程度上與東亞地區保持連繫，甚至在一六三〇年代「完全鎖國」之後也是如此。這一連繫不僅包括政治和外交領域，也包括思想、文化和學術領域，並深入國家安全、國防和情報領域，廣義上還有貿易和經濟領域。此外，這些領域的連繫和交流是雙向的：日本和亞洲對彼此都很重要，並持續存在於雙方的歷史之中；無論是幕府禁令或歷史編纂都無法將日本從亞洲剝離，同樣地，亞洲也無法離開日本。

第二章 後豐臣秀吉時代的外交正常化

豐臣秀吉在一五九八年底去世，五大老成為日本的政務代理人，其中尤以德川家康顯然最有權勢，[1]甚至試圖獨掌對外事務。[2]秀吉對朝鮮和中國發起的七年戰爭讓日本被亞洲孤立，甚至與鄰近的琉球王國也疏遠了，日本的對外關係在很大程度上要依靠海盜、獨立經營的日本商人和歐洲人。因此，如果用現代術語來說，當時最緊迫的外交事務就是恢復與東亞的正常關係。

這一正常化需要多管齊下。戰前與朝鮮的關係包括長期互派使節、貿易和文化交流，這種關係偶爾會因為日本的海盜襲擊朝鮮而中斷。京都的足利幕府和漢城的李氏王朝會互派使節，並以對等的禮儀接待對方使者。貿易主要是由西日本的大名主導，西本州的大內氏在一五五一年滅亡之後，對馬藩的宗氏就變成唯一獲准在朝鮮進行貿易的日本人。因此，只要朝鮮願意和解，就會確定由宗氏進行協商。[3]

恢復與琉球的關係則沒有那麼困難，因為琉球在前幾世紀已經發展出繁榮的商業勢力，因此也小心翼翼地捍衛著自己對日本的獨立性。雖然琉球曾經在一五八九年派遣慶賀的使節前往謁見秀吉，但是並沒有像臣服於明朝那樣臣服於日本，尚寧王也拒絕了日本向朝鮮派兵的要求。[4] 就像是日朝關係一樣，日本和琉球之間也有一個明確的中介者——薩摩藩的島津氏——其日後會在家康的命令下再次登場。

日本與中國的關係是一個比較複雜的問題，而且始終未能真正恢復（將在第三章中討論）。足利義滿於一四〇一年接受在中國的外交秩序中對明朝的朝貢地位，正式開啟了對明外交，也獲得日本人在中國貿易的權利。但是這些權利在一五四七年遭到終止，日本人被逐出中國，中國的海禁政策也禁止中國人前往日本。因此，在中國港口的中日貿易開始由歐洲人和琉球人接管，中國人和日本人只能夠改到中國以外的港口進行貿易。在很大程度上是因為德川幕府不接受對中國的朝貢關係，所以日本無法與中國建立像是跟東亞其他國家那樣的正式關係，但還是容許中國商人進入日本，就像中國也接受外國商人前來中國港口。

接下來我們會簡單檢視日本是如何恢復與朝鮮和琉球的關係。德川早期的日中外交則留待第三章中討論，因為中日兩國之間的外交失敗，與初期的德川幕府想利用外交作為取得正當性的手段有密不可分的關係。

恢復與朝鮮的關係

豐臣秀吉在一五九八年九月十八日去世，家康和其他幾位大老立即下令從朝鮮撤兵。[5] 雖然撤軍並不像日本歷史教科書裡寫的那樣容易，也沒有那麼光榮，但是的確在很短時間內就達成了，儘管日本軍也蒙受重大損失。日本的前線將軍——尤其是小西行長、加藤清正和島津義弘——立刻與中國將領展開談判、安排撤退路線。他們和明朝軍隊交換人質，以確保戰爭盡快結束、日本人安全撤離。[6] 雖然交換人質順利進行，但是在日軍成功撤退前還是在朝鮮南部沿海地區發生了激烈戰鬥。[7]

根據對馬的文獻紀錄，德川家康在一五九九年授權對馬藩藩主宗義智與朝鮮談判，以圖恢復兩國關係。不過宗義智、小西行長、加藤清正等人卻認為前一年的人質交換協議便已恢復兩國關係。[8] 甚至在此之前，宗義智就已經在一五九八年十二月派遣使者到釜山，嘗試與朝鮮展開談判，但是該名使者從未回到日本，那次嘗試就這樣不了了之。朝鮮還未準備要與日本談判一事應該不值得驚訝，其實漢城朝廷當時還在討論要對對馬發動報復性的襲擊。[9] 在家康的授意下，宗義智再次向朝鮮派去使節，該名使節不僅帶去宗義智的重臣柳川調信所寫的書信，還帶了幾名在戰爭期間被俘虜的朝鮮人。

對馬藩對於恢復日朝關係的興趣絕非偶然。對馬島位於博多和釜山之間的海峽，農業貧

乏，幾個世紀以來一直依靠地緣優勢發展日朝貿易以維持經濟基礎。10 如果無法恢復與朝鮮的關係以及在釜山的貿易權，對馬藩在經濟上將無以為繼。或許家康也是認識到這一點，所以才在恢復貿易前先對對馬實行石高分封制。

經過對馬藩的幾次嘗試之後，朝鮮才在一六〇〇年中對這些試探做出回應，要求把仍在日本的戰俘遣送回國，以此作為進一步談判的條件。11

「朝鮮人不願意談判，不僅是因為他們對日本人在七年戰爭期間造成的破壞仍懷怨在心國。13 日本占領了朝鮮的部分領土，而且還有許多朝鮮人被扣留在日本），也是因為留在朝鮮的明朝官員在一定程度上指揮朝鮮政府，並拖延談判。此外，對馬藩有時候會以威脅作為「鼓勵」朝鮮談判的手段，但是事實證明這種策略只會適得其反。不過，朝鮮的答覆還是在關原決戰前夕送到日本手中，只是當時的日本正忙於內戰，所以這番答覆沒有帶來立即的效果。

關原之戰讓朝鮮認為日本短時間內要集中精力解決國內問題，所以無暇對外侵略，這使得朝鮮比較樂於談判。戰時被俘虜的朝鮮人透過對馬藩的斡旋或是自行設法逃回朝鮮，也向漢城提供了有關日本國內的即時情報。14

談判在接下來的幾年中繼續緩慢地進行，對馬藩一再對朝鮮提出請求，每次請求也都會送回一些戰俘。但是朝鮮出於怨恨及總是對日本的意圖感到不確定，所以還是不願意與日本談判。不過中國將領萬世德帶著他的軍隊在一六〇〇年底返回中國，等於是消除了中國對日

朝談判的直接干預，[15]被遣返者從日本帶回愈來愈多的消息，朝鮮也想要瞭解他的敵人——於是朝鮮政府便在日後成為領議政的李德馨再三提議下，於一六〇二年初派遣使者到對馬進行偵察。[16]同年後來又有全繼信和孫文彧前往對馬與宗義智談判，試圖摸清日本人的意圖。[17]

宗義智在隔年找到一五九七年被島津義弘俘虜的朝鮮皇族金光，並於一六〇三年將金光帶到對馬，似乎也說服金光相信應該積極恢復朝鮮與日本間的全面關係，因為當金光回到漢城後，就向朝廷表達了這一立場。[18]同時漢城方面也再次派遣孫文彧前往對馬，很可能就是孫文彧將金光帶回朝鮮。[19]

朝鮮為了回應對馬藩的進一步壓力，而且朝鮮自己也期望更多戰犯被遣送回國，於是在一六〇四年再次派孫文彧前往對馬。不過這一次，孫文彧的身分是著名僧侶政治家松雲的助手，松雲在戰爭期間一直奮力保護王室，也曾經與加藤清正等日本將軍進行談判。[20]朝鮮之所以派出如此重要的人物，主要原因可能是明朝在反對了六年之後，終於允許朝鮮與日本和談。[21]

松雲和孫文彧在一六〇四年晚秋抵達對馬，他們調查了日本的狀況，以決定和談的下一步。[22]兩名使節並沒有為家康帶來朝鮮國王宣祖的國書，因此或許不應該將他們看作正式的外交使節。其實漢城方面似乎並不希望他們的活動範圍超出對馬，因為他們只帶來禮曹判書成以文寫給宗義智的書信。信中表達了朝鮮對日本送回戰俘的感激之情，並特別提到金光。成

以文明確表示朝鮮的行動會與明朝商議，「日本若能進一步表現善意」，朝鮮也願意重啟外交和貿易關係，[23] 所以顯然松雲和孫文或出使的目的是要使兩國關係恢復正常。

宗義智立刻派遣柳川調信前往江戶，並在家康的外交顧問本多正信和禪僧西笑承兌的安排下，讓義智能夠帶朝鮮使者前往京都謁見家康。[24] 義智和朝鮮使節在一六〇五年三月五日抵達京都，並住在豐光寺等待家康的到來。他們在一六〇五年四月二十二日於伏見城接受家康的召見，並與西笑承兌和本多正信討論了日本與朝鮮的和談。日本方強調家康並沒有參與朝鮮的入侵，因此無論如何都不能說是朝鮮的敵人，日朝關係應該得到和解。[25] 多份日本文獻表明家康很可能想安排朝鮮使者在近期內前往江戶，其中一份資料顯示家康想讓朝鮮的慶賀使來祝賀他的兒子秀忠接任將軍職位。為了遞出橄欖枝及展現成以文要求的善意，家康還下令讓戰爭中俘虜的一千三百多名朝鮮人隨松雲返回朝鮮。[27]

雖然松雲的出使和家康的回應（尤其是家康還送回這麼多戰俘）當然有助於加速和解，但是漢城方面仍然對日本的態度不滿意。因此朝鮮在一六〇六年提出正式派遣使節團的兩個先決條件：一是家康要以「日本國王」的身分送來正式國書邀請使節，二是引渡一些藝瀆李朝先王陵墓的日本士兵。[29] 日本學者也很敏銳地觀察到[30]這種國書其實是在暗示日本承認戰敗，而從未參加戰爭的家康應該很不樂意寫這封信。

這讓對馬藩左右為難，因為家康顯然不太可能寫漢城要求的那封國書，但是唯有重啟兩

國之間的對外關係，才有可能恢復對馬藩賴以生存的貿易，然而這又必須滿足前述兩個條件。因此，當一六〇六年底朝鮮的偵查使節還停留在對馬時，宗義智、柳川調信的嗣子景直和義智的外交顧問景轍玄蘇便偽造了一封「日本國王」寫給朝鮮國王的國書以滿足朝鮮的條件，還把兩名年輕的罪犯送到朝鮮作為褻瀆朝鮮王陵的罪人被處死。[31] 朝鮮很快就發現「罪犯」太過年輕，不可能在戰爭中當過兵，那封國書也是偽造的，因為它完全不符合日本的文書慣例，尤其是署名和蓋章來自「日本國王」，甚至還使用了明朝年號。但他們仍然認為派遣使者去江戶和日本重新建立關係的時機已經成熟了。[32] 三宅英利對此提出有力的論證：[33] 漢城此時想要恢復日朝關係，是因為滿族，[*] 對朝鮮北部邊境的侵擾日益頻繁，[34] 這使得朝鮮需要在南部邊界維持和平。

由於朝鮮聲稱是應家康的邀請派遣使者，因此這些使節被稱為「回答使」，兼有「刷還使」（送還俘虜的使節）之頭銜。使節呂祐吉和他的五百名隨從在一六〇七年的舊曆正月離開漢城，並於舊曆五月抵達江戶。[35] 值得注意的是日本民眾──甚至是幕府──都不清楚朝鮮朝廷的目的，也不知道使節團的正式名銜，更不用說是使節團回應的那封偽造國書了。京都的公家壬生孝亮以為使節是來「與幕府將軍商討和談之事」，[36] 這也不是全錯，不過為紀念

---

[*] 譯註：滿族（Manchu）為女真之一支，皇太極於一六三五年將族名改為滿洲，即現稱之滿族。

足利義滿而建立的鹿苑院的住持則記錄到「是因為兩國已經和解」才派遣了該使節團。而德川秀忠在松雲離開京都（一六〇五年）之後不久便繼任了將軍之位，因此也有人說使節團是來祝賀秀忠繼位的，[38] 甚至還有人說是為了向日本進貢，[39] 但是這當然不存在於漢城的想法中。使節呂祐吉帶來宣祖的國書，開頭寫著「朝鮮國王李昖奉覆日本國王殿下」。[40] 這迫使對馬藩又要偽造一封國書，掩蓋先前那封家康寫給宣祖的國書。宗義智的家臣想方設法完成了這次偽造，因此呂祐吉在一六〇七年六月二十日呈給幕府的那封信看起來就像是宣祖自發性寫給秀忠的問候。[41] 使節同時也帶來禮曹參判吳億齡寫給老中的書信，以及松雲寫給西笑承兌、林羅山和幾位幕閣的書信。使節團的首席譯官朴大根在第二天就將這些書信交給本多正信。[42]

有關呂祐吉的使節團一行人在江戶期間可能與幕府官員討論了什麼問題，留下的紀錄很少，但是顯然朝鮮人一定很關心幕府的政權有多穩固、是否能夠確保兩國之間的和平等問題；因此它也是被交付給使節的另一項具體任務。使節於一六〇七年七月七日在江戶與本多正信商討遣返事宜，本多也將此事稟報給家康。由於一些戰俘的遣返則是另一個主要議題，在戰爭中被俘的朝鮮人都已經在日本居住長達十五年，很可能也不是所有人都想返回家園，因此家康下令各大名，讓那些想要回鄉的人和使節一起歸國。[43] 等到使節要離開對馬時，從日本各地聚集了一千四百一十八名要歸國的俘虜。[44]

雖然對馬藩在一六〇六年偽造的國書中使用了明朝年號，但是秀忠寫給宣祖的國書草稿中，顯然是用日本年號，這明顯意味著日本拒絕接受以中國為中心的秩序。在江戶展示給朝鮮使節的國書沒有用，最後遞交的國書卻沒有使用任何年號，直接避開了這個問題。[45] 秀忠的國書也沒有像對馬藩偽造的那封信裡那樣稱呼將軍為「日本國王」，等於是讓自己和朝鮮國王一樣從屬於中國。[46] 其實據說承兌曾向秀忠獻策說：日本天皇的存在本身，就足以使日本和地位建立在「天子」的存在之上的中國平起平坐。[47] 如果秀忠自稱為「日本國王」，等於是讓自己和朝鮮國王一樣從屬於中國。這個問題在一六〇七年並沒有獲得解決，但是顯然對日本和朝鮮都很重要。

朝鮮使節離開江戶之後，禮貌性地前往駿府（今靜岡）拜謁在該地「退隱」的德川家康。[48] 家康堅持使節的國書應向江戶的秀忠提出，並由秀忠處理正式外交事務，這些都是要強調幕府的權力已然制度化，而且將軍的職位是世襲的，這兩者也是朝鮮政府所關心之事。[49]

一六〇七年的朝鮮使節團有助於恢復日朝間的兩國關係。雖然當時並未清楚決定未來何時要再派遣這類使節，但是其實在德川時期又派遣了十一次使節，最後一次是在一八一一年，在那之後，關於是否再次派遣使節團的討論也持續到一八五〇年代。後頁表格列出了歷次使節團、各自的規模和聲稱的目的。很明顯地，這些使節團大部分是為了祝賀新將軍繼位，[50]

但是從朝鮮的角度來看，他們還有許多其他目的。[51]對日本來說，朝鮮使節團既可以用來宣傳幕府的正當性，也是幕府取得大陸情報的政治和戰略管道，它還是展開日朝貿易的政治根據，同時也能夠作為日本展現其構想中的國際秩序之外交手段。

同樣值得注意的是在德川時代，除了滿族第一次入侵朝鮮時日本派出考察戰況和提供軍事援助的使節之外，江戶從未向漢城派過像朝鮮通信使那樣的使節。兩國關係中具有優越地位的明顯證據，日本則不這麼認為。漢城的確拒絕了對馬藩所有遣使往漢城的要求，只有一六二九年的使節除外，因為那次顯然有得到幕府的指示。不過朝鮮確實不像對馬藩那樣把外交關係看得如此重要。此外，這一時期的朝鮮每次派出使節都是回應日本的具體請求，而不是漢城自發的行為。[52]朝鮮認為這是自己在形成對比的是朝鮮政府從未請求將軍派遣使節，幕府也從來沒有派遣使節的意思。對馬藩會在朝鮮王室的子嗣誕生或儲君繼位時派遣慶賀使前往釜山，也會在王室成員逝世時派遣弔唁使節。[53]朝鮮政府也會對對馬藩藩主的過世、出生或繼位表達類似的慶賀和哀悼，或經過對馬的朝鮮使者也會到宗家家廟的歷代藩主牌位前參拜。這些都只能視為較低層次的外交接觸，無法與兩國統治者在各自首都進行的外交接待相提並論。如果要從外交關係的角度評價日本和朝鮮的相對地位，就必須分析兩國在外交接待中使用的禮儀，都顯示日本和朝鮮基本上是平等的。[54]不論是外交信函的格式或是在外交接待中使用的禮儀，都顯示日本和朝鮮基本上是平等的。

德川時期派往日本的朝鮮使節[*]

年度	幕府將軍	朝鮮國王	正使	使節團的目的[**]	總人數
1607	秀忠	宣祖	呂祐吉	修好（日）；帶回戰俘及「做出回覆」（朝）	467
1617	秀忠	光海君	吳允謙	帶回戰俘（朝）；祝賀大阪之役獲勝（日）	428
1624	家光	仁祖	鄭岦	帶回戰俘（朝）；祝賀將軍繼位（日）	300
1636	家光	仁祖	壬絖	慶賀和平（日）	475
1643	家光	仁祖	尹順之	祝賀將軍世子誕生	462
1655	家綱	孝宗	趙珩	祝賀將軍繼位	488
1682	綱吉	肅宗	尹趾完	祝賀將軍繼位	475
1711	家宣	肅宗	趙泰億	祝賀將軍繼位	500
1719	吉宗	肅宗	洪致中	祝賀將軍繼位	479
1748	家重	英祖	洪啟禧	祝賀將軍繼位	475
1764	家治	英祖	趙曮	祝賀將軍繼位	472
1811[***]	家齊	純祖	金履喬	祝賀將軍繼位	336

[*] 本表的製作依據《日鮮關係史の研究》，3:302之後；《海行摠載》；《通航一覽》；李元植，〈朝鮮純祖辛未通信使の来日について—対馬に於ける日韓文化交流を中心に〉，《朝鮮學報》，72(1974): 4。

[**] （日）代表日本觀點；（朝）代表朝鮮觀點。請參見本章註75列出的三宅英利文章，該文詳細分析了朝鮮和日本對這些使節團目標的不同認識。

[***] 一八一一年的使節團比家齊繼位晚了二十七年到來，因為幕府不願意承擔所需費用，同時也因為新井白石在一七一〇年首度對江戶接待朝鮮使節團的適當性提出質疑（《新井白石全集》〔全6卷，國書刊行會，1905-1907〕，4:628之後），畢竟前往朝鮮的日本人甚至無法離開釜山。關於此次使節團的完整待遇，可參見田保橋潔，《近代日鮮関係の研究》(全2卷，京城：朝鮮總督府，1940)，2:639-894。

一六〇七年的朝鮮使節團重新建立了兩國關係，也為重啟對馬藩與朝鮮之間的官方許可貿易帶來可能。在一六〇七年之前的交涉階段，雖然朝鮮允許對馬藩使者進行小規模貿易，但這只是出於禮貌，對於陷入經濟困境的對馬藩並沒有太重要的經濟意義。

在翌年的一六〇八年，柳川景直聲稱朝鮮准許他向漢城派出回答使，[55]但是宣祖突然在三月八日駕崩，[56]這讓朝鮮得以藉機拒絕使節從釜山前往漢城拜會，已故君王的墳前上香。[57]景直一行人滯留在釜山，他們在那裡拿出了家康的國書──這封信現在已經不存在，但是可以確定是偽造的。景直在隔年帶了另一封國書回到釜山，信中請求朝鮮借道給日本，好讓日本能進入明朝朝貢，[58]但不幸的是國書所選的措辭正好讓人聯想到秀吉希望「假道」朝鮮進攻明朝一事。[59]

不過，這些使節滯留釜山期間，也對重新開放對馬藩與朝鮮的貿易進行了商談。這一系列談判的結果便是一六〇九年的《己酉條約》，對馬藩日後在釜山的貿易就是在這些條件下展開的，《己酉條約》顯然延續了一四四三年、一五一二年和一五四七年等一系列規範日朝貿易將近兩個世紀的早期條款。[60]《己酉條約》允許對馬藩在釜山以倭館為基地進行貿易，倭館便類似於後來在長崎建立的荷蘭商館。

一六〇九年的《己酉條約》確立對馬藩每年可以派出多少船隻從事「公貿易」，這些船隻代表日本「國王」（即幕府將軍，雖然實際上他從不曾派遣過貿易船隻）、對馬藩藩主，以

及朝鮮（和對馬藩）授權從事貿易的對馬居民。條約中還詳細規定各種類型的船隻大小和船員人數、可以滯留在釜山的時間、提供給他們的食糧，[61] 以及他們應當攜帶的證明。

「公貿易」以對馬藩主和朝鮮政府間的朝貢貿易形式展開，兩者之間更大規模的貿易也因此合法化。對馬藩也會進行條款中沒有規定的私人或非官方貿易，並且想盡辦法擴大這種貿易。在十七世紀後期，對馬藩和釜山之間的私人貿易有時會為對馬藩帶來超過一萬貫白銀的利潤，這相當於除了最大的大名之外一年米稅的收入。[62]

一六○九年《己酉條約》的內容或作用經常遭到誤解。馬科恩認為它是兩個主權國家之間建立「條約關係」的「條約」，這表示《己酉條約》與幕府有關，但是事實並非如此；馬科恩還認為雖然「朝鮮在十七和十八世紀已經與德川政府建立直接關係，但是這些關係相對而言並不重要」。[63] 不過，漢城和幕府之間的直接關係正是整個日朝關係的基礎，要到一六○七年重新建立日朝關係是一種朝貢關係，其中朝鮮處於較高的地位。[64] 然而，我們仍然必須謹記朝鮮中央政府與對馬藩的關係，和漢城與江戶間的關係是不同的；對馬藩藩主只是日本的一介大名，也被朝鮮視為屬臣。[65] 朝鮮的地位當然高於對馬藩，這點無庸置疑，但是日本和朝鮮的相對地位則有很大的爭議，而且毫不明確。許多江戶時代的日本人稱呼朝鮮使節是「來貢／來朝」，或是認為朝鮮「臣屬」於江戶，[66] 不過也有人認為日本喪失訪問漢城的權利顯示日

本的地位下降。[67] 相較於要找到欣賞朝鮮或特定朝鮮文化的日本人，要找到欽慕日本的朝鮮人比較困難，[68] 但是要找到彼此詆毀的言論則沒有任何問題，在整個江戶時代，雙方都認為自己是關係中比較優越的一方。但是，兩國之間的外交禮儀基本上還是顯現出兩國的對等關係。

有些學者還認為一六〇九年的《己酉條約》意味著日朝兩國重新建立起「國交」（完整的外交關係），[69] 但是由於幕府並未參與條約的締結，這種說法似乎誇大了《己酉條約》的重要性。兩國之間的關係是在一六〇七年使節團來訪、朝鮮國王與將軍交換國書時就已經恢復，因此才得以簽訂這份貿易條約。

此外，馬科恩認為「一六〇九年的《己酉條約》最重要的特徵之一，是朝鮮將不再接待將軍所派的使節」，而「另一個特徵……是日本使節皆不得前往朝鮮首都，〔朝鮮〕只會在釜山接待他們……日本人不能夠踏出朝鮮為他們設定的貿易據點」。[70] 馬科恩在這裡混淆了《己酉條約》和《通文館志》及《交鄰志》的內容，後兩者是記載朝鮮外交先例和禮儀的外交行政手冊，而《己酉條約》本身並沒有前述規定。[71] 朝鮮的確在一六〇九年拒絕景轍玄蘇和柳川景直前往漢城到宣祖的陵墓進香，[72] 這次拒絕也在後來成為先例，而不是《己酉條約》的一部分。

德川家康在一六一四年又一次請求朝鮮派遣使節，[73] 然而朝鮮使節直到一六一七年才真正到來，當時家康已經取得大阪，但是也過世了。[74] 下一次使節團來訪是在一六二四年，直

到十九世紀初都還一直不定期有使節團前來。大部分使節團被幕府稱作「慶賀使」，通常是為了祝賀新將軍繼位而來。這些使節團為證明幕府、甚至是每一位新任將軍的正當性發揮了重要作用，我們將在第三章中詳細討論，我們也將在第四章中看到，日本與朝鮮持續的關係是日本取得亞洲大陸當代政治發展情報的重要管道。

不過，朝鮮在十七世紀派遣這些使節團的目的經常與日本所想的大不相同，朝鮮較關注的是國防安全、遣返戰俘和瞭解日本的政治局勢。[75] 但是從另一個角度來看，這些使節團的最大意義或許是確立了國與國的關係，替兩國的事務往來（例如貿易、救助遇險的船員和漁民等）提供正當性。更進一步來說，這些使節團構成了日本型世界秩序的外交結構中重要的一環，讓日本在該秩序中發揮作用並找到定位。

與琉球王國的關係

在秀吉死後，日本為了「正常化」與琉球中山王國的關係，用的手段比起對馬藩為了與朝鮮重啟關係而以家康的名義偽造國書，要來得簡單一些。九州西南部的薩摩藩藩主島津氏與琉球保有通商傳統，島津氏曾多次請求、威脅和命令那霸，希望尚寧王派遣使節向家康朝

貢及表達臣服之意,即使這些要求在歷史上並無先例。但是尚寧王都無視這些要求,就像他之前也無視秀吉下令那霸協助日本入侵朝鮮。[76]

事情最終解決是在一六○九年,島津家久終於獲得家康首肯,派遣軍隊前往琉球迫使其屈服。在該年初夏,有一支約三千人的軍隊從薩摩出發,朝向沖繩進攻,並迅速打敗了這個小國。一支小規模的占領軍被留下來駐守在首都那霸,尚寧王和他的主要官員則被俘虜到島津氏的權力中心──鹿兒島。於是島津氏在隔年完成了幕府的命令,將尚寧王帶到家康和秀忠面前表示歸順。[77]

在征服琉球後不久,家康便將「統治」琉球的權利授予島津氏,[78]很快地,島津氏又獲得將琉球的「石高」(即領地內上繳的稻米產量)納入薩摩藩石高的權利,這提升了島津氏在日本大名中的地位。[79]同時代的一些日本人甚至將島津氏稱作「四國主」,等於是將琉球王國也算在其中。[80]

然而,這並非表示琉球不再是外國,或是那霸與江戶間的關係不再屬於對外關係。雖然有關一六一○年尚寧王被帶到將軍面前的史料不多,但是琉球王室之後派往幕府的使者卻有豐富的史料(後續的使節團從一六三四年開始一直持續到幕末為止)。從這些文件中可以清楚看出在接待制度和禮儀方面,那霸的使節團一直被看作外交使節。日本接待琉球使節的制度或禮儀都與接待朝鮮使節類似,只是琉球的地位明顯低於朝鮮。[81]

要判斷琉球在外交方面是否屬於外國，一個重要的標準是從林羅山到林復齋的林氏家族與該國打交道的方式，因為從一六三〇到一八五〇年代，除了十八世紀初的短暫例外之外，林家一直是幕府主要負責外交禮儀的官員。林羅山的兒子林鵞峰在編纂父親的文集中列了一個「外國書信」的分類，其中就包括與琉球的往來文書，其餘還有羅山起草要寄往中國、澳門、暹羅、朝鮮和其他國家的外交信函，這些三國家的地位無疑都是外國。[82] 林鵞峰在一六七四年開始把江戶從外國收集來的情報資料編纂成《華夷變態》一書，當時他再次將琉球與中國、朝鮮和其他外國並列。[83] 以臺灣為根據地、效忠明朝的海盜（國姓爺）鄭成功在一六七〇年對往返中國的琉球朝貢船發動攻擊，此事是由長崎奉行和國姓爺談判賠償事宜；幾年後，幕府又警告荷蘭不要騷擾琉球船隻，幕府的理由並非琉球是日本的一部分，而是「琉球是［日本的］藩屬國」。[84] 朝鮮有時候也會用同樣的用詞來指稱對馬藩，[85] 但這並非表示對馬藩是朝鮮的領土。

史塔特勒（Oliver Statler）描述過一件軼事，生動說明了幕府把琉球視為外國：幕府在一八五七年十月討論將軍應該以何種禮儀接待哈里斯，當時幕府設想的兩種適當模式分別是接待朝鮮和琉球使節團的外交禮儀！[86] 就連德川的法典中也是將接待朝鮮和琉球的使節與其他對外關係放在同一個大標題下。[87]

現代學術界對琉球的地位有不同看法。羅伯特‧堺（Robert Sakai）寫道：「近世琉球王

德川時期前往日本的琉球使節[*]

年度	幕府將軍	琉球國王	正使	使節團的目的[**]
1610	秀忠	尚寧	尚寧王	表示臣服於日本（尚寧王作為俘虜前往日本）
1634	家光	尚豐	佐敷、玉城、金武王子	祝賀家光繼位 對冊封尚豐表示謝恩
1644[**]	家光	尚賢	金武王子	祝賀將軍世子誕生
1644[**]	家光	尚賢	國頭王子	對冊封尚賢表示謝恩
1649	家光	尚質	具志川王子	對冊封尚質表示謝恩
1653	家綱	尚質	國頭王子	祝賀家綱繼位
1671	家綱	尚貞	金武王子	對冊封尚貞表示謝恩
1682	綱吉	尚貞	名護王子	祝賀綱吉繼位
1711[**]	家宣	尚益	美里、豐見城王子	祝賀家宣繼位 對冊封尚益表示謝恩
1714	家繼	尚敬	金武王子	對冊封尚敬表示謝恩
1714	家繼	尚敬	與那城王子	祝賀家繼繼位
1718	吉宗	尚敬	越來王子	祝賀吉宗繼位
1748	家重	尚敬	具志川王子	祝賀家重繼位
1753[**]	家重	尚穆	今歸仁王子	對冊封尚穆表示謝恩
1764	家治	尚穆	讀谷山王子	祝賀家治繼位
1791[**]	家齊	尚穆	宜野灣王子	祝賀家齊繼位[***]
1797[**]	家齊	尚溫	大宜見王子	對冊封尚溫表示謝恩
1806	家齊	尚灝	讀谷山王子	對冊封尚灝表示謝恩
1832	家齊	尚育	豐見城王子	對冊封尚育表示謝恩
1842	家慶	尚育	浦添王子	祝賀家慶繼位
1850	家慶	尚泰	玉川王子	對冊封尚泰表示謝恩

[*]　本表的製作係依據《通航一覽》，1:1-250，各處；《通航一覽續輯》（全五卷，大阪：清文堂出版，1968-1973），卷1，各處；大島延次郎，〈琉球使節の江府參礼〉，《歷史地理》，61.3(1933): 50；Shunzo Sakamaki, *Ryukyu: A Bibliographical Guide to Okinawan Studies* (Honolulu: University of Hawaii Press, 1963), p. 90；《人民大辭典》（全10卷，平凡社，1953-1955）。琉球人名的讀音是依照 Sakamaki, ed., *Ryukyuan Names: Monographs on and Lists of Personal and Place Names in the Ryukyus* (Honolulu: East-West Center Press, 1964).

[**]　外交接見會在舊曆的最後一個月進行，以公曆紀年的話會算作前一年。

[***]　大島延次郎將此次使節團誤認為謝恩使。可參照《通航一覽》，1:198。

國的地位不僅讓西方研究者困惑，也讓日本人感到費解。」[88]這是因為琉球國王對薩摩藩和江戶進貢的同時，也從未間斷地向明朝和清朝皇帝納貢。因此，琉球可能被認為半屬於德川幕府，或者說同時屬於日本和中國的外國君主。武野要子認為薩摩藩與琉球的貿易是一種外國貿易。[89]另一方面，渡口真清則認為因為琉球也被計入薩摩藩的「石高」，且調查農地的檢地制度也適用於琉球，幕府也有部分法規適用於琉球，還將琉球納入「鎖國」體系中，因此在一六〇九年薩摩藩征服琉球之後，琉球就成了日本的一部分。[90]這兩種觀點都與琉球現在的地位問題有關，現代政治又使得這一問題更加複雜。

日本殖民理論家山本美越乃在大約五十年前提出了一個更微妙的見解，他認為薩摩藩是在「有所誤解的殖民政策」下征服了琉球。[91]因此，山本認為琉球時而會聽命於薩摩藩的支配，但在法律上還是屬於外國地位。

如果站在渡口真清及其支持者的角度，認為琉球自一六〇九年以來就是日本的一部分，雖然可以避免從德川外交史的角度來分析日琉關係的問題，但是也會面臨到全新的問題。例如必須從日本對外關係的角度來理解琉球和中國的關係，以及琉球在幕府知情同意下臣服於中國的事實。就算不必從德川對外政策的角度來討論琉球使節團出使江戶的意義，仍然必須處理琉球派往北京的使者、中國皇帝對琉球的冊封，[92]琉球在中國的留學生，以及琉球顯然違反幕府法令而擁有遠洋船隻等問題。但也不是將琉球派往江戶的使節團理解為外交

使節就可以解決這個難題,這兩種問題無法同時避開。

薩摩藩對琉球的殖民剝削固然不同於對馬藩對朝鮮的角色,但是在貿易特權、外交禮儀和情報搜集方面,薩摩藩與琉球的關係又很類似對馬藩在朝鮮的角色,幕府給薩摩藩的權力也和幕府給對馬藩的權力很類似。正如羅伯特・堺所說的,「島津氏大名透過琉球島民獲得珍貴的中國貨物,再賣到日本各地賺取利潤」,[93] 和對馬藩藩主所做的事完全一樣。但是也很難同意他說的:「這種商業活動違反了幕府想要將對外貿易限於長崎單一港口、壟斷對外貿易的意圖。」[94] 如同我們在前文所見的,既然幕府授權、認可並以特鑄銀[95] 確保對馬藩在朝鮮的貿易,就是已經明確許可在長崎之外的其他地方進行對外貿易,而且可以由不受幕府直接控制的代理人進行。幕府並沒有壟斷對外貿易,薩摩藩與琉球的貿易沒有違反鎖國政策,反而是幕府對外政策的一部分。

第三章 認可的透鏡：幕府正當化過程中的外交

意識形態和歷史編纂的主觀意見，讓理解和分析德川幕府確立其正當性的機制與過程變得更加複雜，一般都認為政權的正當性存在於皇室朝廷，其他正當的世俗權威都只是其衍生品。這個觀念有時候會使現代學者無法梳理出一個令人滿意的幕府正當性的建構過程。其實，這個想法同樣困擾著德川時代的學者，他們無法將自己所處時代的制度和慣例套入中國傳來的儒家正統規範模式中，這個嚴峻的政治課題在德川幕府統治力道衰弱時更為突出。不過在大多數情況下，德川時代的學者都認為幕府之所以擁有正當性，是因為其掌握的世俗權力源自朝廷授權，而德川也名正言順地承襲了這種權力。學者通常用儒家倫理和政治理論支持這個論據，讓朝廷地位維持在理想狀態的同時，也讓承受天命的將軍權力能夠符合道德標準。[1] 德川幕府如何讓自己取得正當地位，亦即如何確立正當性，是研究德川時代的現代歷史學家面對的重要課題之一，政權正當性是「統治權力的基礎，它的運作一方面有賴於政府

意識到自己有權利進行管理，另一方面也需要被統治者在某種程度上承認此一權利」。²一直到最近，關於確立正當性問題的討論大致上都離不開前述框架，即幕府是如何從朝廷承襲世俗的權力，又是如何借助儒家意識形態來完美地包裝這些權力和附屬權威。³在幕府建立的最初幾十年，曾經試圖以內政和外交的政治作為來具體體現它要確立的正當性，但是卻沒有得到什麼關注，儘管確立自身的正當性是每個新政權都要面臨的最重要任務之一，對希望建立新型政治秩序的政權來說更是如此。在建立新型政治秩序的過程中，新政權有時候會利用外交關係來宣傳對內統治的正當性。寇爾（Charles P. Korr）便探討過在十七世紀中葉的英格蘭，當克倫威爾（Oliver Cromwell）想要建立一個穩定的政府時，正當性的考量是如何影響他的外交政策。⁴本章主要想討論的是在十七世紀上半葉的日本，對外政策的制定與確立新政權的正當性是如何相互作用。

政權的正當性建立在一系列複雜的基礎上，包括擁有權力、以正統的形式獲得該權力，以及政治社會中重要的組成分子對這兩點的認可。政治社會既包括國內的政治群體，也包括國際社會。在十七世紀初的日本，國內政治群體便是朝廷、上層武士階級以及極少數佛教僧侶、學者和商人，而國際社會通常是指以明朝朝貢體系為中心的國際秩序。

對一六〇〇年的德川家康來說，他的正當性既沒有得到國內政治群體的認可，也不被國際社會承認。日本國內即使是在關原之戰後，國家層級世俗權力的正當性依舊屬於豐臣秀吉

在東北亞的正常化努力

本書第二章已經詳細討論了日本與朝鮮恢復外交和經濟關係的細節，包括一五九〇年代的早期協商、一六〇四到一六〇五年間與一六〇七年的使節團、一六〇九年的《己酉條約》，以及一六一一年的重啟貿易。5 證據顯示家康想要恢復日朝關係的動機之一，是希望借助朝鮮的調停加入中國的世界秩序，日本已經被排除在這個秩序之外超過半世紀了。6

由於家康和顧問的努力，再加上一直以來擔任日本和朝鮮中間人的對馬藩藩主宗義智及其家臣的努力，新幕府終於成功迎來一個約四百六十七人的龐大使節團，使節團帶著朝鮮國王宣祖（於一五六七至一六〇八年間在位）給幕府將軍的信件和禮物到訪江戶和駿府。這個行為被一些日本人詮釋成朝鮮承認由家康統一日本，7 而在深受中國傳統思想影響的地方，

國家統一是政權正當性的標準之一。[8] 其實，在三年後，當幕府的重要理論家林羅山想要讓明朝認可幕府時，的確就是用這次使節團作為德川幕府正當性的證明。[9] 幕府將日朝關係的恢復視為一次重大勝利。

也可以用類似的邏輯來理解日本在一六〇九年征服琉球，以及尚寧王（於一五八九至一六一二年間在位）於一六一〇年出使江戶。家康在一六〇三年被封為將軍，薩摩藩藩主隨即敦促尚寧王派遣使節前往慶賀。在這些勸告皆未收效後，島津家久便向家康提出請求，其後也收到家康譴責琉球、催促其屈服和派遣使節的命令。從表面上看，攻打琉球的理由是琉球沒有履行朝貢義務，拒絕成為日本的藩屬國、臣服於日本。當成功征服琉球、讓尚寧王訪問江戶之後，其「藩屬國」的「臣服」地位就成為幕府正當性的又一證明，並出現在幕府寫給明朝的書信中──[10] 雖然明朝完全知道琉球事件的真實情況，[11] 也不認為幕府可以透過入侵明朝的藩屬國來證明其正當性。

後面還會再回到日本與朝鮮和琉球的關係，不過在這之前，我們必須先考察日本在豐臣秀吉去世後接近明朝的努力，畢竟「中國型世界秩序」是一六〇〇年之前影響日本對外關係的主要因素。關於這個問題，在本多正純於慶長十五年（一六一〇年）寫給福建總督的信之前幾乎沒有什麼直接史料，但是家康無疑非常想獲得與中國直接貿易的權利，該權利在一五四七年中斷後就一直沒有恢復。

既然家康這麼希望與明朝直接貿易，我們就有必要回顧日本與明朝的傳統貿易形式，思考它對於德川政權正當性的意義。在十五和十六世紀，要在中國進行貿易的日本船隻必須擁有「勘合」（特許證），「勘合」原本是由明朝政府核發給「日本國王」——幕府將軍——再由將軍分發給想進行貿易的日本人。足利義滿接受明朝朝貢體系中「藩屬國」的地位，是為了被封為日本國王，從而能夠掌控進入中國必不可少的「勘合」。[12] 足利義滿對「勘合」分配的控制權，使他擁有一個強大的手段可以壓制難以馴服的「守護」大名和寺社勢力。[13] 當時即使義滿能夠壓制反對者，卻未必能與他們完全達成一致，因此義滿試圖透過增加臣民的利益，讓他們承認自己地位的正當性。義滿嘗藉由進入明朝的朝貢體系制提高自己的威望，但是接受明朝冊封的「國王」稱號是一把雙面刃：批評者指責他損害了日本的主權，而這個批評也一直伴隨著他載入史冊。[14]

日本試圖在十七世紀進入中國的朝貢體系，但是有兩大阻礙。首先是日本代表家康必須向明朝皇帝提出一份稱之為「表」的正式文書，並在「表」中自稱為明朝之「臣」、使用明朝年號，這等於是放棄了家康一直想要確立的獨立正當性和主權。[15] 這樣做，會讓他遭受與義滿同樣的批評。其次，中國依舊對日本侵略朝鮮記憶猶新，經常在《明史》中提到的「倭寇」（日本海盜）活動也一直持續到一六一〇年代。

因此，家康很難讓明朝承認他的正當性，要這麼做的話，就會失去日本政治社會對他的

正當性認可。幕府與明朝之間的早期書信往來證實了這個矛盾，也確立了亞洲外交與幕府正當性之間的明顯關聯。

林羅山在一六一〇年底奉家康之命，與家康的主要對外政策顧問本多正純和以心崇傳商議，起草了一封給福建總督的信，信末由正純署名，並蓋上家康的印信。這封信的日期為一六一一年一月二十九日，[16] 以這封信為始，在一六一一到一六二五年間又有一系列書信，這些通信重新開啟了日本與明朝的直接貿易和聯繫。

為了向明朝證明家康的誠意和正當性，信件本該迎合中國的某些標準，但是家康無法接受。首先（也是最重要的），該信件不是「表」，它沒有統治者的署名，而是由其下屬簽發，因此明朝無法接受。該信中也沒有使用中國年號，雖然羅山明知這是接受中國宗主權的必要標誌。羅山的確對中國恰當地使用了敬稱，但是他稱呼中國皇帝為「大明天子」，等於是替日本保留了「京都天子」的稱呼，這樣便否定了中國皇帝的普世性。羅山只為入侵朝鮮做出有保留的道歉，而且隻字未提倭寇在不久前（一六〇九年）還襲擊溫州的事件。[17] 他也沒有為侵略中國的藩屬國琉球道歉，反而試圖用「琉球自稱是日本的藩屬國──從朝鮮到暹羅──都開始向日本朝貢，這無異於宣稱日本想要篡奪中國在世界秩序中的地位。

林羅山、德川家康和本多正純請求明朝核發「勘合」，儘管他們知道這麼做的前提是日

第三章　認可的透鏡：幕府正當化過程中的外交

本接受明朝的冊封，並明確承認中國型的秩序。不過冊封的前提是家康要證明自己是日本的正當統治者，因此家康若要在國內展現正當性，最有力的象徵就是日本天皇任命其為幕府將軍，但是這不僅對明朝絲毫不具分量，甚至反而有害。因此，羅山便織口未提。取而代之的是他提出三個識別正當性的經典標準：家康統一了全國；家康的改革施政使人民富裕；其王朝已經傳承了三代（原文如此）。最後一項顯然過分抬舉了當時年僅七歲的家光，不過每一項的確都是傳統中根深柢固的正當性指標。前文引用的歐陽修〈正統論〉由兩個部分組成，一個是統一原則，另一個則是三代的標準。[18] 後面將會提到這些標準都是確定政治正當性的重要指標，因此經常出現在江戶早期的外交信函中。

我們毋須細究幕府寫給中國的每一封信，分析幕府收到中國第一封信的反應更為重要。[19] 隨著日本國內對幕府的反抗消退，幕府自己建立、可以確保海上國際貿易安全的「朱印狀」特許貿易制度[20] 被證明是一個可行的替代品，且不需要放棄日本的正當性或主權，幕府對於進入中國型世界秩序的興趣也隨之下降。這一點明確表現在一六一九到一六二一年間發生的事件。

以心崇傳在元和七年（一六二一年）三月記錄道：一名叫作單鳳祥的中國商人[21] 帶了一封浙江都督寫給幕府將軍的信，以及一封給長崎奉行的信來到長崎，信的日期均為一六一九年。這些信──尤其是寫給將軍德川秀忠的信──在幕閣和主要外交顧問之間引發了為期三

個月的辯論，以心崇傳、林羅山的弟弟林永喜（羅山當時在京都）和長崎代官長谷川藤廣討論著是否要接受，還有如何處理這封信的問題。這封信似乎是明朝對日本自一六○五至一六○六年以來（甚至可以追溯到關原之戰前）的一連串試探的第一封回信，因此，一般預期雖然這封信的措辭強硬，但是幕府應該會對能夠開啟向中國的道路感到高興。除秀忠之外，主要參與者都是家康麾下的人，他們大部分都參與過家康為接近中國所做的努力，最終要做決議的也是這些人，而不是幕府將軍。雖然中國的書信語帶含糊，但似乎是在提議日本與中國直接貿易，交換條件是希望日本鎮壓倭寇，這種外交交換在過去也經常發生在中日之間。[22]

以心崇傳等人對於如何處理這封信討論了三個星期，也經常與老中一起商議。幕府基於以下兩個主要原因認為不能接受這封信。一是寫給秀忠的信和寫給長崎代官長谷川的信完全一樣，這違反了上下等級之分；二是信中稱呼秀忠是「日本將軍樣」，幕府認為這種稱呼在外交脈絡中不合禮數。前長崎代官寺澤廣高甚至認為與明朝就和平問題的直接交涉有違日本國法（即「日本之禁令」），應該命令中國透過朝鮮與日本交涉。秀忠在一六二一年六月二十六日批准了這個羞辱中國的要求，也就是拒絕明朝的提議。日本的回覆以非正式的方法傳達給在京都的中國使節：「近年來，大明與日本的通信皆是透過朝鮮向對馬藩提出，接著由對馬藩轉達〔給江戶〕。現在爾竟如此不講禮數與道理地直接提出要求。爾可回到本國，再透過朝鮮通譯傳達爾之願望。」[23]

家康在世的時候，把所有精力都花在開展與中國的直接關係、與中國展開貿易，為什麼秀忠現在要拒絕這個機會呢？與此事相關的所有主要人物——除了似乎只是批准了幕閣決定的秀忠之外——幾年前都還是家康的顧問，一直努力想進入中國型秩序。單純是因為秀忠像人們一般認為的那樣，不如他父親對貿易和外交關係感興趣嗎？

有這麼多經驗豐富的顧問參與，且他們都對外交關係表現出明顯可見的興趣，也知道貿易對幕府的潛在利益，讓這個推理無法成立，因此需要以更大的情勢轉變來解釋這個結局。隨著大阪之役獲勝、家康去世，幕府和天皇的「二元政治」帶來的緊張關係日趨緩和；後陽成天皇去世，削弱了國內會對將軍正當性構成挑戰的潛在威脅；一六一七年在京都接待朝鮮使節團，取得驚人的外交勝利；「朱印狀」特許制度成功保護了在海外的日本商人，麻煩的歐洲人也乖乖就範；荷蘭人和葡萄牙人之間的激烈競爭也有助於減輕幕府在海外的商業和戰略壓力，讓幕府不再覺得有需要犧牲日益增長的自主正當性來換取和明朝直接貿易的微小利益。幕府一六二一年的決定其實正是要拒絕與明朝的直接關係。

四年後，林羅山為長崎代官末次平藏起草一封給福建總督的回信，回覆他在一六二四年的來信，信中完全沒有提到勘合符，也沒有提到日本要參與中國的貿易或朝貢體系。信中反而是集中在日本於東亞的另一個棘手問題，即對天主教的控制，這也將是接下來的六十年間日本外交書信中經常提到的話題。[24] 與明朝的「外交正常化」因為幕府不願意犧牲其正當性，

而被放棄了。

外國使節與幕府的正當性

前述外交發展與建立幕府正當性的關係可謂不言而喻。不過，雖然許多重要的外交信件日後會在《林羅山文集》中公開，但是大部分書信還是無法進入公眾的視野。歸結起來，用外交做政治宣傳最重要的方式就是將軍在居所接待外國使節，這個做法始於家康在一六〇五年與朝鮮外交僧松雲在京都的交涉。

以政治宣傳為目的的外交活動中，最明顯的例子莫過於德川秀忠在一六一七年於京都的伏見城接待朝鮮使節，以及德川家光於一六三四年在京都新建的二條城接待琉球使節。朝尾直弘認為這兩個使節團都與增強幕府的正當性有關，但是他所舉的所有證據或是他的分析和討論，幾乎都集中在秀忠和家光接待使節團期間對國內的政治作為。其實他無法證明幕府利用這些使節團達到了增強正當性的目的，也無法說明使節團有此效果。[25] 因此，本節的討論主要是在證明幕府透過操作外國使節團進行政治宣傳，增強了幕府的權威和正當性。

德川家康於一六一五年初在大阪之役中取得勝利，消滅了德川王朝剩餘的最大威脅之

後，不到一年就過世了，他的兒子秀忠不再靠著父親在駿府操控局面，而成為掌握實權的將軍。秀忠繼承的是一個實質上「統一的封建國家」，但是他也要面對父親留下來的顧問（秀忠接連鏟除了其中好幾位）和一些可能取代他成為政權核心的有力競爭者：朝廷和幾位西日本的大名。在一六〇〇年的關原之戰中表現尷尬的秀忠是否可以統率幕府，成了一個重要的問題。

如同朝尾所指出的，秀忠在次年夏天的京都之行是他作為日本的世俗統治者第一次前往京都，這對於他建構統治的正當性和權威具有決定性的意義。在江戶時代的前三十年中，共有十次將軍訪問京都之行，這是其中的一次。除了履行統治者固有的「國見」（即對領土宣示主權）之責，以及讓秀忠拜訪久能山（今靜岡縣）參拜他父親的神社，這次旅行也為他提供了向朝廷和諸大名展示威嚴和權力的機會，以鞏固秀忠的正當性。秀忠選擇在此時前往京都，並在那裡停留了將近三個月，這印證了辻達也的看法：在秀忠的政治議程中，天皇和將軍的關係是最緊迫的課題。[26]

好運加上努力，讓秀忠得以在國民面前（尤其是還在京都）展示朝鮮國王派來的約四百二十八人的使節團。[27] 自從一六一四年以來，家康一直嘗試透過對馬藩主要求朝鮮派遣使節團。對馬藩也愈來愈急迫地找朝鮮交涉，甚至暗示如果朝鮮不派遣使節，對馬藩將有地位不保的危險。事實上，朝鮮以為他們派出使節是為了回應一封據稱是將軍所寫的偽造「國

書」，那封國書是對馬藩在元和二年十一月（一六一六年十二月九日至一六一七年一月八日）送出的，朝鮮人認為這是他們遞出的橄欖枝。[28] 日本官方認為這次使節團是為了祝賀秀忠征服大阪和統一日本，朝鮮政府想的則是回應秀忠要求和平的國書，因此朝鮮將此次使節團稱為「回答使」，使節團的其他任務還有要將秀吉在侵略期間俘虜的朝鮮戰犯帶回國。

雖然朝鮮使節團訪日的時間被大大推遲，不過這很可能是因為以心崇傳知道德川秀忠要在六月中旬啟程前往京都，要讓將軍在京都停留期間能夠接待他期盼已久的使節團。秀忠在六月抵達首都，隨後立刻專注於向朝廷和諸大名展示自身權威，[29] 直到朝鮮使節團在八月底抵達之前，他一直在忙於這些事務。幕府要求諸大名前來京都，[30] 主要的外樣大名和德川氏的親藩大名都響應召集而來。他們齊聚在京都，親眼見證秀忠統治下的輝煌。

由於朝鮮使節團的到達日期被推遲許久，使得有關使節團確切目的的謠言四起。直到一六二三年閉館為止一直擔任平戶英國商館館長的考克斯也一直在觀察當時的日本現象，他在（儒略曆）一六一七年八月三十一日的日記中寫到：「一些人（百姓）認為他們這裡是為了表現服從和獻上貢品，否則皇帝將對他們再次發起戰爭。」[31] 朝鮮使節團在京都停留期間考克斯本人也在京都，他希望朝鮮同意開放英國與該國的貿易。[32] 他在（儒略曆）九月二十日寫到：

據說朝鮮人向皇帝（秀忠）獻上禮物⋯⋯並說明朝鮮國王派他們前來的理由。首先是訪問和祭拜去世的大御所大人皇帝（德川家康）的神社，其次是慶賀現在的陛下未經戰爭或流血就順利繼承其父之位，最後則是希望陛下如其父一般保護朝鮮人，在其他國家試圖擾亂朝鮮的安寧時，保護朝鮮免於受到敵人的侵略。33

這些傳聞並不能真的代表朝鮮使節對這些問題的想法，但是它們的確彰顯朝鮮使節有助於提高幕府權威，並增強將軍的正當性。之後在一六四三年，一位京都官員（「公家」）同樣認為朝鮮使節團到來足以證明幕府權威已馳名海外。兩天後，這個謠言已發展到認為將軍試圖引誘朝鮮使節團離開明朝的朝貢體系，例如考克斯就說「日本的藩主們⋯⋯領略到皇帝的意圖是要切斷〔朝鮮〕與中國國王的友好關係」。34

不過，考克斯並不是唯一一個對出現在幕府將軍面前的朝鮮使節團留下深刻印象的人。在一六一七年九月二十五日，有四百多名朝鮮使節在伏見城謁見秀忠，著名的佛教僧侶義演也在他的日記中記錄了這件大事，35編纂外樣大名和其他諸大名的家譜和紀錄的人也認為這個事件具有重大意義，因此他們盡可能地詳細記錄下藩主的參與過程。「公家」壬生孝亮在日記中記下了當朝廷的上層公卿被召集到伏見參加朝鮮國王光海君的國書呈交給幕府將軍的儀式時，36將軍賞賜給使節的大量禮物；為了強調使節的重要性，同時確保這件事讓「公

家」留下深刻印象，京都「所司代」板倉勝重也在十月十七日被派往朝廷。[37] 此外，幕府還下令西日本的大名（主要是外樣大名）在使節團往返京都的途中提供接待，讓這個國家有更多部分參與到這件事中。[38] 但是也不能因此就過度解讀為所有在京都的大名都被要求以觀眾的身分參加朝鮮使節的謁見儀式，因為將軍也需要大名在旁，否則他便無法順利進行謁見。不過，顯然這位剛擺脫父親控制的新任將軍試圖讓自己的威嚴能夠震懾住大名，強化自己在他們眼中的正當性。

林羅山稱這次使節團是來「朝貢」，[39] 的確是因為他當時擔心必須增強將軍和幕府制度的正當性。與朝鮮談判的中間人、對馬藩藩主宗義成在兩年前認為家康之所以要朝鮮派遣使節團，原因之一就是「殿下至今不曾忘記往年（一六〇七年）使節團的輝煌成就」。[40] 此外，從日本的角度來看，使節團的官方理由是祝賀秀忠平定大阪、統一日本，這個理由當然有助於提升將軍權威，雖然有關遣使的商議其實是在大阪陷落至少半年前就開始討論了。[41] 國家統一是政權正當性的傳統指標之一，這是歐陽修、司馬光和前文提到的其他理論家在討論正當性問題時所強調的。

其實在一六二四年邀請朝鮮使節前往日本時，對馬藩派往朝鮮的禮使平智政就說敦請朝鮮派遣使節是「鎮定人心之計」，這番說詞中已經明顯可見此舉背後的動機是證明幕府的正當性。[42] 幾個月後使節團返回漢城，朝鮮正使鄭岦向國王報告秀忠何以要讓位給兒子家光

第三章 認可的透鏡：幕府正當化過程中的外交

時，這句話又會再出現一次，因此當時幕府關注的顯然是爭取政治社會大眾的支持。[43]

朝鮮使節團於一六二四年在江戶停留期間，是由安藤重長負責安排使節團的食宿，安藤明確地將幕府的正當性與朝鮮使節到來連繫在一起，並附帶地將其連結上林羅山在一六一一年提出的三代標準：

雖然家康徹底擊潰了〔豐臣〕秀賴，但還是有許多派閥存在。他接著將〔職位〕傳於其子，又傳其孫，達於三代，確立了〔該職位的世襲本質〕。但是將軍至今仍非至尊，民心也尚未馴服。因此我們熱切地等待貴使節團前來。我們認為應當以盛大的場面征服這片土地，而接待使節團正與這個目的相合。幕府將軍心中甚喜。若非使節團前來，日本人民懷疑我們是否處於完全的和平狀態。各道將官〔大名〕齊聚京城，其中有些大名心懷舉兵西征的念頭，秀忠深怕他們趁機生亂。將軍並無興兵之意。[44]

一位與幕閣走得很近並位居高位的「譜代」大名，此時也表達了幕府對朝鮮使節的高度重視，並明確揭示了幕府對亞洲外交和幕府正當性之間的關聯的想法。

秀忠的嗣子兼繼承人家光在十年後（一六三四年）前往京都，自此之後直到幕末時期，再也沒有將軍訪問過京都。家光此行在很多方面都類似於他父親一六一七年的京都之行。秀

忠剛過世，並終結了幕府的第二段「二元政治」時期，家光必須證明他有能力掌控幕府。可以確定的是，時間的累積和制度發展讓家光的統治遠比他父親更為穩固，但家光還是得證明自己有能力把握機會。幕府的最高階外交顧問以心崇傳在一六三三年初去世，這使得家光要證明自己能夠控制外交領域成為一個格外緊迫的課題。家光對這個挑戰的回應方式是把自己的心腹安排到外交的關鍵職位，特別是拔擢「智慧伊豆」松平信綱為老中，還有讓榊原職直和神尾元勝出任新的長崎奉行。他們在接受任命後就開始積極處理可能會顛覆政治的天主教問題，並隨即發布了前述五次鎖國令中的第二次。[45]

不過，家光展示自己完全掌控對外關係的方式其實是忠實繼承了他父親的模式。家光利用出訪京都的機會接見琉球王國使節團，並且展示他在朝廷和大名的面前，製造出一種「將軍恩典遍及海外的幻象」，就像秀忠利用朝鮮使節團所做的事那樣。[46]這次的琉球使節團對家光的作用與一六一七年的朝鮮使節團對秀忠的作用大致相同，就是確認了他在父親去世後單獨坐上將軍之位的正當性。

德川幕府的最初三位將軍的確都是採取死前繼承和二元政治或聯合統治的方式，透過選定一個有能力的繼承人來確保幕府統治的正當性，從而使德川家的世襲將軍做法之正當性獲得確立。[47]德川時代的最初幾十年中，經常利用外國使節團的盛況和儀式作為二元政治關鍵過渡時期的標記。要確立秀忠為家康的繼承者，第一步當然是家康引退，讓秀忠正式晉升到

將軍之位。不過為了突顯這個交接，向日本和其他東亞國家宣布秀忠現在是幕府將軍、是日本至少在名義上的統治者，家康要讓他的繼承人成為外交認可的焦點。一六○七年的朝鮮使節團來到日本時，原本打算在家康面前舉行正式儀式。但是家康堅持幕府將軍已經是秀忠了，所以使節團應該向秀忠行正式禮儀，也應該將宣祖國王的國書呈給秀忠。朝鮮使節團只在從江戶回國的路上，到駿府對家康進行非正式的禮貌性拜會。彷彿是為了強調權力已經交接，朝鮮使節團只在從江戶回國的路上，到駿府秀忠代表日本。彷彿是為了強調權力已經交接，用這種方式強調權位居正當權力核心地位的人是秀忠——雖然當時日本所有具政治敏感度的人都清楚知道家康才是實際的當權者——年長的「上皇」可以靠著這種做法，在自己尚在人世時加速把自己的個人魅力和權力轉移給他選定的繼承人，並在需要時用實質方式增強權力的轉移。同樣地，在家康去世後不久（一六一七年），秀忠就靠著在朝廷和諸大名面前接待來到京都的朝鮮使節團，全方位展示了他的權力，表示他已經完全繼承過世父親的個人魅力。如同下列圖表所示，秀忠和家光也繼續操作外交展演，這個做法一直延續到第四代德川將軍統治初期。其實，家光同時安排了朝鮮和琉球使節團前來慶賀他的長子（嗣子）家綱誕生，表示家光也有意在家綱成長到繼位的年齡時引退，並在幕府複製二元政治或聯合統治的做法，只是因為家光在一六五一年早逝，這個想法才沒能實現。

德川幕府初期二元政治轉換時期的外交標誌

年分	單獨統治者/上位統治者	下位統治者
1600	家康於關原之戰取得勝利	
1601		
1602		
1603	家康獲封「征夷大將軍」	
1604	家康於京都接見朝鮮使節團	
1605	家康隱居駿府成為「大御所」（上位統治者）	秀忠於江戶就任將軍
1606		
1607		秀忠在京都接見朝鮮使節團
1608		
1609		
1610		
1611		
1612		
1613		
1614	大阪之役；消滅豐臣氏／反德川的聯合勢力	
1615		
1616	家康去世／秀忠獨立統治	
1617	秀忠於京都接見朝鮮使節團	

年份	事件
1618	
1619	
1620	
1621	
1622	
1623	秀忠隱退成為「大御所」
1624	家光繼位將軍 家光在江戶接見朝鮮使節團
1625	
1626	
1627	
1628	
1629	
1630	
1631	
1632	秀忠去世／家光獨立統治
1633	
1634	家光於京都接見琉球使節團
1635	
1636	家光於京都接見朝鮮使節團
1637	朝鮮第一次派使者前往日光參拜
1638	
1639	
1640	

1641	朝鮮派使者前往日光參拜；
1642	致贈青銅鐘，置於陽明門
1643	琉球使節團前往日光參拜；
1644	在家康墓前獻祭
	將軍繼承人家綱誕生
	朝鮮派使者慶賀家綱誕生
	琉球派使者慶賀家綱誕生

雖然幕府與中國沒有直接關係，但已無傷大局，因為幕府已經發展出替代的貿易模式，然而幕府無法容忍在東北亞遭到完全孤立。與朝鮮和琉球的關係是日益成形的德川型世界秩序的重要部分，該秩序的目的之一便是強化幕府的正當性。初期的將軍擁有在日本土地上盛大接待外國使節團的能力，藉此展現日本具有國際層面的正當性，是建構對內統治正當性的強力宣傳工具。

幕府對於日朝關係日常事務的控制

我們現在要回到制度面的考察，審視京都臨濟禪宗各主要寺院的僧侶輪番制的建立，如何擴大了幕府對日朝關係中日常事務的直接控制。這些僧侶供職於對馬藩的以酊庵，在對馬

從一五九八年日本軍隊自朝鮮撤軍到一六〇七年第一批朝鮮國王的使節團抵達日本的這段動盪時期裡，埋下了「柳川一件」的種子。對馬藩的經濟幾乎完全依賴在日本和朝鮮之間的中介貿易，然而對馬藩在戰後無法取得足夠收入。宣祖的特使（僧侶松雲和孫文彧）在一六〇五年從日本回國後，朝鮮便向對馬藩提出如果要恢復正式國交，家康應該向朝鮮國王遞交國書請求朝鮮派遣使節團——這無異於要日本承認戰敗。這使得對馬藩陷入兩難的境地：如果無法使國家關係正常化、全面恢復與朝鮮的貿易，對馬藩就會面臨生存危機，但是這件事取決於家康的一封信，而對馬藩知道家康是不會寫的。

對馬藩解決這個問題的方式是偽造了一封寫給朝鮮國王的國書，信中署名為「日本國王德川家康」，並使用了明朝年號萬曆三十四年（一六〇六年）。這封偽造國書並沒有騙過宣祖國王，他清楚知道日本人不喜歡「國王」這個稱呼，因為明朝在一五九六年要依中國的朝貢制度冊封秀吉為「日本國王」時，遭到秀吉憤怒地拒絕，而宣祖的使臣當時也在

場；[49]宣祖也知道日本有自己的年號，並不承認明朝年號。但是宣祖選擇接受這封國書，並派出了「回答使」作為答覆，回答使在一六○七年舊曆正月離開漢城，並於五月（日本曆的閏四月）抵達江戶。[50]

既然宣祖要假裝回覆家康的來信，國書的開頭便寫著「朝鮮國王李昖[51]奉**覆**日本國王殿下」（強調部分為筆者所加），這顯然表示有一封不為幕府所知的國書存在，因此對馬藩感受到騙局遭揭露的危險。於是，一六○六年的偽造國書事件使得作為江戶和漢城中介的對馬藩其後又做出一連串搪塞、偽造和密謀之舉，以掩蓋第一個謊言。由於已經出現「將軍即國王」的先例，使得對馬藩不得不繼續欺瞞，在將軍的國書裡不斷捏造「國王」的銜註定一直是日朝關係中的重要問題，在一六一七年、一六二四年、一六三六年、一七一一年和一七一九年一再出現。[52]

使用「國王」這個稱號，可能會被詮釋成日本已經接受中國在儒家世界秩序下的普遍宗主權。我們已經在前文看到正是因為日本不願意用這種方式放棄自主統治權和德川幕府的正當性，最終才無法與中國建立直接關係。

不過到了一六三一年，宗義成（於一六一五至一六五八年間在位）和家老柳川調興的關係出現了裂痕，這顯然是因為柳川調興的勢力不斷增長，因此希望切斷與對馬藩的關係，成為「旗本」武士。[53]這個爭議在接下來的四年間展開了調查和裁決過程，也使得一六一七年

的偽造行為曝光，原本的問題變成欺君行為的問責問題。雖然一六〇六到一六〇七年間的偽造國書沒有在審判中被揭露，但是一六一七和一六二四年的偽造國書則遭到揭發，據稱是對馬藩政僧規伯玄方在一六二九年代表幕府出使漢城時，在漢城犯下的不端行為，再加上宗義成與家臣發生衝突這件事本身已經嚴重到需要將軍插手，都給了幕府充分的理由對宗藩領地，並廢絕宗家和柳川家。[54] 這起訴訟也是初步證據，證明這個時期的大名會因為一些輕微的罪名，例如沒有能力維持家臣團的和睦，而遭到廢絕、沒收和移封。雖然義成受到嚴厲訓斥，但是他對朝鮮貿易的特權和作為漢城及江戶中介的身分還是再次獲得確認。[55] 不過，雖然對雙方都不利的證據確鑿，但是最後只有柳川家受到懲罰。

為了防止大名們忘記這件事的教訓，當時在江戶的所有大名都被要求親眼見證這場審判，[56] 許多大名還將審判和裁決記錄在他們的家族史和家譜中，使後代不要忘記這個教訓。[57] 值得注意的是這個案件發生在大名領地遭沒收的高峰期，而且就在琉球使節團離開後的八個月內，家光便首次制定了「參勤交代」制度，規定所有大名都有輪流參觀（即到江戶執行政務）和作為人質的義務。有關柳川一件的消息迅速傳開，卡隆（François Caron）在一六三五年三月三十日於濱松對平戶的荷蘭商館館長庫克巴克（Nicholaes Couckebacker）報告了案件進展，庫克巴克則在四月二十五日記錄下最終裁決。[58] 這件事的每一步都不是偶然促成的，柳川一件的裁決中每一個細節都應該被視為經過深思熟慮和仔細計算。[59]

遭揭露的不法行為在國際和國內層面都大大影響了將軍的正當性，這表示對外關係的某些方面不受到將軍控制。幕府需要迅速而明確地採取行動。首先，幕府需要從制度上建立對朝鮮關係的控制，以免將來再次發生這類破壞將軍權威的事。其次，由於發現將軍被冠以幕府不可能接受的頭銜，因此必須決定將軍在對外關係中要使用的正式稱呼，並且對與朝鮮的外交國書制定制度化的全套禮儀。

在我們進一步討論這兩個問題之前，應當注意到幕府解決柳川一件的根本意義：幕府一方面擴大了對朝鮮事務的適當監督，另一方面則維持了宗家對朝鮮貿易及中介地位的壟斷。

學者們在研究德川初期的外交史時，主要都是關注日歐關係，因此最常見的說法便是把一六三〇年代視為幕府大步邁向鎖國的時期。的確，我們在前文已經提過幕府在一六三四年中向兩位新任長崎奉行下達了所謂第二次的「鎖國令」。如果鎖國當真是幕府的最終目標，那麼柳川一件的合理解決方案應該是廢絕宗家、沒收領地，並且派軍戍守日本的西部邊疆，即對馬島。但是幕府反而繼續維持與朝鮮的關係（宗氏是朝鮮唯一認可的中間人），我們還看到幕府在一六三九年公布對天主教和葡萄牙的貿易政策時，再次確認了對馬藩的權利。[61]

這些事實應該可以讓有關德川初期對外政策方向的一些誤解不攻自破：幕府其實積極尋求與朝鮮和其他國際環境的接觸，只有在察覺到真正的危險時才會選擇撤退。

這裡又再回到幕府對朝鮮事務的管理制度問題：家光表面上看似應宗義成的請求[62]，任命

了五山僧侶監督與朝鮮的外交通信，而且下令這個制度要輪流任命五山禪僧，讓他們駐在當時被玄方空出來的對馬以酊庵，並對幕府負責。[63] 第一位任命的僧侶是東福寺寶勝院的玉峰光璘，他在一六三五年十月抵達對馬。[64] 同時，家光在一六三五年九月十六日（寬永十二年八月五日）要求宗義成向其提出十七條誓文，保證會誠實履行他在朝鮮關係中的職責，如有任何瀆職行為，將自絕家門。[65]

幕府於一六三五年一月六日下令在審判結果出來之前暫停對馬藩與朝鮮的所有聯繫，現在則需要重新開啟對馬藩與釜山的往來。此事得到幕府的許可，同時義成也領命將柳川家被定罪一事告訴朝鮮政府。[67] 對馬藩使者在六月帶著預備通知書抵達朝鮮，[68] 不過詳細報告還要以酊庵輪番制度建立起來，以及一六三五年五月二十一日（訴訟裁決僅三週後）於江戶家光面前表演的馬術團回到朝鮮之後，才會帶回這個消息。[69]

宗義成在一六三五年十月回到對馬，並將正式的訴訟通知書遞交給朝鮮禮曹。[70] 這封信在德川外交史上有下列幾個重要意義：首先，它是由幕府新任命的監督員玉峰光璘起草和簽署，因此代表幕府的直接控制首度延伸到與朝鮮的日常通信往來。就像是任命長崎奉行代表幕府把手伸進一個原本獨立發展的權力領域，現在幕府也正在接管前幾個世紀中對馬享有的不受控制的自由權利。其次，信中否認之前與朝鮮的所有通信，說它們都是柳川及其黨羽偽造的。這個否定聲明提供幕府一個契機做它以前未曾做過的事：詳細且慎重地重新安排幕府

在國際事務中的身分。第三——作為朝此方向邁進的一步——這封信是第一次在外交信函中使用「大君」這個稱謂,將軍日後在外交關係中將以這個稱號為人所知。如同中村榮孝認為的,採用這個稱號是德川外交史上最重要的發展之一,我們將在後面的討論中闡述這一點。[71]

國王還是大君?稱號的學問

前文也多次提到在日本歷史中(至少從一四○一年開始),將軍的外交稱號一直爭議不斷,尤其在一六一七年朝鮮使節團來到京都時成為爭論的焦點。家康和秀忠過去都願意被朝鮮、安南和其他外國統治者稱為「國王」。[72] 在特定情況下,日本自己的官員也會在外交書信中以「國王」指稱代表幕府的將軍,[73] 但是歷任德川將軍都不會在書信中自稱為「國王」。其實在一六一七和一六二四年,即使面對來自朝鮮使節團的強大壓力,以心崇傳仍然明確拒絕了這個稱號。[74] 以心崇傳在《本光國師日記》當日的紀錄中,清楚表示他曾經參考前文提到的十五世紀外交文書集《善鄰國寶記》,該書嚴厲批判足利義滿接受和使用明朝所賜的這個稱號。招致批判的關鍵是使用「國王」這個稱號等於暗示日本臣屬於中國,這當然不恰當,

第三章　認可的透鏡：幕府正當化過程中的外交

使用「日本國王」稱號和使用明朝年號都無異於否認日本天皇。[75] 老中土井利勝也是基於類似原因而在一六三六年為幕府辯護時，明確拒絕在日本的國書中使用中國年號。[76]

幕府拒絕了「國王」稱號之後，又在一六二一年拒絕以「將軍」稱號作為外交頭銜，於是不得不尋找新的稱呼。這場稱號危機的最終結果是直到十九世紀之前，將軍都以「日本國大君」作為朝鮮關係中的標準外交頭銜，唯一的例外是在日本與琉球的關係中，並不是那麼固定地使用該稱號。[77]

中村榮孝認為博學多聞的林羅山是將「大君」稱號用作外交頭銜的創始人。中村認為在日本的外交文書第一次使用這個稱號是在寬永十三年十二月二十七日（一六三七年一月二十三日）的書信，而那封信是林羅山為井伊直孝和松平信綱起草給禮曹參判朴明槫的答信。[78]

井伊直孝和松平信綱的信件是為了回覆朴明槫於一六三六年朝鮮使節團訪問江戶時帶來的信件，當時朝鮮使節也將仁祖國王（於一六二三至一六四九年間在位）的國書呈給家光。朴明槫寫給幕閣的信中也有提到「大君」。[79] 朝鮮政府沒有千里眼：如果「日本國大君殿下」這個稱號其實是日本決定的，那麼日本勢必得在使節團離開漢城之前通知朝鮮政府，好讓仁祖和朴明槫在信中使用這個稱號。否則就可以推斷該稱號應該是朝鮮決定的。不過，如果日本當真曾經通知朝鮮，那麼日本的外交文書中第一次出現仁祖的信中稱呼將軍是「日本國大君」，那麼日本的外交文書中

「大君」這個稱號就應該是那封通知信，而不是直孝和信綱的信件了。

這個通知的確存在，一六三五年舊曆十二月的朝鮮文獻記錄了這件事，比中村榮孝認為的「大君」稱號首次出現在日本外交書信中的時間，整整早了一年。[80] 此外，在現存的日本寫給朝鮮的書信中，至少有三封以「大君」稱呼將軍的信是早於中村所引用的書信。其中的第一封是宗義成在一六三五年舊曆十月寫給禮曹的信件，內容是正式向朝鮮報告柳川一件的結果。由於這封信由首任以酊庵僧侶玉峰光璘首次聯署姓名，因此我們大概可以認為它忠實地傳達了幕府想要用「我大君」來指稱將軍。第二封信的日期是一六三六年舊曆二月，內容是幕府請求朝鮮派遣使者，該使節團最後在一六三六年底抵達江戶，並帶來仁祖和朴明榑的信件。信中將家光稱為「我大君」，秀忠則是「先大君」。五個月後的第三封信報告了義成在一六三六年七月二十日謁見家光之事，信中指出邀請使節的指示來自「大君」，還確認了使節團從朝鮮出發的預定日期。[81] 值得注意的是這幾封信都沒有使用日本的年號「寬永」，雖然家光在一六三七年一月二十三日寫給仁祖的國書中使用了這個年號。[82] 這一點很重要，我們將在後面仔細討論。

拍板決定把將軍稱作「大君」的時間大概不會晚於一六三五年十月，很有可能還在這之前，因為這明顯是江戶做出的決定。至於是誰選擇了這個稱號，我認為沒有直接證據可以像中村教授那樣推斷是林羅山做的，而間接證據則顯示這樣的推斷值得懷疑。當幕府必須回覆

仁祖在一六三六年寫給家光的國書時，朝鮮使者接獲報告說羅山無法看懂仁祖國書的內容，寫出的回信也無法令人滿意，因此被家光拒絕，於是這個回信的工作便重新分配給以心崇傳的繼承人——金地院的僧侶最岳玄良。[83]這就足以讓我們懷疑回信是否出於羅山之筆，中村認為是羅山選擇了「大君」這個稱號，也讓人感到並非全無問題。

這個新稱號在東亞文化圈中並沒有作為外交名號使用的先例，的世界秩序沒有任何既存關係。選擇這個稱號似乎正是出於這樣的考慮，[84]因此它與中國或中國型紀初就對是否加入明朝的世界秩序抱持矛盾態度。幕府希望享受加入的果實——能夠進行貿易，或許在權力尚不穩固的早期，還能夠借助外交認可和「日本國王」的冊封證明其權力的正當性。不過另一方面，幕府也愈來愈不願意放棄它日益增長的獨立正當性。中村教授有力地指出：一六三〇年代建立的「大君外交」是日本想從以中國為中心、支配東亞的中國型世界秩序中獨立出來的宣言，中村也認為正是這一點，解釋了十九世紀清朝的世界秩序崩潰之後，何以東亞國家中只有日本能夠逃過被殖民或被列強瓜分。[85]我會將成熟的德川對外關係與日漸成形的「以日本為中心」的日本型華夷思想更具體地連結在一起，日本型華夷思想源於十七世紀的日本本土與儒家思想，成長於日本的外交體系中：日本只與禮儀上對等或次等的國家打交道，且不從屬於任何強權，因此這種對等關係沒有實踐上的障礙。丸山真男和植手通有認為這種平等與十九世紀的擴夷思想有直接連結，而且這種排外心理在十九世紀轉化

為加入國際社會的動能,[86]從而使日本避免了遭到殖民或瓜分的命運。

中村和丸山、植手的立場都很有說服力,但是要將兩者連結在一起還需要進一步論證。選擇「日本國大君」這個稱號的確是種表態,宣告要從幾世紀以來支配東亞(包括日本)、以中國為中心的中國型世界秩序中獨立出來,但是也不止於此。它還宣告了一種全新、自立的對內正當性體系,希望在外交舞臺上與其他國家自主交際。隔年在前文所提的、家光寫給仁祖的回信中,日本便使用了自己的年號「寬永」,最終完成了獨立宣告。土井利勝在一六三六年與朝鮮正使壬絖的議論中闡明了這一點,[87]玉峰光璘在前一年也曾經要求朝鮮不要使用中國年號,因為「日本非大明之臣」。[88]

德川政權最初三十年為了獲得正當性而推動的外交活動,最終在前述一六三五到一六三六年的工作中開花結果。根據史料的推斷和直接管理朝鮮事務的幕府高層官員的發言,可知日本不僅是像中村所主張的,脫離了中國型世界秩序,還建立了一個替代的「大君」秩序——意即以日本為中心的國際關係秩序。無論建立這個秩序的規則和用語有多麼依賴中國傳統,日本在定義自己或是世界中的自我定位時,都已經不再仰賴中國這樣的外部媒介,日本只需要外部媒介承認幕府的對等地位(朝鮮似乎算是這樣),或是將幕府視為宗主國(例如琉球)。

幕府藉由這些外交夥伴關係編織著一種世界秩序,想要在雙方都接受的規則下展開外交

活動，藉以加強幕府的權威和正當性光環。朝鮮正面臨北方日益壯大的滿族勢力的攻擊，因此幕府也知道，[89]朝鮮不可能在一六三〇和一六四〇年代冒險與日本發生外交爭端。[90]琉球則在日本的逼迫和殖民下，以藩屬國的身分配合日本。荷蘭曾經在一六二八到一六三三年間，被認為威脅到日本的主權而遭到驅逐，[91]然而之後當天主教國家都遭到驅逐時，荷蘭卻被編入日本的秩序中，雖然曾因在一六四〇年違反了日本的年號而有過一時的危險。[92]同樣地，一六三〇年在暹羅發生了日本人居留地的暴力事件，使得日本與暹羅的關係斷絕長達四十年，直到幾位暹羅國王不斷對幕府表達誠意之後，兩國關係才得到修復。[93]與明朝的官方關係因為幕府不願意放棄正當性而沒能恢復，但是幕府鼓勵中國船隻前來長崎進行貿易，這不需要放棄主權，而且後來的事實證明這是收集情報的有用管道和維護主權的潛在手段。

年號的學問[94]

前文多次提到日本、中國和其他國家的年號。現在讓我們簡要討論一下這個對西方讀者來說具有異國風味的議題，並探討它的意義。

從漢朝開始，中國人就會以一些具有吉祥意義的詞彙作為「年號」，它是用來記錄比月

或一年更長的時間，但是又被切割成相對短的年分序列。中國的第一個年號（不是指皇帝的名稱），應該是漢文帝在公元前一百六十三年改元後公布的「後元」時期。文帝的繼任者曾經短暫中斷，後來在公元前一百四十九年又公布為「中元」時期，之後的歷任皇帝都會頒布新年號，並一直持續下去。

由於溝通天人是天子最重要的職責之一，而且對宇宙秩序來說，在恰當的時節行使禮儀至關重要，因此從很早之前開始，頒布曆法就是中國天子的特權。頒布曆法和年號的權力於是成為正當性的標誌。正是出於這個原因，在中國歷史上的大部分時間中，接受中國曆法是與中國建立外交關係的先決條件之一，這替宇宙中介者中國皇帝提供了來自外部的正當性確認。[95] 如前文所述，林羅山沒有用明朝年號，便是中國拒絕他書信的原因之一。

日本在七到八世紀師法中國的巨大浪潮中開始使用自己的年號，而在七〇一到一八六八年之間共使用了兩百多個年號，最短的用了不足三個月（曆仁，一二三八—一二三九年），最長的則延續了三十五年（應永，一三九四—一四二八年），這些年號都是由朝廷授權頒布。[96] 日本朝廷在與唐朝打交道時，可能用過中國年號，但是相關紀錄都沒有留下來，後來日本因為受阻於凶險的遠洋航行而與中國隔開，除了十五世紀初的幾位足利將軍之外，日本的對外文書似乎都只使用自己的年號，或是取巧地避免使用任何年號。根據瑞溪週鳳在《善鄰國寶記》中的分析，日本的政治群體很清楚年號對於日本的主權和正當性有什麼意

義。[98]

如果將前述對年號的討論套用到德川初期的外交與正當性之間的關係，便令人聯想到宗義智和柳川景直在一六○六年密謀偽造了一封家康寫給朝鮮宣祖的國書，宣祖之所以能夠看破這封國書是偽造的，有部分原因就是他知道日本不承認明朝年號。當時的朝鮮知道日本有自己的年號，而且明確地將這與日本的自主性連結在一起。儘管如此，朝鮮仍然想盡辦法讓日本使用明朝的年號，土井利勝和壬絨在一六三六年的那場爭論便是一例。

不過到了後來，就連幕府自己在年號的使用上都不是那麼一致。現今留存的幕府官方文書沒有一份使用外國年號，許多文件則沒有註明特定年號，只以中國的用語「龍集」（歲次之意）再加上天干地支，現存史料中以這種方式紀元的國書可能被送往中國、朝鮮和暹羅。[99] 即使是在一六三五年末建立了以酊庵輪番制度，玉峰光璘起草的最初幾封信依然沒有使用日本年號，這個做法一直持續到朝鮮派遣使節前來江戶之後。也就是說，在所有外交信件中使用日本年號的決定與「確立「大君」的稱號並非同步，而是在其之後，確立「大君」的稱號一樣具有宣布脫離中國型世界秩序的重要性。朝鮮對此雖然說不上憤怒，但是感到相當驚訝，這從壬絨與土井利勝的爭論中可以明顯看出來。

另一方面，寫給琉球和收到的琉球國書都是使用日本年號，這清楚表明琉球已經「接受」了日本的宗主國地位。[100]

我們不太清楚為什麼幕府在一六〇七年、一六一七年和一六二四年寫給朝鮮的信中都沒有使用日本年號。不過考慮到幕府在寫給暹羅和明朝的信中也有類似狀況，這或許代表幕府還在猶豫其建構正當性的最好方式，不知道該爭取國內還是國外的支持。過快地投向明朝保護傘將使幕府面臨與足利義滿相同的問題，即日本看似放棄了主權，卻沒有得到什麼好處。因此，日本沒有使用明朝年號。但是過於倉促地明白宣示自己獨立於明朝秩序之外，又可能會切斷日本、尤其是幕府參與明朝秩序的潛在附加價值：在中國沿海的直接貿易權，以及隨之而來的、可以透過向一定地位的日本人分配勘合符獲得國內政治認可的權力。[101]

年號也面臨到與將軍稱號類似的問題。柳川一件及其後續事件加劇了幕府的急迫感。此外，大清的勢力在一六三六年崛起，連日本也明顯感覺到明朝的衰落，這很可能影響了幕府的決策。後金在一六二七年首次入侵朝鮮，幕府在不久後就得知此事，甚至還討論是否要向朝鮮提供援軍。[102] 當大清發動第二次決定性的入侵時，一六三六到一六三七年間的朝鮮使節團正好在日本。

確定年號的過程充滿爭論。土井利勝於一六三七年一月二十三日在使節的下榻處與朝鮮使者壬絖討論這個問題後，又與將軍展開商議。翌日他又拜訪了江戶馬喰町本誓寺的使節下榻處，並告知壬絖：將軍認為不使用日本天皇年號的做法缺乏誠意。土井堅持日本不會像壬絖要求的那樣使用明朝年號，因為日本並非明朝屬國。日本只能同意不使用日本年號，但

是作為交換條件，朝鮮也要以書面同意停止使用明朝年號。[103]

至此已經可以清楚看出幕府的目的。這和前一年選擇「大君」這個稱號是出於相同的動機。日本要求朝鮮同意在日朝關係中排除中國，幕府甚至還像是證實了考克斯在一六一七年報告的傳聞——將軍的目的是要讓朝鮮「不再擁護中國皇帝」。[104] 壬戌拒絕了土井之後，家光還是堅持日本的主權與中國屬於同等地位。如果壬戌不接受家光和老中的書信，就得空手返回朝鮮。這實際上是「霍伯森的選擇」（即沒有選擇的選擇）。於是壬戌選擇了前者，幕府便成功地把日本年號與中國年號放在對等的位置上。能夠在國際社會中成功維護日本主權的能力當然有助於加強幕府的正當性。林鵞峰把這些書信都收錄在《林羅山文集》，使這一成功廣為人知。[105]

歷史的諷刺在於當朝鮮使節極力想讓日本承認明朝年號時，滿族勢力卻切斷了朝鮮與明朝的連繫，清軍在八年後進軍北京，取代了明朝成立清朝。朝鮮曾以身為明朝世界秩序的一分子而感到驕傲，也曾經在一五九〇年代接受明朝的幫助成功對抗日本的入侵，因此朝鮮沒有立刻接受明朝滅亡的事實。雖然漢城在與北京打交道時，除了接受清曆之外也別無選擇（對朝鮮來說，對後金入侵的記憶甚至比日本侵略的記憶更鮮活，而清朝現在也像曾經的德川幕府一樣，面臨正當性的建構問題），但是朝鮮決定盡可能不使用中國年號，這個做法一開始體現在與日本的通信中。朝鮮在北京陷落數個月後的一六四五年初寫給日本的信中已經

不再使用中國年號,此後也不曾恢復過。取而代之的是朝鮮僅用天干地支來紀年,並明確標註月份,日期則保留空白。[106]

因此,隨著在一六三五至一六三六年建立了「大君」外交,以及明朝在一六四五年的消亡作為潛在的外交對比,幕府成功建立了一個獨立於中國之外的自主外交體系,與日本對主權和幕府正當性的追求相輔相成。此前幕府已經在一六三九年驅逐了葡萄牙人,又在一六〇至一六四一年間把活動於相對自由的平戶的荷蘭人限制在長崎港的人造島嶼——出島。這裡沒有要詳細討論對歐洲的政策,但值得注意的是將平戶的荷蘭商館遷移到長崎的原因,是在一個新建的倉庫房頂發現了異邦人——不,基督徒!——的年號,即「公元一六四〇年」。[107] 幕府為了保護其正當性,並不只有和朝鮮計較年號問題。

或許可以從新的角度來理解日本在一六三九年驅逐天主教的行為。它並未構成排外的日本獨特的「鎖國」政策的一部分,也就是自從家康首次頒布禁天主教令之後的二十七年間,日本的所有對外政策都不可避免地朝向鎖國方向調整,驅逐天主教的政策與其他所有對外政策分離,以犧牲前景看好的對外貿易為代價;這個行為也不是沒有先例,它在許多方面與明朝過去的對日政策有很大的相似性。所謂的「鎖國」政策應該被看作是一個將日本整體包含在內、更大的對外政策的一部分。這項對外政策跟所有理性的對外政策一樣,都經過仔細權衡。德川幕府要在自由的對外貿易,以及主權、安全和正當性的要求之間做出取捨。

數據顯示「鎖國」之後的貿易增加了，幕府也下令對馬藩和薩摩藩主要確保生絲的進口量不會因為驅逐天主教徒而減少。幕府在驅逐天主教徒的過程中移除了似乎會對政權造成挑戰的因素，從而強化了正當性。到了一六三〇年代中期，放棄「朱印狀」特許貿易制度也是為了保障幕府的權威。到了一六三〇年代中期，由於英國人和西班牙人離開，日本與暹羅的關係也斷絕了，因此幕府核發的通航和貿易保證不再被認為會得到尊重或實行。既然這些外國人已經無法期待在對日貿易中獲得回報，他們也沒什麼理由不劫掠日本的船隻，而幕府也不願意把軍隊派到兩、三千英里遠的地方執行其所保證的軍事能力。畢竟，這麼做的回報不足以讓幕府冒險使其精心呵護的正當性體系受到威脅。

敲響新時代：獻給家光的青銅鐘

幕府為了確立正當性而做出的外交努力不只有建立「大君」外交和驅逐天主教。幕府的努力在那之後還持續了許多年，只是隨著感覺到需求下降，動力也一直在減弱。

正如考克斯在十九年前預言的那樣，一六三六到一六三七年的朝鮮使節團被勒令要前往日光的家康神社參拜，因此他們不得不在一場大風雪中跋涉前往。108使節團抵達江戶的次日

（續）圖1。

（一六三七年一月三日），宗義成便應家光的要求提出這個行程。家光希望使節團前往日光參觀旅行，「以彰顯整個國家的榮耀」,[109] 也就是要展現幕府的權力和威嚴。壬絨最初拒絕，但是在一月十三日，包括正使、副使和從事官在內的兩百一十四人朝鮮代表團還是啟程前往日光。他們於十七日在日光的東照宮上香，並於二十日返回江戶。[110]

德川的政治群體對這件事做何反應呢？一個月後，因四年前獲得五十四萬石熊本領地而對幕府心懷感激的細川忠利寫信給長崎奉行曾我又左衛門，他在信中描述了這件事，說家光獲得「值得讚賞」的成功，還將此事件寫進家譜裡。[111] 受老中之命替前往日光的一行人提供馬匹的丹羽長重也認為此事足以證明家光的卓越統治。[112] 在使節團回到江戶的第二天，家光親自對宗義成表達了感謝之意，[113] 義成也在家譜中記錄下此次參拜的原因：「三使分別

第三章 認可的透鏡：幕府正當化過程中的外交

圖1：壬絨抵達東照宮鳥居，這是朝鮮使節的第一次到訪，根據狩野探幽對神社歷史的描述，這樣的拜訪總共有三次。

對〔供奉家康的〕東照宮表達敬意，因為〔我們兩國之間維持了〕三代的和平與朝鮮的平安，完全要歸功於東照宮〔家康〕的聖恩。」[114] 政治社群顯然都深受感動。[115]

七年後，幕府利用朝鮮因面對滿族威脅而處於弱勢地位的困境，讓朝鮮同意派出史上第一支使節團來祝賀家光的嗣子、未來的將軍家綱誕生。前一年（一六四二年），幕府將朝鮮國王親筆寫的祝賀銘文布置在新落成的日光寺社中。在東照宮的主要入口陽明門上懸掛著「日光淨界彰孝道場」的銘文，多年來這位外國君主的高度讚揚給來此參拜的大名留下了深刻的印象。[117] 銘文中的「日光」當然也代表家康本人。在一六四三年的朝鮮使節團中，一位隨團的佚名記錄者說幕府向朝鮮請求這塊匾額，是出自天台宗老僧天海的主意，天海是有關家康往事和兩代將軍正當性的熱心守護者。[118] 人們甚

至猜測是否是因為東照宮有外國承認的光環，才讓朝廷在一六四五年授予該神社榮耀的「宮」級地位，這是給神社的最高地位。

幕府在一六四二年初透過對馬藩的安排，讓朝鮮鑄造了一口青銅鐘，並隨著一六四三年的使節團一起被送往日光。其實甚至連青銅都是日本提供的。我們在這裡不會提及日本說服仁祖答應這個新要求的談判過程，只是要強調當時的朝鮮正面臨來自皇太極（清太宗）的巨大壓力——皇太極以兩名朝鮮王子作為人質，要求朝鮮幫忙打開與日本的關係，因此仁祖無法承受因為任何問題與日本決裂的後果，遑論是一口鐘。

朝鮮在鐘上刻了將近一百五十字的銘文，內容由禮曹參判撰文，墨跡則出自一位著名的朝鮮書法家之手。銘文以家光都難以企及的熱切方式對家康的輝煌事蹟極盡溢美之詞。現摘錄部分內容如下：

日光道場為

東照大權現〔家康〕設也。

大權現有無量之功德，合有無量之崇奉。……繼述之孝，益彰先烈。我王聞而歡喜，為鑄法鐘，以補靈山三寶之供。119

值得注意的是銘文中並沒有提到此鐘是應日本要求鑄造的，因此看起來像是德川家的美德傳遍了日本海域，甚至遠至朝鮮。這與林羅山於一六一一年替本多正純起草給中國的書信裡的其中一條宣稱在字面上的意思相當一致。[120]

在一六四三年的朝鮮使節團一行四百六十二人浩浩蕩蕩走過京都的那一天，這口鐘顯然成了人們口中的話題。當時的內大臣、日後成為攝政的九條道房在日記中記錄下整個場景。道房難掩激動地寫道：「莫不是本朝他也記錄了鐘上的完整銘文，包括難以翻譯的敬稱，以及使節團帶來的贈禮清單。道房難掩使節前來。」[121]

近年在各個場合均有各國派將軍的軍威已經遠揚海外！

那口鐘和其他贈禮由海路運往江戶，它們在一六四三年八月一日抵達，讓家光有「君心大悅」。[122] 在下個月有一名跟隨使節團的朝鮮佚名記錄者記下家光如此高興，

圖2：日光東照宮的陽明門前懸掛著仁祖國王獻給德川家康神社的青銅鐘。

是因為那口鐘剛好在家康的忌日當天送達。家光驚嘆這「無疑是天賜之福，才會讓這口鐘和贈禮剛好在這天抵達」，為了彰顯這件事，家光還赦免了原訂在當日處決的六名罪犯。家光完全有理由感到高興。或許他根本不知道道房有那麼激動的反應，雖然他應該會對這個反應很滿意。從那之後，經常被要求前往日光參拜的大名和朝廷使節在走近東照宮時，都會迎面看到這個有形的、生動的證據，證明幕府那遠揚四海的權力和威嚴。幕府的制度基礎在此得到鞏固，正當性也獲得彰顯。那口鐘矗立在陽明門的右側直到今天，它的對面則放了荷蘭人獻納的華麗青銅燈籠，這兩者是前三代德川將軍成功運用外交建立起正當性基礎的持久象徵。十二年後，家綱同樣從朝鮮獲得了相稱的青銅燈籠，上面也刻著恰當的讚美字句，這些燈籠被安放在日光大猷院（家光神社）之前。然而這只不過是錦上添花，因為此時的幕府已經不再面臨正當性的威脅，幕府也沒有再向朝鮮要求過這類象徵物。

天主教及以正當性為目標的外交

日本在一五八七至一六三九年間及其後推動的天主教禁令廣為人知，在此不予贅述。該政策的目的是在回應三個相互依存的需求：日本的安全、日本的主權和德川幕府的正當

性。如果天主教看似讓幕府無法確保日本的安全或主權，幕府的正當性也會受到威脅。在我們嘗試解釋幕府何以放棄「朱印狀」特許貿易制度時，也有同樣的觀察。為了確保禁教政策成功，幕府還曾經向鄰國政府尋求協助。建總督，就是這類努力中最著名的例子之一，[126] 但是這封信比對天主教全面開戰還早了幾年，也是幕府給明朝的最後一封書信。此外，來到長崎的中國商人會被反覆警告天主教本身的邪惡，以及帶有這種「疾病」的人如若膽敢前來日本將會面臨的危險。[127]

日本對於朝鮮則是積極策動其協助日本禁教，這個運動早在一六三九年就開始了，並且至少持續到一六八〇年代，雖然強度逐漸減弱。現存最早的一封信是在一六三九年舊曆九月寫給東萊（今釜山的一部分）府使，信中點明了問題核心：「南蠻人素以邪法〔天主教〕誘惑人心，因此大君自今年起禁止南蠻前來日本。」過了不到兩個月，東萊府使姜大遂回信稱：「抑邪扶正乃經邦之大要。若非大君政令之嚴，何以達致？」[128]

當朝鮮於一六四三年派遣的使節停留在江戶時，林羅山和當時的寺社奉行安藤重長到使節下榻的本誓寺拜訪了朝鮮正使尹順之。羅山提到天主教的問題，並說明日本正強力禁教之事，還詢問朝鮮是否也有類似的政策。正使透過主譯官洪喜男不全然坦白地回答道：在對馬藩提起這個問題之前，朝鮮甚至從未聽聞天主教。[129] 在朝鮮派遣使節出使日本的歷史中，除了戰後恢復正常國交的問題之外，對於重大問題的討論幾乎沒有留下歷史紀錄，因此這次事

件十分罕見，顯示出雙方對這個問題的重視程度。

就像美國在越南戰爭中會尋求幫助，或是在對古巴實施貿易禁令時動員美洲國家組織（Organization of American States）作為後盾，幕府也持續透過對馬藩向朝鮮送去信件，宣揚天主教的罪惡。日本不斷尋求支持與合作，以控制這一威脅。

這些努力在一六四四年取得了成果。當時的釜山官員將一艘明朝商船和五十二名船員交給釜山的倭館館主，雖然不知道為什麼朝鮮要把中國船員交給日本。經過長崎奉行的審查，發現五十二名船員中有五人是天主教徒。這件事被上報給家光本人，據說他對朝鮮在天主教問題上的真誠合作「大喜過望，且深感慶幸」。這些話被記錄在宗義成拿給禮曹的書信中。這些話顯然反映出幕府的政策，因為這封信不是由本該負責起草的以酊庵僧侶寫的，而是由林羅山寫成。[130] 一個月後，禮曹參議俞省曾回覆說這類合作是兩國要維持友好關係應做之事。[131] 除此之外，對馬藩至少還有兩次奉幕府的命令與朝鮮討論天主教問題。[132]

幕府當然想替對外政策建立國際的正當性。朝鮮看似屈服於日本的意志，增添了幕府的威信。朝鮮將中國船員移交給日本，甚至看起來像是證實了考克斯在一六一七記錄的傳聞，即將軍成功地讓朝鮮「不再擁護中國皇帝」。但是長期來看，一項政策若是公然失敗，像是十九世紀的「攘夷」失敗，對正當性光環的傷害可能比一開始就不採取作為來得大。幕府就是想要防範這種事情發生。我認為幕府放棄「朱印狀」特許貿易制度、禁止對馬和薩摩

之外的人航行海外，以及禁止天主教國家進入日本，都是出於類似考量。

德川幕府在其成立的最初半個世紀中，一直對於利用對外關係維持正當性有著持續且日益濃厚的興趣。幕府在初期階段曾經認真考慮過加入中國型世界秩序，因為這可以讓幕府獲得該秩序衍生出來的正當性，如果幕府成功做到這點，那麼它將同時擁有來自日本朝廷和中國冊封的雙重正當性依據。

但是隨著幕府順利在內政和外交領域取得愈來愈大的成功，從外部借用正當性的需求也降低了。反而是保護新興的、自主／源自內部的幕府正當性成為優先要務。幕府就是基於這些原因，而在一六二一年拒絕與中國建立關係的機會。德川幕府把處理對外關係的權力集中在自己手中（雖然幕府會將部分權力委託給下屬機構），這個做法擴大並加強了幕府在外交事務中的權威，這種權威可以追溯到近四百年前的鎌倉幕府。不過之前的幕府及織田信長和豐臣秀吉，都沒辦法完全掌控爭奪對外事務的所有競爭者，到了家光的時代，德川幕府則已經將所有的對外交涉權納入幕府的明文規定中，並且將這方面的權威併入幕藩國家體制的總體權威架構中。[133]

我們或許可以說，德川初期的將軍成功實現了克倫威爾幾年後在英格蘭所做的嘗試：

克倫威爾意識到斯圖亞特（Stuart）王朝的君主不瞭解外國事務對內政的重要性，也

沒有認識到對外事務可以增加政府的權威，因此在英格蘭的地位才日益低落。克倫威爾沒有重蹈覆轍⋯⋯而是把這一點當作〔他〕政權中的優先事項。他意識到對外政策可以作為保持積極領導力的工具之後⋯⋯便在外交建構方面花了許多精力，他的首要目的正是確保自己作為英格蘭政治領袖的地位。[134]

到了一六五〇年，幕府已經成功創造了許多日本史上前所未見的正當性資產。江戶城在一六五〇年代重建時並未蓋一座新的天守閣。這種軍事上的自信象徵幕府已經成功建立了冊須依賴朝廷授權、還與之相輔相成的正當性原則。人們普遍認為幕府在國內的意識形態和政治兩個領域都成功做到了這一點。[135] 幕府精明地使用權力、操作外交方面的正當性指標，以及巧妙運用外交進行對內政治宣傳，進一步鞏固獨立的正當性基礎。九條道房對於朝鮮銅鐘的銘文和一六四三年朝鮮使節團浩浩蕩蕩通過京都的反應，只是呼應了考克斯和酒井忠勝在幾年前報告的傳聞。幕府透過外交，在正當性的傳統核心地帶製造出對其獨立主權的認可。

確認幕府在對外關係中的壟斷地位，是早期幕府建立權威的重要環節，控制對外關係的能力成為初期將軍宣傳其正當性的重要手段。從德川末期剛好相反的例子中，或許最可以看出早期幕府對於對外關係的壟斷與其自身正當性之關聯的重要性。阿部正弘在一八五三年徵求大名的意見以處理培里准將帶來的美國來信及其要求，便等於是放棄了應由幕府壟斷的對

外政策決定權。[136] 堀田正睦在一八五八年甚至將《美日修好通商條約》（Harris Treaty）的草案提交朝廷批准，這不只是承認了從德川時代開始便壟斷政治事務的武家社會的無能，還邀請朝廷以活躍的主人公身分再次站上政治舞臺。[137] 此外，或許可以說他因此在很大程度上最終且致命地削弱了幕府在對外關係中的專有權限，而這曾經是幕府正當性的支柱。[138]

第四章 透過雙筒望遠鏡看到的世界：動盪東亞的幕府情報機構與日本國家安全

一六五七年重建的江戶城沒有天守閣，這象徵幕府在內政舞臺上取得成功，因為鏟除國內的潛在威脅而產生安全感。畢竟國內事務本就是屬於將軍的職權範圍，這些事務在接下來的一個半世紀或甚至更長的時間內，也不太需要幕府的特別關注。不過，在日本外部還是存在著幕府無法直接掌控的潛在危險，幕府只能對其保持密切關注。

一六三○年代之後，因為幕府將伊比利亞人逐出日本貿易，又限制日本人的海外旅行、將荷蘭人進入日本的通道限定在長崎港，因此來自歐洲的威脅受到了有效的遏制。然而，來自東亞海上和大陸鄰國的危險卻沒有那麼容易得到控制，也不會輕易消失。中國的幅員遼闊、日本在地理位置上與整個東亞地區都很接近，這些簡單的事實正是日

本的環境條件，但這個地區在十七世紀特別動盪。這不只是因為歐洲人的東來，也因為十六世紀後期的日本大規模內戰影響到亞洲；在一六一〇年代中期到一六八〇年代中期之間，中國國內及其周邊地區的國際戰爭與內亂也幾乎沒有停過。幕府無法對這些戰爭視而不見，因為它們隨時可能席捲整個大陸，並衝擊到日本沿岸。它們迫使幕府一直處於充滿危險的國際環境之中，讓亞洲事務——尤其是大陸事務——成為江戶長期的安全隱憂，因為日本不可避免地會間接捲入這些紛爭，不是成為難民的避難所，就是成為交戰方的潛在軍援提供者。幕府的確有好幾次被迫討論是否要直接參與這些紛爭，不論是參加戰鬥，還是提供武器和物資。幕府對這些問題的答案也不總是否定的。

即使日本在歷史上從來沒有被亞洲大陸成功征服過，[1] 至少在六世紀之後也從來未曾臣服於任何一個入侵的外國，但即便像這樣看似高度安全，東亞大陸的戰略平衡變化還是經常對日本產生重大影響。例如有些現代學者認為因為在六、七世紀中國有隋唐王朝的統一，朝鮮半島則由新羅統一，這讓日本感受到威脅，因此才催生了日本的第一個統一國家。[2] 不過，德川時代的日本人認為更有影響力的事件是比較晚近（十三世紀）的蒙古人入侵日本，這是唯一一件因為具有重大歷史意義而留在人們記憶中的外國勢力企圖入侵日本的情事。[3]

滿族崛起、建立了統一的國家，並為掌控中國本土而掀起戰爭，清朝（一六四四──一九一一年）最後在一六八〇年代取得全面勝利，這讓同時代的日本人猛然回想起四個世紀

前蒙古人的入侵。滿族征服中國迫使德川幕府需要對該地區不斷變化的戰略平衡保持敏感和警惕，幕府也意識到日本無法迴避與周遭環境的戰略關係。雖然德川幕府因為察覺到安全隱憂而對歐洲關係的限制愈來愈嚴格，並逐漸限縮進入日本的歐洲人和中國人，但是再多的消極孤立主義，也無法否認日本鄰近中國這個危險的事實。因此，當東亞地區相繼發生關鍵事件，幕府的回應便是動員情報機構和啟動安全政策來保衛日本。這類反應也是在默示（有時候是明示）他們承認一個明顯的事實：日本位於亞洲，無法孤立於亞洲之外。

滿族各部落在十六世紀後期開始統一為一個國家，太祖努爾哈赤甚至曾經在一五九〇年代初期向明朝提議要幫明朝擊退入侵朝鮮的日本人。[4] 不過，日本似乎是直到一六二七年初努爾哈赤的兒子皇太極入侵朝鮮時，才注意到草原上這股崛起的勢力。[5] 後金軍隊在那一年從鴨綠江迅速揮軍南下、直逼首爾，迫使仁祖國王逃到都城西岸外的江華島，即朝鮮王室遇到危機時的傳統避難所。仁祖在一六二七年四月十八日向侵略者投降，並向後金宣誓效忠。[6]

朝鮮政府立刻將遭到侵略一事通知釜山的對馬藩倭館館主，這有部分是因為日本無論如何都會很快知此事，但也有部分是因為朝鮮政府認為以侵略為藉口，可以終止、或至少是暫停釜山的貿易。[7] 對馬藩不願意這樣做，而敵人還如芒刺在背的朝鮮也無力抵抗這個決議。雖然對馬藩企圖趁朝鮮衰弱時擴大貿易特權，但幕府的外交代表宗義成還是有責任將後金入

侵朝鮮一事向將軍報告。從現存史料中無法清楚得知義成向江戶報告的確切時間，但是在隔年義成離開江戶返回領地之前，家光在江戶城召見了這位對馬藩主。家光透過藤堂高虎命令義成派遣偵察使前往漢城，並明確告訴義成如果漢城還處於軍事危險中，他將派兵前往朝鮮助其抵禦後金：[8]

將軍聽聞韃靼人近來入侵朝鮮西部邊境，便下令對馬藩主宗義成返回〔對馬〕後，立即遣使前往朝鮮王城詳細偵察該地情況。〔將軍說〕如果朝鮮王城處於危險之中，〔日本〕將派軍增援。

近十年來，對馬藩經常以武器和彈藥作為貢物獻給朝鮮，或是在釜山的倭館出售，因此對馬藩會在此次危難之際再次出手也不足為奇。例如在一六二七年舊曆四月，也就是家光下令前，甚至可能在家光得知後金入侵朝鮮之前，對馬藩便已經提供兩百斤火藥和五百把長刀給朝鮮。我們很難從不完整的史料中還原這個時期運往朝鮮的武器總量，但真實數量應該只會更多。[9]

對馬藩的行動在一定程度上預演了家光後來得知後金入侵朝鮮消息時的反應，然而當江戶對危機做出反應時，朝鮮對日本的敵意早已消失。如今要將武器和軍需運輸給身處困境中

的朝鮮已經相對容易，但是要派遣使節到漢城就沒那麼簡單了。足利將軍曾經在十五和十六世紀多次派遣使節前往漢城，在一五五〇年之前，參與對朝貿易的幾位大名也都派過。但是自從一五九〇年代戰爭結束、日朝關係正常化以來，德川幕府將軍就再也不曾派遣使節團去漢城。直到那時，將軍對朝鮮使節團的回應也只停留在回覆朝鮮國王的國書、致贈禮物和遣返朝鮮戰俘。另一方面，對馬藩倒是經常想派使者去漢城，但是都沒能獲得允許。柳川景直和規伯玄方在一六〇八到一六〇九年前往釜山談判貿易條款時，連他們想前往漢城宣祖國王弔喪都遭到拒絕。

幕府對危機做出回應應該是在朝鮮停止對日本的敵意之後。不過，宗義成接到將軍的命令後，還是很樂意利用這次機會擴大自己在朝鮮的貿易利益，因此他在一六二八到一六二九年的冬天回到對馬之後，便遵照家光的指令，開始準備派遣使節。經過在對馬的長時間商議後，義成決定任命自其父親在位以來一直擔任外交顧問的規伯玄方為正使，對馬家老杉村采女智廣為副使。這個十九人的使節團還包括兩名禪宗僧侶，以及十五名對朝鮮事務有經驗的對馬藩武士。他們在一六二九年四月四日渡海來到釜山，自稱是將軍的正式使節，並希望成為一五九〇年代侵略戰爭結束後第一批前往漢城的日本外交使團。[10]在那之前的對馬藩使節也都希望能夠前往漢城進行協商，卻盡數遭到拒絕，朝鮮要求他們待在釜山，與朝鮮政府保持一定的距離。[11]

此外，正如宗義成清楚知道的，後金侵略者早在一六二七年夏天就撤退了，義成還寫信恭喜仁祖「平定胡亂」，並附上太刀和攻城炮作為禮物。[12] 從朝鮮政府的角度來看，讓玄方的使節團前來漢城會引發敏感問題，因為仁祖本人正是趁著朝鮮與新崛起的後金關係發生問題，引發政變繼而上位的，而且在他登基之後，朝鮮幾乎是立即發生了一場短暫的叛亂。[13] 朝鮮官員似乎終於相信他們的確是得到幕府授權的使節團，也准許他們前往漢城——這是德川時代唯一得以進入朝鮮首都的日本使節團。

玄方和杉村采女逗留在漢城的一個月時間中（從一六二九年五月中旬到六月中旬），兩人分別在崇政殿謁見了仁祖，但大部分公務都透過禮曹處理。當他們返回對馬時也帶回仁祖的回覆，仁祖聲稱雖然日本十分慷慨地提供協助，但是後金的威脅已經解除（這麼說其實不太老實），危險也已經過去。況且，因為朝鮮沒有接受日本援軍的先例，所以無論後金的力量多麼強大，朝鮮都不會接受此一軍援。[14]

日本對朝鮮的侵略才剛過去三十年，朝鮮這樣不情願接受軍援的反應也在意料之內。玄方在八月六日返回對馬，把遭到拒絕一事向義成報告。[15] 義成和玄方都有向江戶的以心崇傳

去信，崇傳在九月十四日收到這些書信，同時義成還單獨寫信給老中酒井忠勝。[16]崇傳後來記錄說家光對玄方的出使結果十分滿意。

家光可以對玄方的外交表現感到滿意，但是他不應錯將朝鮮暫時緩解了後金的危機，誤以為是威脅朝鮮和日本的後金勢力已經消失了。後金軍隊的確從朝鮮暫時撤退了，但是他們在朝鮮依舊保有勢力。毋寧說他們在接下來的幾世紀中仍然會對東亞事務造成影響，而且在十七世紀餘下的大部分時間中，也繼續會是幕府的一個活躍而持久的安全隱憂。後金勢力崛起帶來的東亞動亂將在接下來的幾十年中持續吸引日本關注，並促使幕府發展戰略情報收集和分析系統，它成了幕府觀察東亞的戰略偵察系統，有時候還會讓日本捲入大陸的戰事。

清朝征服中國

當清朝正在東北亞鞏固地位時，明朝卻因一連串的內部叛亂而四分五裂。叛軍首領李自成在一六四四年四月攻占北京，於是戍守長城東端山海關的明朝將領吳三桂便向滿清投降，請滿清幫忙打擊叛軍。於是清軍湧入關內，在六月六日占領了北京。[18]滿清皇帝入主紫禁城，象徵清朝對中國的統治揭開了序幕。

明朝的最後一位皇帝在被李自成包圍時自盡，旋即有其他人聲稱自己是明朝皇位的繼承者。也有明朝遺民發起行動，標榜要抵禦清軍、復興明朝。戰爭的消息很快傳到日本。在滿清正式將宮廷從瀋陽搬到北京之前，就已經有長崎的中國商人於一六四四年九月四日對戰事做了報告。[20] 第一批報告生動、仔細和準確的程度相當引人注目。內容包括李自成叛變的背景、明朝末代皇帝自縊、吳三桂打開山海關、滿清軍隊攻占北京、清朝揮軍南下以及出現了第一位聲稱繼承明朝皇位的福王。對馬藩也送來一份相較之下簡單許多的報告，其中包括從釜山收集到的情報。[21] 這些報告都被送往江戶，在幕府內部處理，後面將介紹其處理方式，這個方法最終成為幕府處理海外情報的標準程序。

不過，對幕府來說，更為重要的是在一六四五年舊曆十二月來到長崎的一名叫作林高的中國商人。林高替長崎奉行帶來南明水軍都督崔芝的書信，信中請求日本出兵協助明朝的復興大業。[22] 在接下來的四十年中，南明又陸續派出十幾個使節團請求日本派遣援軍或是支援軍事物資，林高只是其中的第一個。[23] 因此，在一六三九年「鎖國」之後的許多年內，中國內陸和沿海的戰略和政治發展還是一直被幕府視為重要的議題。

林高和崔芝都是鄭芝龍的屬下，鄭芝龍是當時以福州為據點的南明唐王的主要支持者。不過幕府早在那之前就已經知道他，因為他在一六二〇和一六三〇年代有著豐富的職業經歷──他早先是平戶的華僑首領李旦的幫手，再來是荷蘭人的口譯，接著也做過海盜和中國

沿海的抗倭將領。鄭芝龍曾經以中介者身分活躍於東亞海上貿易的經歷，讓他那名實相符的騎牆派惡名讓他受到幕府的懷疑，最終使得他的使節無法達成目的，這將在後面詳述。

高派往長崎，然而他那名實相符的騎牆派惡名讓他受到幕府的懷疑，最終使得他的使節無法達成目的，這將在後面詳述。[24]

林高向長崎奉行呈上崔芝的兩封長信，請求日本為復興明朝提供協助。「我等謹觀察到大日本的人民都極勇武，精通弓箭刀刃，也熟稔駛船搖槳〔之術〕……我等求借三千兵力……」這將使中國和日本結成永久的同盟。[25]

長崎奉行山崎權八郎將這些書信直接送到江戶，由林羅山將它們翻譯成日文後，呈交給老中和將軍。聽完羅山所讀的信件之後，將軍家光命老中松平信綱徵詢井伊直孝的意見——彥根藩藩主井伊直孝是資歷較深的「譜代」大名，從秀忠時代以來一直擔任將軍身邊的顧問。[26] 經過長時間的激烈討論之後，將軍和他的顧問們決定先拒絕這個請求，靜待情況進一步發展。「大目付」（即負責監察的官職）井上筑後守政重與當時在江戶的另一位長崎奉行馬場三郎左衛門[27]得到了指示，要告知山崎應如何回覆林高：

爾於上個月二十六日（一六四六年一月十四日）的來信已收到。我們看到其中有林高帶來的書信和〔爾所抄錄的〕林高的口述內容。我們已向老中稟明這是要求〔日本〕派遣援軍和提供武器以協助〔平息〕中國的叛亂，〔老中回覆〕日本和中國百年來已

無正式關係（原文為「無勘合之交」），日本人也不再進出中國。雖然近年來中國船隻會前來長崎貿易，但都是以私人身分（或謂「秘密」）來航。因此，〔爾可回覆〕雖然林高此次有求而來，但此事不宜直陳於將軍。爾可告知林高前述事項，並令其早日歸國。[28]

事實上，這封信是由松平信綱口述、林羅山記錄，而且傳達了將軍的意思，但是為了讓它看起來像是由比實際上的處理者更低層級的政府官員經手，也為了讓人一看就覺得請求沒有被接受，所以這封信由井上與馬場署名。無論如何，幕府暫時先明確拒絕了派兵的請求。

除了這些指示之外，山崎還從江戶收到一份「井上與馬場寫給山崎的漢文陳述」，[29]這份陳述由山崎署名之後便轉交給林高，等於是再次讓這件事看起來似乎只值得最低層級官員的關注。

林高無功而返，不過他留下了一份《答長崎王（長崎奉行）談》的文書，足以確認山崎書信的內容，以及看似是山崎以口頭告知的內容——即他已知「老中認為難以將〔林高的要求〕向將軍提出」，而「在軍事武器的問題方面，雖然在目前的情況下我們希望能允許你帶回一些武器，但是日本法律嚴格禁止此類事情，這不是只有針對中國，對任何國家都是如此」。[30]

山崎還提到日本對軍械出口的法律禁令，這顯然超出他所收到的指示，不過他這麼做的確有其依據。幕府早在一六二一年就開始限制日本的武器出口，儘管武器在十五和十六世紀曾經是日本對外貿易的大宗產品。[31] 幕府在該年向北九州的重要大名細川忠利和大村純信、長崎奉行長谷川藤廣，以及（從考克斯日記中推斷出來的）平戶大名松浦隆信下達這項命令。[32] 雖然這些禁令似乎是限定在預防武器被當時在日本的歐洲商人運出去，但幕府於一六三四年將禁運範圍擴大，所有「將日本武器運往異國之事」都被禁止。[33]

然而，在發布了最早的武器出口禁令之後，家光卻在一六二八年建議向朝鮮送去武器，甚至派遣援軍助其抵禦後金。此外，在大約三十年後，幕府又一次無視出口禁令的規定，同意透過琉球向中國沿海的反清勢力提供軍事物資。[34] 雖然幕府給林高的答覆不太誠實，而且一六三四年的武器出口禁令依舊存在，但是我們有充分的理由相信家光其實想要提供武器，後面將詳細討論。

毋寧說家光是以拒絕為手段，試探林高提出請求的誠意，因為家光懷疑林高是否當真是南明政權的使節，[35] 這有很大一部分原因是鄭芝龍也參與了此事。由於當時沒有正式的明朝政權，且同時有好幾個覬覦皇位的人自立為王，因此就算沒有鄭芝龍參與其中，也很容易理解幕府為何這樣小心謹慎。[36] 當時沒有獲得承認的明朝政權，各個自立為王的南明勢力中是否有誰會成功奪回中國，也還在未定之天，再加上又有鄭芝龍參與此次要求，這些顯然都是

讓幕府不得不謹慎的因素。不過，正如稍後會看到的，幕府對於向中國派遣援軍還是有不小的熱情。

就在幕府於一六四六年二月二十七日決定讓馬場和井上寫信要山崎命林高返回福州後不久，經常參與幕政討論的京都「所司代」板倉重宗寫信給姪子重矩，信中描述了在他理解中將軍完全不同的立場。根據板倉的描述，將軍並非對中國的請求不感興趣，相反地，將軍不只感興趣，甚至還構思了一個派遣日本援軍到中國作戰的計畫！板倉在信中描述的計畫共需要兩萬名日本士兵登陸中國沿海，在那裡建設防禦工事之後，再一邊向內陸挺進，一邊繼續建築堡壘。[37]

當時在江戶城參與討論的其他人似乎也同意板倉對家光意圖的詮釋，九天後，其中一位參與者──九州西北部的柳河藩藩主立花忠茂──從江戶寫信給他的家臣：[38]

我從老中處聽聞此事已報予江戶城。但是日本與中國的關係在百餘年前已中斷，更關鍵的是〔中國〕不允許日本船隻靠近〔其海岸〕，甚至設置監察〔防止船隻靠近〕。因此，他們的船隻也很難過來，如今該國陷入內亂，並表明困難及請求派兵救援。如果此為來自〔中國〕皇帝或將軍的請求，理應進行回覆，但是我們無法確切得知使節的真實身分。〔將軍〕也對向外國送去日本武器持保留意見，所以他〔指示〕兩位長崎

奉行回覆說請求沒有上報給將軍，也不適合報告給老中。

因此，我認為不太可能派出援軍。但是——雖然目前的狀況就是如此——我們也無法判斷是否還會有進一步請求。……不過，即使不太可能派遣援軍，但是北京已經陷落，我們甚至聽說南京可能也已被占領，因此無法排除中國皇帝或將軍再次突然要求援軍的可能性，所以我們斷不可掉以輕心（「油断有まじく候」）。如果我方真的要派遣軍隊，我希望能夠與軍隊一同前去，雖然我需要找到一個合適的理由。……我告訴他們〔如果下令〕要向長崎運送武器，我也要為自己〔參加戰爭〕買一些武器。我還聽說如果朝鮮受到來自中國的攻擊，〔朝鮮也〕會來要求援軍。

如果家光的目的是測試明朝請求日本援軍的誠意、想看看之後還會不會有進一步請求，那麼後續的發展並沒有讓他失望，他也不需要等太久。鄭芝龍在一六四六年秋天派了第二位使節黃徵明抵達長崎，再次尋求日本援助。[39] 鄭芝龍和南明隆武帝讓黃徵明帶來書信交給將軍和長崎奉行，並送上中國的絹絲作為禮物。信中再一次請求日本提供軍援，幫助南明對抗滿清、復興明朝，不過這一次，他們說「雖然我方之前要求五千兵力，但是我們很難以這樣的兵力擊潰敵人，因此請多派一些兵力」。[40]

南明隆武帝在信中提醒日本人，韃靼人自古以來就是日本的敵人，還曾經「四、五度」

襲擊日本；[41]他也提醒將軍，把蒙古人趕出中國的正是明朝。隆武帝暗示日本欠明朝一個人情，而且因為日本和明朝在歷史上的情誼，日本應該答應他的請求，派出軍隊。[42]

長崎奉行將這些書信轉交給江戶，家光命林羅山將之前從中國收到的所有官方書信整理成一份備忘錄。羅山在一六四六年十一月二十三日將通信目錄呈給將軍，[43]其中的第一封信便是魏明帝在公元二三八年給「神功皇后」的詔書，[44]最後一封信則是單鳳祥於一六一九年的書信。[45]

羅山將這份備忘錄呈交給將軍、老中、德川御三家（即紀州藩、尾張藩和水戶藩）的藩主和井伊直孝後，御三家出現贊成提供軍援的聲音，[46]這個贊成意見甚至在當年就報告給朝鮮。[47]不過，也有反對派遣援軍的人認為這類遠征不會替日本帶來任何回報，只會為日本樹立更多敵人。[48]家光的叔父——紀州藩的德川賴宣——和將軍家的老臣井伊直孝便是採此觀點。

板倉重宗和立花忠茂在前一年春天的反應也表明了家光的確對援助中國有極大的興趣。但是家光派遣援軍的念頭幾乎被其間由長崎奉行送來的一則報告完全澆滅。長崎奉行由最近從中國沿海前來的中國商船得到消息，說鄭芝龍的軍隊在福州戰敗，目前正與清朝協商適當的投降條件。[49]

福州陷落和鄭芝龍投降，讓家光能夠在兩種對立的顧問團意見中輕易地做出抉擇。家光

在不久前還讓宗義成回到對馬，並指示他要從朝鮮那裡獲得更多中國內戰的情報，因此可以推斷出其他西日本的大名也已進入警戒狀態。不過在十一月二十七日和二十八日，老中寫信給長崎所在地肥前藩的藩主鍋島勝茂、長崎南邊的熊本藩藩主細川光尚、宗義成、或許還有當時不在江戶的所有西日本大名，告知他們將軍的意向已經改變：

現今中國處於內亂之中，平戶一官〔鄭芝龍〕送來一封信請求我國出兵。但是信中有不少可疑之處，因此將軍打算派人到長崎，向一官的使者調查此事。但是接著在該月四日〔十一月十一日〕便收到長崎〔奉行〕的書信，信中報告了福州陷落、唐王〔南明隆武帝〕和一官放棄城池之事。因此已毋須再繼續調查〔軍援的請求〕了。現在在江戶的所有〔大名〕都會收到這樣的指令。我們也依照將軍的意願對爾等傳達指示。[50]

幕府決定拒絕派遣援軍後，列出了二十一個「理由」說明何以未接受這個請求。這些理由讓人聯想到一六二一年拒絕單鳳祥書信的理由，主要都是考慮到外交禮儀問題會對日本的地位和將軍在日本政體中的地位造成影響。[51] 不過，正如一些與此次討論相關的現存零散史料中表明的，這些其實只是拒絕對請求做出正式回覆的理由，而不是拒絕這些請求的理由。

事實上，對於派遣援軍的討論，已經進展到家光在與宗義成商議朝鮮是否會允許日本軍隊借道朝鮮，前往援助明朝。但是宗義成覺得這個想法不可行，義成認為朝鮮已經因為最近的清軍入侵而兵疲馬困，不可能在日本軍隊前往中國的途中提供糧食，更不用說朝鮮當然不會願意讓日本軍隊踏上它的領土。

在義成與家光的這次會面之後，幕府繼續討論要如何回覆鄭芝龍的第二次請求。同時義成也返回對馬。

義成返回對馬，奉江戶之命從朝鮮搜集有關中國內戰進展的更多情報。他在十二月三日返抵對馬，不到一週之前，老中才寫信來告知因為福州陷落，幕府要重新考慮軍事介入的問題。但與這些書信給人的聯想相反，義成反而很快就收到江戶的一連串指令，要求他繼續、甚至加強情報的收集工作。

義成返回領地後立即寫信給江戶，告知老中他已平安抵達，他也馬上寫信給朝鮮的禮曹、東萊府使和釜山僉使，通知他們他已於十二月三日從將軍處返抵對馬。不過，更重要的是他說他已經「獲悉譯官不日將出使對馬。因此已做好一切接待的準備」。朝鮮譯官在一月二十一日到達對馬，義成也在同一天收到老中於兩個月前所寫的書信，義成在二十二日寫信給江戶，說他會馬上詢問譯官，之後完整地報告給幕府。義成於二十八日在對馬藩府的城裡接見了譯官李亨男和韓，以及六名隨從，但是正如義成在兩天後向松平信綱和大老酒井忠勝報告的那樣：「朝鮮在幾年前曾與韃靼開戰，而後達成和談……即使經我詢問，（兩

名）譯官也不願多談朝鮮與韃靼的關係，因為〔兩國已和談〕。」譯官抗議說他們不能討論此類問題，並要求義成證明他的行事得到江戶的正當授權。義成告訴兩名譯官：只要如他的預期，他會在二月初得到江戶的書面授權，但是他計劃在三月中返回江戶。因此，義成需要向朝鮮提供他的確在離開江戶前得到指示的書面證明。[58]

一六四七年春初，宗義成一邊等待江戶回覆，一邊開始加大對朝鮮的施壓力道，以期獲得一些有關中國內戰的有用情報。畢竟，如果他無法滿足幕府對情報的需求，那麼他在對馬的領地也遲早會受到威脅。因此，他寫信給東萊府使和釜山僉使，告知他們要盡快提供情報給他：「我即將離開對馬前往〔江戶〕。我方已數次詢問貴國有關中國之近況，但是貴國卻不曾提供任何情報予我方。……我將遣倭館館守向貴國做詳細的口頭報告。」[59]義成希望隨著他前往江戶的期限臨近，朝鮮會加快合作的腳步。

松平和酒井在一六四七年三月十二日（正保四年二月六日）即時回覆了義成在一月三十日的報告。信中先是複述他們已經收到的消息，然後兩人告訴義成：「我們已將爾之書信上呈。〔經決定，〕既然朝鮮應該瞭解中國的狀況，因此爾應派遣〔使節〕到釜山瞭解情況。如有任何情報，則應隨時報告。」[60]在得到這個授權之後，義成立即派遣使節去釜山探詢有關中國內戰的消息，並寫信至東萊和釜山：「前年我國得知韃靼人已占領中國。該國現在的內政狀態如何？」接著，他又焦急地再加上：「我已將細節口頭交代給我方使者。」[61]

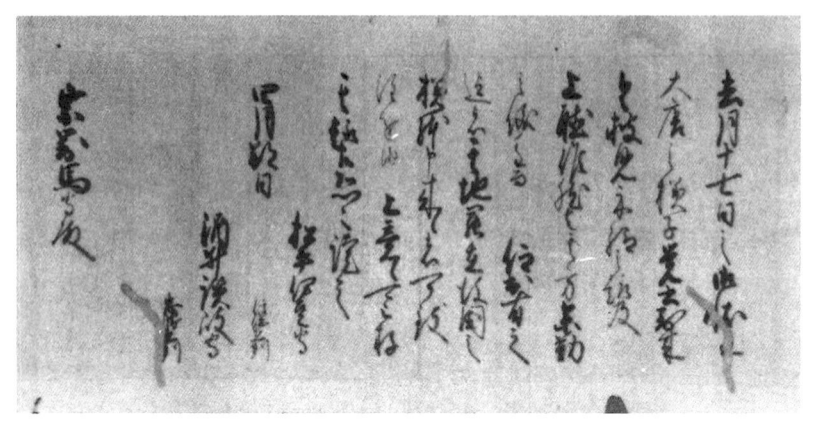

圖3： 松平信綱和酒井忠勝寫給宗義成之書信，信中傳達了家光指示要宗義成留在對馬，從朝鮮那裡收集關於清朝征服中國進展的情報，並「回報一切聽聞到的有關該國的消息」。

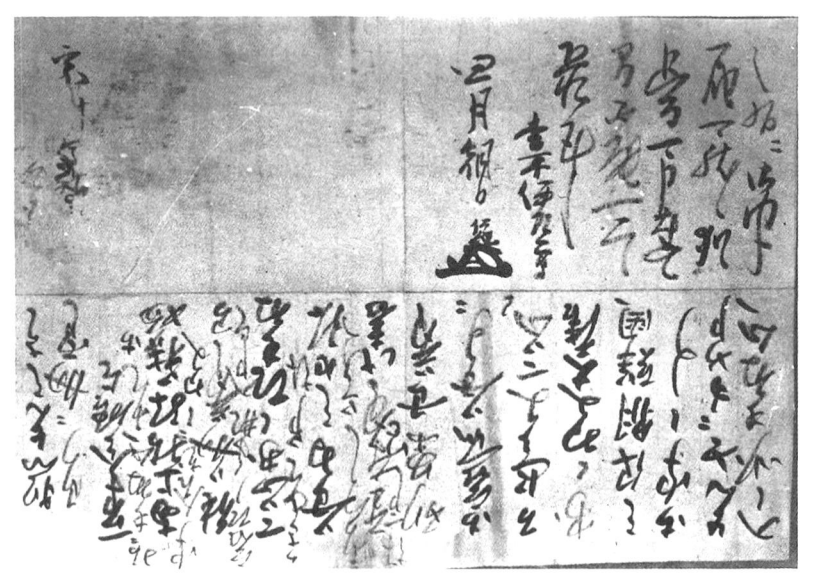

圖4：松平信綱指示宗義成「向朝鮮探詢有關中國的情況，並回報」給幕府一切有關清朝征服之事。

使節在田杢兵衛告訴東萊府使閔應協，將軍寫給義成的信中說他一直在搜集有關南京和北京局勢的情報。還懷疑如果對馬藩與朝鮮的關係交好，何以義成沒有送來報告？家光納悶朝鮮現在是否仍是清朝的藩屬國，就像它曾經是明朝的藩屬國。[62] 在田暗示如果朝鮮仍拒絕合作，會讓人質疑義成作為江戶和漢城中介者的能力。再加上義成此前也暗示過譯官，老中對於朝鮮與清朝合作感到震怒，因此正考慮派出軍隊，這使得朝鮮進退兩難：不是再度面臨日本的侵略，就是失去對馬藩作為兩國的中介者。而宗義成過去也從未如此咄咄逼人。

其實當義成在等待漢城的回覆時，很可能曾經向江戶發送過一份臨時報告，信中說「爾於上月〔二十一日〕的書信及關於中國情況的備忘錄均已收到。在閱讀和討論過後，爾應留在領地等待進一步指令。將軍指示爾回報一切聽聞到的有關該國的消息」。[64] 同時松平還另外寫道：「爾應——如同我們在前一封信中的指示——向朝鮮探詢有關中國的情況，然後覆命回報。」[65]

義成當然明白自己的尷尬處境，他擔心如果對朝鮮過度施壓，將使他喪失未來的貿易權，但是如果沒能取得情報，又會讓他面臨十多年前在柳川一件中險些遭受的厄運。不過，義成的參勤交代遭到中止，將軍也反覆下達強力的指令，在在突顯了江戶認真關注著中國形勢，也想確保義成會以嶄新的決心推進此事。義成的努力終於在五月底得到回報。他收到東

萊府使閔應協的書信，信中概括描述了清朝征服中國的過程，還附上金譯官的備忘錄，提供了更多清朝占領中國後的國內狀況。[66] 義成顯然因為有大量內容可以報告而大大鬆了一口氣，他在一六四七年六月一日寫了一篇長篇報告給松平和酒井，並附上閔應協幾天前的書信。[67] 對幕府來說，義成的報告和閔應協的書信其實都沒有什麼新內容，但是它至少達成了另外兩個重要的目標：一是讓朝鮮成為提供戰略情報的管道，二是證明了義成的能力。這或許讓義成保住了他的地位。

歷史學家試圖論證為何幕府多次拒絕直接援助南明，他們認為在某種程度上，這種反應是因為於一六三〇年代制定、並持續到一八五〇年代的鎖國政策。例如：津田秀夫就認為幕府的拒絕參與「從常識上來看，是因為不久前實施的鎖國政策才讓日本無法援助〔南明〕」；[68] 井野邊茂雄同樣認為「不論是鄭芝龍在一六四五年請求援，或是〔他的兒子〕鄭成功在慶安〔一六四八年〕和萬治〔一六五八年〕年間再次提出同樣的請求」，幕府的拒絕可謂在意料之中，因為幕府想要「維持鎖國政策」，井野邊的結論是鎖國政策的目標在維持國內和平，幕府為了達成此目標而避免參與國外事務。[69]

然而，至少就幕府在一六四六到一六四七年拒絕鄭芝龍請求的行為而言，這些解釋並沒有說服力。幕府的確拒絕了這些請求，但是第一次拒絕顯然是因為要爭取時間看形勢如何發展，並搜集足夠的情報才能做出決定——幕府需要中國戰局形勢的情報和派出援軍的正當理

第四章　透過雙筒望遠鏡看到的世界：動盪東亞的幕府情報機構與日本國家安全

由。正如浦廉一所說的，[70]「（幕府）對於向大陸派遣援軍有巨大的熱情，此事也在將軍和主要顧問之間引發熱烈的討論」。如同前文提過的，辻善之助也透過大量史料，證明在御三家和京都所司代板倉重宗的力勸下，家光甚至構思了「侵略中國的計畫」，只是因為南明軍隊沒能獲取勝利讓自己成為一個「有望成功的選項」，直到獲得日本的援助，再加上譜代大名井伊直孝的強烈反對，才使這個計畫胎死腹中。老中在一六四六年十一月二十七日寫信給幾位大名，信中說「根據長崎（在十一日）的來信，我們得知福州已經陷落，唐王（隆武帝）和一官（鄭芝龍）也已放棄城池，所以沒有進一步研究」此問題的必要。[72]

因此，至少我們很難接受幕府是出於「鎖國」的理由而拒絕向這些自封為南明的勢力提供援軍、助其復興明朝。這個決定也不能看作是日本希望維持和平，所以想避免參與明朝的復興戰爭。幕府似乎曾經走到派兵邊緣，一些接近決策核心的人認為軍事行動已經迫在眉睫。另外一些人則強烈傾向不要介入，接著因為南明抵抗勢力在福州遭遇大敗，才使所有派兵的想法頓時失去意義。無論板倉重宗、立花忠茂──還有不知道多少人──如何熱衷於派兵，既然敗局已定，再派軍出征當然就毫無意義了。

不過，其實幕府和大多數日本人都對清朝抱有敵意，也盡其所能地支持南明。例如幕府允許南明商人在長崎貿易，但是有一段時間對於來自清朝統治地區的中國商人有差別待遇。在鄭芝龍的使節抵達之前不久，才有兩艘中國戎克船從南京前來貿易。[73] 船員都梳著髮辮，

因為看起來很奇怪，所以這件事被呈報給江戶。荷蘭商館的館長在一六四六年九月十日記錄道：南京來的船隻被禁止貿易，因為他們的船員梳著滿族髮辮，雖然這次先網開一面，但是他們以後一定得「以中國的樣式前來」，才會被允許貿易。[74] 眾所周知，從清朝統治區前來的中國人一定是薙髮，所以這個決定明顯偏向不在滿清控制區的商人，也就是海外的華人，或是從南明統治區前來的商人。

正如石原道博認為的，[75] 這似乎為鄭芝龍的兒子──南明最著名的將領「國姓爺」鄭成功──保留了一條途徑，讓他在一六五〇年代之前都還能獲得日本的武器。雖然這個結果或許是出自前述政策反映出的明顯反清情緒，但也可能是非法走私或合法貿易的成果。因為儘管國姓爺在一六四七到一六六〇年之間至少有四次向日本請求軍援，但是幕府都沒有做出任何回應，雖然老中至少有對第一次和第三次請求展開討論。[76]

幕府選擇避免直接捲入明清的戰鬥，也不斷拒絕明朝遺民上門來尋求日本援助，無論其是真是假。但是幕府明顯在意識形態上偏向明朝遺民，[77] 也以實際行動表達了這種支持，不僅優待從反清地區前來的中國商人，還替不願留在被蠻族統治的中國而想定居日本的明朝遺民提供了避難所。[78]

然而，一六四〇年代以後的戰爭已經減少到不足以讓人對復興明朝燃起任何希望。日本人還是繼續關注中國的形勢，因為它可能危及日本的對外貿易，也可能隨時轉成一場更嚴重

的戰爭。幕府繼續允許國姓爺的船隻來長崎與日本進行貿易、賺取利潤，但是拒絕所有直接援助的請求。不過，中國在一六七三年的最後幾天掀起了一場公然的大規模叛亂，叛亂的範圍不限於沿海地區，這使得日本再次關注起亞洲大陸的戰略關係，也讓日本和朝鮮重新對復興明朝燃起希望。

三藩之亂與德川情報機構

康熙帝接受了開國功臣吳三桂等漢族將軍自請撤藩的要求，因此引爆了三藩之亂──吳三桂原以為康熙帝不會接受這個請求。於是他立即從自己的封地雲南聯繫國姓爺的嗣子鄭經。鄭經當時以臺灣為據點，劫掠中國沿海地區及荷蘭和中國的船隻。吳三桂高舉反旗擁立明朝，聲稱要恢復明朝的朱家王朝。

一六七四年四月，鄭經和受封於福建的靖南王耿精忠加入吳三桂陣營，戰事愈演愈烈。清朝政府和年輕的康熙帝面臨到攸關王朝存亡的嚴峻考驗，下一次面臨這樣嚴重的威脅已經是將近兩百年後的西方猛烈進攻了。許多渴望明朝復興的日本和朝鮮觀察家認為清朝似乎將在第三代滅亡，這會使清朝的歷史正當性受到質疑。[80]後來的歷史學家普遍認為這個判斷顯

見吳三桂舉兵叛亂對清朝的存亡構成了多大威脅。[81]

三藩之亂的消息很快就傳播開來。於一六七四年三月從北京返國的朝鮮使節發出了先行知會，將第一份報告呈交給朝鮮朝廷。[82] 在該年稍晚，一六七四年七月八日，吳三桂和鄭經的反叛檄文抄本（後者的日期僅在兩個月前），以及一份長崎的唐通事訊問中國商人後做成的報告，便已由「飛腳」（快遞信使）從長崎送達江戶。當時的老中久世弘之將這些檄文交給大學頭和圖書頭林鵞峰，並下令他在九日將它們帶到江戶城。鵞峰抵達時，老中們正聚在一起討論這場叛亂可能對日本造成什麼影響。遺憾的是，這次討論內容和幕府大部分的政策商議一樣，並沒有留下紀錄。

在那之後，長崎開始定期向江戶發送有關叛亂進展的報告，來到長崎的所有中國船隻都會在抵達後立即受到唐通事的審問（或者也可以說是向他們報告）。所有報告都會被送到江戶，由鵞峰處理，並交由老中審查。

九月九日，老中稻葉正則把另外兩份有關中國形勢的報告和一幅中國軍事情報地圖交給林鵞峰，地圖顯示雲南、四川、陝西、廣西、臺灣，以及廣東、河南與福建的大部分地區都已經被反清勢力所支配。[84] 如果與現代學者製作的其他軍事地圖和解說互相比對，就會發現這幅地圖可謂相當準確。也許朝鮮政府期盼清朝政府早日滅亡並不是毫無道理。

現存的第一份從「琉球─薩摩」路徑送來的報告是稻葉正則在十月交給鵞峰的，鵞峰[85]

把它們翻譯成日文後又交還給稻葉，以待老中審議。[86]對馬大名宗義真在十一月十五日和二十三日向幕府交出第一批向朝鮮搜集來的戰爭報告。這些報告於四個月前在對馬起草，其中包括朝鮮政府從派往北京的使節處得到的消息。[87]我們並不清楚為什麼這些報告需要花四個月才能送達江戶（其他報告通常只需要兩個月），由於一六七四年最後九個月的江戶對馬藩藩邸日記現已不存，因此我們幾乎沒有史料可以解答這個問題。

在審視這些報告的內容和江戶的處理機制之前，我們有必要先簡單整理一下幕府收集外國情報的主要途徑、其中的一些特徵和問題。

路徑一：來到長崎的「中國」商人→長崎的「唐通事」（漢語翻譯）→長崎奉行→江戶（老中／林家）。在《華夷變態》所收錄文書的時間段（一六四四－一七二四年）中，這條路徑提供了最多情報，這單純是因為前來長崎的所有外國船隻中，以中國船隻占最大宗。這些報告也似乎通常是最準確的，因為它們不會受到任何盤根錯結的干預勢力（例如外國政府或組織）的操控，每位船長也都知道他們的報告可以和其他船長的報告互相比對，[88]他們可能因為提供虛假情報而受到處罰。此外，通事們面對的語言是他們精通的中文，而面對荷蘭人的報告就不是這麼一回事了。不過在另一方面，大部分船長都沒有親自到過比南京更遠的其他中國內陸，因此，除非船長有自己的國內情報網，否則他們的大多數情報可能也頂多是港口傳聞或是港口官員散播的消息。對船長們來說，相較於數百英里外內陸的吳三桂，他們更擔心

的是控制海上航道、會對他們造成直接威脅的鄭經。中國商人在長崎受到審問之事在中國廣為人知，連歐洲的耶穌會會士在給上級的報告中都有提到這一點。[89] 耶穌會會士的報告中自然也有強調日本人會揭發試圖偷渡到日本的天主教徒。

路徑二：北京→福建→琉球→薩摩→江戶。由於琉球王國在大多數事務上受控於薩摩藩，同時會定期派遣朝貢使前往北京，還會派琉球學生到中國學習，[90] 因此應該可以期待從琉球獲得安全且相對準確的直接情報。由這條路徑獲得的最早一份報告的日期是在一六七四年八月，它於十月送抵江戶，[91] 其中包括原始的中文文件和高度準確的報告，但是在接下來的兩年中，幕府就再也沒有從這個資料來源獲得過情報。報告中的大部分內容都與該年稍早透過長崎獲得的檄文相同，不過一六七四年從福建返回的朝貢船卻帶來兩份報告，提供了有關吳三桂和耿精忠結盟這個重要而且準確的情報，並詳細而精確地描述了福建總督范承謨遭到耿精忠俘虜一事。[92] 由於鄭經的活動和戰爭本身使得琉球前往中國的路線中斷，透過琉球收集情報也隨之受到阻礙。

路徑三：荷蘭商人（「大蘭陀加毗丹」）→長崎的荷蘭通詞（荷蘭語翻譯）→長崎奉行→江戶。這條路徑對於收集中國大陸情報的重要性可謂最低，因為荷蘭人的利益主要是在海上。荷蘭人的確偶爾會提供關於臺灣鄭氏家族的重要情報，但是有關中國大陸的情報則不多。就像叛亂的雙方都曾想拉攏琉球，福建「總督」——應該是指耿精忠——在一六七五年

也希望與荷蘭展開貿易，而荷蘭人隨即將此事報告給長崎。[93] 荷蘭商人返回巴達維亞之後，荷蘭商館館長在一六七七年將他們的貿易情況向幕府報告，他們還報告說有一些荷蘭人應鄭經和耿精忠的要求留在福州，會在那裡進行一場海軍展示。[94] 荷蘭人的報告對中國整體局面的細節描述相當薄弱，不過因為他們報告的事項只限於荷蘭人直接參與的事務，所以有高度的準確性。然而遺憾的是，長崎的荷蘭通詞（荷蘭語翻譯）的介入經常會讓準確性降低，這個時期的通詞的荷蘭語程度不佳是出了名的。[95] 甚至在一六七〇和一六八〇年代時，長崎的通詞還會要求荷蘭人先將報告翻譯成葡萄牙文，因為日本人較為嫻熟葡萄牙文。因此，當荷蘭人用荷蘭語的「Kayser」指稱康熙皇帝，但是卻被通詞在報告中寫作「北京的統帥」（北京の大將），也就見怪不怪了。[96] 此外，荷蘭人的情報也不完全可靠，因為他們習慣為自己的政治目的扭曲報告。[97]

路徑四：北京→漢城→釜山→對馬→江戶。幕府與朝鮮建立關係的其中一個目的就是收集中國大陸的情報。朝鮮每年會定期遣使到北京向皇帝祝賀新年和接受清朝曆法，這象徵朝鮮在中華世界秩序中的藩屬國地位。這些使節回到漢城時，就會帶回有關中國的最新報告。朝鮮也在鴨綠江畔的義州與中國維持著邊境貿易，這個貿易區域成為第二個情報來源。[98] 我們已經在前文看到，漢城的第一份有關吳三桂叛亂的報告就是從一六七四年春天的使節團那裡收到的。朝鮮認為適合讓日本人知道的消息就會傳遞到倭館所在地東萊的府使手中，再由

東萊府使告訴倭館館守,最後由倭館館守轉知對馬藩。若是像一六四六年和一六七五年底的特定情況,[99] 則是派遣朝鮮譯官到對馬去報告情況。一六七五年的報告全是關於三藩之亂的。如果對馬藩藩主人在江戶,這些報告會由「飛腳」發送給他,報告經過藩主適當地重寫之後,就會當作藩主本人的報告提交給老中,而如果藩主人在對馬,報告就會發送給駐在江戶藩邸的「留守居家老」(藩主不在江戶期間負責管理藩邸的家老),再由家老轉送給當值老中的文官。最初的報告都是由宗義真本人親自向老中口頭呈報,他於一六七五年初返回對馬之後,才固定為書面報告。[100]

就像是三十年前清朝征服中國時一樣,有關三藩之亂的進展報告也占據了江戶決策層的注意力將近十年的時間。正如同杜勒斯(Allen Dulles)的觀察,外國的情報「如果沒有到達其『消費者』——即政策制定者——的手中,就一點用也沒有」。[101] 這也適用於十七世紀背景下發生的這些事,因此,如果要完全瞭解幕府的情報機制,我們必須調查這些報告的處理方式,也要考察報告的內容。如前所述,有關叛亂的最初通報在一六六四年七月八日從長崎送抵江戶。長崎奉行把報告送給老中,老中再轉交給林鵞峰翻譯成日語,好讓全體老中能夠在第二天的城內會議加以商討。報告的內容包括吳三桂和鄭經的檄文,以及長崎的唐通事詢問福州二號船員的報告。[102] 三週後,唐通事又送來他們詢問咬嚼吧六號、東寧八號和九號船的報告,它們都來自同一個路徑,[103] 這條路徑在日後會走向常態化。

老中稻葉正則在九月九日將一幅中國形勢圖交給鷲峰。[104] 可惜的是沒有任何訊息能夠顯示這份地圖的來源，它也沒有標註確切日期，雖然配置方式顯示它應該來自中國。不過，如果和其他地圖與戰況解說互相比照，就可以發現它相當準確地說明了一六七四年中中國南方兵力的分布情況。[105]

一個月後（十月十七日），開始有得自琉球路徑的情報傳入江戶。琉球對於情勢格外敏感，因為琉球前往中國沿海的航運經常會受到臺灣的鄭氏家族海上勢力的阻撓。最近一次這類紛爭才剛在幾個月前由長崎奉行岡野孫九郎調停。[106] 這些報告中有某些訊息是來自實際到過福州的琉球人，所以相當準確。例如報告中有對一六七四年春天發生事件的詳細描述──耿精忠在那時終於加入吳三桂的叛亂，他們攻陷了福州，並俘虜總督范承謨。[107] 因此，只要琉球船隻還能夠到達中國沿海，琉球人就有手段和能力進行觀察，並向江戶提供高品質的情報。

不過，其實從琉球得到的情報有限，因為琉球使節團每隔一年才會前往福州。但是琉球還有其他作用。因為琉球是「外國」，所以幕府可以透過琉球將戰爭物資送給叛軍勢力，用這種「保持距離」的方式對叛軍表達同情。因此，琉球在一六七六年的報告中詳細描述了耿精忠試圖從琉球獲得硫磺的事。[109] 這些硫磺顯然是為了製造火藥，因為耿精忠在同一年向荷蘭東印度公司購買了大量硫磺、硝石和鉛。[110] 幕府應該減少了直接從長崎運送戰爭

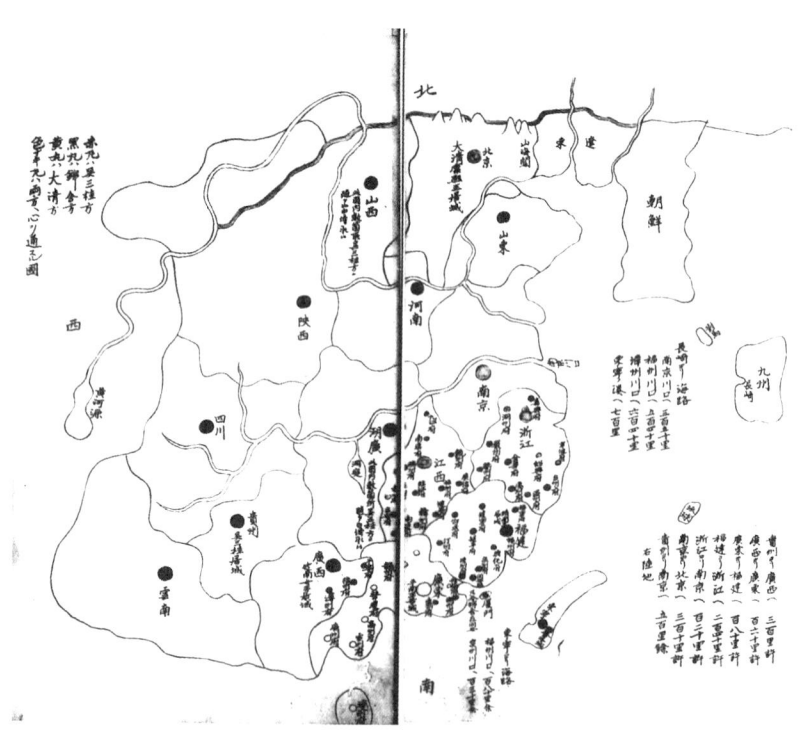

物資給耿精忠的做法，理由不外乎是日本對武器出口的禁令，就像長崎奉行在一六四六年所做的那樣。雖然耿精忠明確地說這些請求是「出於軍事用途」，但幕府還是允許薩摩藩透過琉球向他供應硫礦，III 或許這是江戶根據中國內戰情報做出的最明確的戰略反應。

到了一六七八年，戰況轉向對清軍有利，琉球從中國獲得的唯一情報是來自皇帝本人，同時康熙的一些臣下也與長崎奉行

圖5：江戶在一六七四年夏天收到的情報地圖，圖中顯示了三藩之亂期間中國的戰略形勢。

保持通信。[112] 雖然有部分通信內容會交由全體老中討論，[113] 但是其他文書——包括康熙帝給琉球王子的敕諭——的處理方式卻不甚明確，還有一些來自琉球和薩摩的報告沒有依循正常管道，它們沒有提交給幕府，而是被送到因《忠臣藏》而出名的吉良義央手上。[114] 從內容來看，這些報告似乎沒有被分開處理的理由。在其後的幾年間，因著某些原因，再也沒有從琉球得到報告的紀錄。

江戶在一六七五年八月第一次從荷蘭人那裡得知一些狀況——荷蘭商館館長西撒爾（Martinus Caezar）向幕府報告[115]福建「總督」派遣使者到巴達維亞，想要與荷蘭人進行貿易。由於此時福建總督范承謨正遭到耿精忠控制，[116]因此這份報告中的「總督」很可能是指掀起叛亂並與吳三桂聯手的耿精忠。送到江戶的這份報告[117]的情報有些混亂。這可能是因為通詞不熟悉荷蘭語，因此降低了早期的「和蘭陀風說書」*的價值，也可能是因為雖然西撒爾在《商館日記》（Daghregister）中記錄的是事實，但是他刻意向日本人隱瞞荷蘭人與中國叛軍接觸的事。當然，幕府的所有消息來源都有這樣的問題。

此後的荷蘭報告繼續關注中國事務，自然也盡可能地強調臺灣事務，[118]也有些報告是關於重新「效忠」清朝的耿精忠所受到的處置。長崎通詞現在已經能夠從荷蘭人的模糊描述中

* 譯註：荷蘭商館館長提交的情報資料。

認出耿精忠，並補充在報告中，與他們早期的蹩腳翻譯已不可同日而語，這可能也是因為他們現在對叛亂的進展掌握了更多資訊。

路徑四（北京→漢城→對馬→江戶）的情報流通是目前為止被記錄得最好的。對馬藩的報告會保留在對馬藩的檔案中，幕府的紀錄則收錄於《華夷變態》。其中有些資訊可以追溯到從北京返回漢城的朝鮮使節所提交的報告。對馬在江戶藩邸的日記也足以讓我們考察這些報告被提交給幕府的機制和政治。此外，由於同一份報告會同時留下朝鮮的版本和對馬藩版本，因此在一定程度上，我們可以確切找出這條情報路徑中造成不準確信息的來源。

讓我們先探究對馬路徑的機制。情報先是來自一年派往北京兩次的朝鮮使節，或是來自中朝邊界的朝鮮官員。使節也可以將急報提前送回漢城，就像一六七四年那樣，但他們通常是在回到漢城後直接向國王報告。有關吳三桂叛亂的最初幾份報告就是這樣抵達漢城的。以這種方式得到的情報當然會被滿心盼望明朝復興的朝鮮政府引用，不過，也有些情報是經過選擇後才傳達給東萊府使（釜山在東萊府使轄下），也是由東萊府使負責與日本保持日常聯繫）。東萊府使接著會將情報傳遞給對馬藩明的倭館）。就是在這時候，更確切地說是從漢城傳送到釜山的中間，朝鮮政府可以篡改或扭曲報告，因為朝鮮不希望日本接收到可能會使其決定支持滿清的情報。而且，其實由這條路徑到達江戶的情報，相較於漢城自己獲得的情報在數量上少很多，這暗示的確存在這樣的篩選過程。另一種在江戶時代被多次使用的信息傳

遞方式是朝鮮派譯官到對馬進行口頭報告，朝鮮曾於一六七五年底應日本的要求採用過這種方式。

情報到達對馬之後，在被送往江戶前會一直保留在對馬。對馬藩不會透過長崎奉行與幕府討論安全或情報問題。如果對馬藩主人在對馬，他會透過「飛腳」將報告交給在江戶的「留守居家老」。留守居家老會將報告複製多份，呈送給該月當值的老中和林鵞峰。這些就是保留在幕府紀錄中的報告版本，也是前文提及的老中討論的版本。不過，留守居家老也會把每一份報告都複製一份，交給大河內松平正信。松平正信的角色似乎是對馬藩在江戶的合作者，因為對馬藩主是正信的內弟，正信還是已故老中松平信綱的弟弟，他自己也從一六五九年以來一直擔任管理武家禮儀的「奏者番」，與江戶城有密切的連結。

如果對馬藩主人在江戶，他從對馬藩的家老那裡獲得情報後，會重新起草成自己的報告，並透過前述管道提交給幕府。有一次例外是在一六七五年初，宗義真直接向大老酒井忠清和老中首座進行口頭報告，義真顯然以為這樣不會留下紀錄，但是與他的理解不同，幕府還是留下了紀錄。[119]

宗義真見酒井忠清和稻葉正則的日期、義真隨後不久就返回對馬一事，再加上其後的藩邸日記中記載的報告處理過程，都顯示了大河內正信的重要性，因為是在一六七五年三月十六日義真啟程返回對馬之後，正信才開始出現在與報告處理相關的紀錄中。宗義真自己可

以登城會見老中、闡述自己的主張，並為自己的行動爭取認同。但是一旦義真離開江戶，他的家老能做的就只有將報告交給老中宅邸中與他地位相仿的下級官員，且家老無法進出江戶城。因此盡可能地廣結人脈是每位大名的一部分工作，宗義真也的確長於此道。現在他就是利用自己的人脈，當他不在江戶時還是可以透過幕府的官僚機構提交報告，讓自己的功蹟獲得認可。[120]

每當對馬藩向老中送去海外的情報時，老中都會以正式的書信「奉書」加以回覆。遺憾的是，這些奉書都沒有保留下來，因此我們只能確定老中至少會考慮報告內容，並給出收到報告的正式確認。這再次印證了老中信任這些報告，而且中國內戰的確受到德川政府的極大重視，甚至會交由幕府的最高政策會議審議。至少直到一六七○年代為止，即使是距離日本數千公里遠的東亞戰局變化，依然是幕府的關心所在。

對馬藩第一份報告的內容與朝鮮派往北京的使節在三個月前向朝鮮國王報告的內容大致相同，但是也包含了許多在那之後的重要資訊。宗義真於一六七四年七月提出的報告包括漢城在前一個月底才收到的消息，詳細描述了吳三桂進攻荊州一事，也包含江戶收到的其他報告中都沒有的情報。[121] 這份報告中也有一些錯誤。義真在報告中說「為了抓捕吳三桂，北京向雲南派出十萬蒙古兵」。清軍獲得初步勝利，但是吳三桂隨即召來援軍，並打成平局。根據房兆楹對此時的派遣兵力的統計，除了軍官之外共有一萬零五百五十一名滿族、蒙古族及

漢人，[122]因此對馬藩的報告其實誇大了十倍。而且，房兆楹博士的統計顯示，清朝在這場八年戰爭中動員的總兵力應該不超過四十萬，其中大部分還是在戰爭的第一階段過後才開始動員的，這使得對馬藩的報告數字更加可疑。對馬藩的情報中這類對軍隊人數的誇大並不罕見。宗義真在一六七五年二月二日的報告中說：一支由十萬名蒙古士兵和滿族大軍組成的軍隊，在敗給吳三桂後折損了大半兵力。[123]這個數字令人感到十分驚訝。根據房兆楹的統計，在戰爭期間動員的蒙古兵力總共不過兩萬六千人，[124]而且任何時候的蒙古兵力都不太可能一次就達到十萬名。如果往回追溯到這份報告的前一個資訊來源——漢城，就會發現這是肅宗國王在十二月四日收到了從北京返國的使節靈慎君從山海關送來的報告。靈慎君在報告中說康熙帝向蒙古借得一萬四千名士兵揮軍南下，其中有超過一半戰死，或是因為不適應中國南方的亞熱帶氣候而死亡。[125]

宗義真說清朝將十萬蒙古兵送去前線的這份報告顯示了對馬藩報告可能出錯的程度，而他前一週的報告則顯示在最佳情況下，對馬藩的確可以向江戶傳達非常準確的信息。義真在一月二十五日的一份簡短報告中，向幕府說明康熙帝已要求朝鮮派兵支援戰爭。[126]義真在報告中說朝鮮派往北京的使節已經收到「韃王」要求朝鮮派兵支援的秘密請求。朝鮮政府收到使節的報告後，甚至在使節還沒有返抵漢城前就開始討論此事。肅宗朝廷認為「韃王（康熙皇帝）看起來敗象已露」（負色に相見），他們很擔心與韃靼人站在一起會帶來不好的後果。

他們商議著拖延戰術的可能性，即假裝準備出兵，但是行拖延之實，以便與吳三桂結盟。義真的結論是朝鮮暫時應該不太可能參戰。

宗義真的這份報告準確地概括了一六七四年十二月三日漢城朝廷的討論內容，當時朝鮮的主要官員和備邊司官員討論著清朝要求朝鮮派兵一事。[127]朝鮮的處境很為難：不論朝鮮多麼希望明朝復興，眼下他們與吳三桂的軍隊之間仍然隔著清朝的軍隊和土地。另一方面，他們又很擔心如果答應康熙皇帝的要求，在明朝復興之後他們就很難反駁不忠的指控。領議政許積甚至建議如果康熙皇帝不斷堅持，朝鮮就說自從一六二七年後金第一次入侵之後，朝鮮就沒有再設置軍隊了。

這些從對馬藩得來的報告內容、它們的準確性以及它們與漢城提供的訊息之間的關係，相當清楚地展現出透過朝鮮獲得中國內戰情報的優缺點。朝鮮與中國接壤、會定期派遣使者去北京，而且與中國保持規律的貿易，[128]因此朝鮮的觀察家可以定期獲得北京流傳的各種消息，包括官方訊息和街坊的小道消息。他們還能夠獲得大量邊境流傳的傳聞，這些消息就像是有價值的商品一樣，在鴨綠江邊的義州市場裡交換。朝鮮可以選擇把所有收到的消息都告知對馬藩，可以選擇隱瞞情報，甚至可以根據朝鮮的目的刻意扭曲訊息，並故意加入錯誤消息。[129]例如我們已經知道在一六二七年後金第一次入侵朝鮮時，朝鮮曾經想對日本隱瞞入侵之事，後來朝鮮決定要告訴對馬藩，僅僅是因為覺得日本無論如何都會發現，並希望以此為

理由讓對馬藩接受暫停貿易。[130] 另一方面，朝鮮也可能故意向日本提供不正確的情報，蒙古兵力在從漢城傳到江戶的過程中，從一萬四千人膨脹到十萬人，很可能就是朝鮮故意要誤導日本的結果。

正是在這時才開始有幕府的公開行動出現在紀錄中（這有部分是因為只有對馬這條路徑留下了紀錄）。為什麼幕府等了這麼久才行動的原因只能憑藉推測。幕府在一六七五年春末，命令宗義真收集有關中國內戰進展的更多消息。因此宗義真向朝鮮禮曹送去一封不尋常的長信，標題為〈問大明兵亂書〉。[131] 義真引述了這封信得到將軍的許可，要求朝鮮利用它鄰近中國的地理優勢搜集關於中國內戰進展的情報，並將該情報告知日本。義真對南京和北京的戰況特別關心。他聲稱日本的友好鄰國朝鮮當然有責任向日本提供情報。有鑑於朝鮮其實已經向日本提供了大量（即使是有錯的）情報，因此不論是這封信的形式，或是它只提到幕府會從長崎的中國商人那裡得到情報，卻隻字未提朝鮮的作用，都令人感到費解。

禮曹參議南天漢一個月後先是以書信回覆，[132] 接著又在兩個月後派了兩名譯官前往對馬。宗義真在十二月二十四日提供給幕府的進一步情報就是由這兩人帶來的。[133] 這次的情報包括吳三桂和鄭經的關係，並指出鄭經要求朝鮮暗中監視日本，而吳三桂也施壓朝鮮對其提供支援。

在義真去信和譯官來訪後的大約一年半時間中，從朝鮮流向江戶的情報變得比較規律。

其後，隨著戰爭進入膠著狀態，朝鮮的信息來源曾經暫停了一段時間，由其他更可靠的消息來源填補了這一空缺。對馬藩在一六七八年底開始再次向江戶提交報告，然而其情報依然是不完整且不準確的。例如報告中完全沒有提到吳三桂自立為周王這個關鍵的事實，吳三桂公然放棄了復興明朝的事業，這使他很大程度失去了日本和朝鮮在道義上的支持。[134] 很可能就是因為朝鮮這條情報路徑有這種缺陷，因此對馬藩的報告在一六七八年之後愈來愈難讓江戶接受。[135] 如果這個推論是正確的，便意謂著幕府有能力區分情報的好壞，並設法淘汰劣質情報。

只有少數日本學者分析過幕府在驅逐葡萄牙人到培里准將來航這兩個世紀間的情報搜集工作，但是這些學者也都只注重日本因為恐懼天主教而對歐洲保持的關注（這類事務會定期由荷蘭人向幕府報告）。片桐一男在研究德川時代的海外情報時，認為幕府之所以想要瞭解外部世界，主要是因為對天主教的恐懼，他的討論幾乎只集中在江戶對歐洲事務的興趣是源自對天主教的恐懼，他的討論幾乎只集中在江戶對歐洲事務的關注。[136] 板澤武雄也認為幕府對海外的興趣是源自對天主教的恐懼，他的討論幾乎只集中在江戶對歐洲事務的關注。[137] 這些學者都低估了亞洲事務在德川對外關係中的重要性，以及亞洲情報在幕府整體安全情報系統中的地位。收錄在大型史料集《華夷變態》刊本中的、浦廉一對情報報告的研究也只強調幕府對情報的收集是出於禁教的目的。[138]

然而，至少在整個十七世紀後期，幕府都在持續關注不斷變化的東亞權力均衡和戰略形

勢。即使在所謂的鎖國政策確立之後，幕府還是一直在密切注意中國的軍事情況。幕府不得不這麼做，因為中國在一六八三年之前一直處於未統一的動盪狀態。只要中國的內陸和沿海局勢持續變動，日本就隨時可能被捲入爭端，如果中國被「蠻夷」統一，意味著蒙古的入侵可能再次上演。自稱為明遺民的勢力在一六四四年到一六五〇年代末不斷向日本請求軍事支援。至少在一六四六年，幕府內部曾經有強大的聲音主張派遣援軍到中國協助復興明朝。這些求援行動和中國的內戰也促使幕府開始搜集情報。明朝遺民一再請求援助，國姓爺的勢力則一直進行著貿易和海盜活動，尤其在他一六六三年從荷蘭人手裡取得全臺灣的控制權之後，種種國際局勢都促使幕府不得不用情報來武裝自己。

幕府的確逐漸發展出監控海外總體形勢、尤其是中國戰爭的機制。雖然這些機制在三藩之亂前就已經初具雛形，但是三藩之亂的爆發才讓幕府的情報組織展現出最大的活動力。這場叛亂使東亞在海上和陸上都持續了將近十年的動盪，也使日本和朝鮮的一些人燃起復興明朝的希望。[139] 雖然日本在一六三〇年代頒布所謂的「鎖國令」條文，更早的時候還有禁止武器輸出的禁令，但是三藩之亂時北京的確懷疑日本可能派遣援軍到戰區。[140] 江戶在一六四〇和一六五〇年代拒絕了鄭芝龍和其他南明將領的派兵請求，但是當耿精忠在一六七六年提出需要「軍用」硫磺時，幕府卻同意賣給他，最後也確實透過那霸將硫磺運給耿精忠。[141] 因此眼看著在日本人眼中，其實滿族和蒙古人並沒有什麼區別，兩者都是「韃靼人」。

滿族即將統一中國建立清朝，才會喚醒日本人對十三世紀的蒙古入侵又將捲土重來的陰影。南明隆武帝也明確地提醒幕府十三世紀入侵的蒙古人和十七世紀橫掃中國的韃靼人之間的關係，這麼做一方面是想暗示幕府正面臨著新一波的威脅，二方面也是在提醒日本：當年將韃靼趕出中國、為日本人報仇的正是他的明朝。為阻止他預見的韃靼人入侵，[142]三藩之亂促使熊澤蕃山在一六七〇年代向江戶訴請加強國防，以阻止他預見的韃靼人入侵。[143]在這樣充滿威脅的環境中，幕府必須防患於未然，第一步就是布置情報網，好讓幕府有足夠的訊息為任何可能發生的事做好準備。

幕府曾經於一六四〇年代審慎考慮在軍事上積極支持明朝的復興運動，也曾經為了應付三藩之亂，而建立和動員了大規模的海外情報系統，這些都改變了日本在驅逐葡萄牙人之後的對外政策形象，也提醒人們必須重新審視德川幕府成熟階段中日本與亞洲環境的關係。

幕府的情報系統在方法、組織和執行上都與現代的外交和軍事情報系統極為類似。如果拋開技術和交流方式上不可避免的差異，本節討論的情報網其實對於中國軍事理論的先驅者、周朝的孫子，以及美國「情報技術」的主要倡導者、二十世紀中葉的杜勒斯，或是任何一個在領事館或情報機關工作過的人來說，都不會感到陌生。[144]

從德川制度的原則來說，幕府情報網中的某些機構（例如對馬藩和薩摩藩）儘管並非全然直接受控於幕府，不過整體來說，它們至少在蒐集情報方面還是會順應幕府的意願和政

策。其他機關（尤其是長崎的機關）則是直接由幕府指派人事，因此受到江戶較嚴密的控制。

江戶安排情報機關的方式、情報從海外流向日本周邊再流向江戶的方式，以及江戶對情報信息的處理，勾勒出了幕府的神經系統的輪廓。家光在一六三四年重組行政機構時，規定以老中作為對外政策的實際控制角色，家綱在一六六二年又再次確認了這件事。[145] 收集情報的工作指令會透過規範化的通信管道，從江戶傳遞到長崎、對馬和薩摩。長崎奉行、對馬藩與薩摩藩藩主必須依職責啟動他們的網絡——或是（如果是在長崎）訊問從海外來日本的人，或是向那霸和釜山的海外線人傳達進一步指示。這些情報路線基本上和日本海外貿易的主要進出口路線重疊。[146]

應這些指示或自發性地送回江戶的情報都會直接交給老中，或是透過林家家主轉交。林家的角色本質上屬於技術官僚，他們會將漢文文書翻譯成日文，進行研究並撰寫要提交給老中的報告。不過，一六三四年的機關重組規定審議情報和決定適當回應政策的權力掌握在老中之手，實際情況也是如此。老中有時候會諮詢御三家藩主的意見，或是與最高位的譜代大名（彥根藩藩主）磋商，也經常詢問將軍本人的看法。

老中收到情報後，就會制定政策和採取行動。是否要軍援明朝的復興運動在一六四六到一六四七年成為一個議題，某些瞭解老中政策審議內情的人似乎期望幕府在不久的將來派遣援軍到中國，然而這時戰區卻傳來鄭芝龍軍隊崩潰的最新消息，因此老中便停止對軍援問題

做進一步討論。這個決定顯然好過三世紀後的豬玀灣事件。雖然也有些幕府的政策制定者強烈反對介入戰爭，但是介入的選項的確曾經得到明確考慮，而且支持介入中國戰爭的人已經有了許多戰略構想。或許應該說，持慎重觀點的人在接到福州的新情報後更加堅定了他們的立場，而支持參戰的人的立場則被這些報告所瓦解。

中止可能會帶來災難的軍事冒險，是幕府收到情報後的政策回應；而在一六四〇年代下令長崎奉行和九州及西日本的大名要提防明朝的難民船和加強軍備，則是另一種回應。[147] 不過，雖然幕府根據一六四〇年代的情報放棄軍援南明，但卻在一六七〇年代決定以有限而保持距離的方式參與三藩之亂，並且同意把硫磺賣給耿精忠。然而，幕府最主要的回應還是下令位於國境的情報機關收集更多情報並指示進一步的外交行動。[148]

此外，這些組織制度顯然在整個德川時期都維持著重要性和活力，雖然一八四〇年代和一八五〇年代初的政策回應已經不若一六四〇和一六七〇年代那樣有效。例如在一八四〇年代，老中阿部正弘與身為親藩大名的水戶藩藩主德川齊昭針對未來的對外政策走向進行了長時間的頻繁通信。[149] 雖然他們面臨的問題與十七世紀的不同，但是至少在培里到來之前，體制中處理這些問題的都是同一類人。就連林家扮演的技術性角色都沒有變化，將軍下令林韑將德川時期的外交先例匯整成冊，該書完成於一八五三年春天，也就是培里艦隊來航的前幾個月。[150] 即使已經到了這樣晚近的時間，還是繼續由傳統的情報網為江戶提供海外情報，例

如在中國的太平天國叛亂時期，就是由宗義和向老中提交有關太平天國運動進展的報告。[151] 過去和現在的政策制定者都可能獲得大量情報，但是如果無法判斷這些情報的品質優劣，這些情報就沒有太多用處。[152] 老中收到的情報品質顯然參差不齊。許多信息堪稱及時又準確，其中一些還包含中國的原始文件，尤其是叛軍的檄文和康熙的敕諭等。[153] 但是同樣也摻雜了大量錯誤情報。因為老中的決策過程沒有留下紀錄，老中對事情下達指令的紀錄也沒有留下來，因此幾乎沒有史料可以判斷幕府鑑別情報好壞的能力。我們有的唯一證明只是得自推論。抽查結果顯示從對馬路徑得來的情報有誇大的嫌疑，它誇大了軍隊人數和中國對朝鮮的要求。對馬藩在戰爭後期已經很難讓幕府接受它的報告，這或許反映出老中意識到從這條路徑得來的情報品質不佳。相較之下，可以獲得的琉球情報就有很高的可信度，因為它們是來自琉球人前往中國的親身經歷。得自中國人的信息量龐大，但是品質參差不齊。來自荷蘭人的信息不多，品質同樣良莠不齊，還經常有翻譯的問題。

我們在三藩之亂期間看到幕府的海外情報系統本質上來說是被動的。至少在這個階段，除了利用對馬藩在釜山的機構，或是邀請朝鮮的譯官來到對馬之外，幕府並沒有積極將行動延伸到日本國外。日本沒有派遣密探前往中國。當時實施的沿海防衛措施警戒程度也不足以防止叛亂影響到日本本土。不過長崎奉行的確為了保護琉球船隻不受到鄭經的襲擊，而與鄭經的代表展開協商。

這種被動的姿態與傳統上對德川時期對外關係的歷史描述具有某種程度的一致性。但是海外情報機構的存在和其重要性，以及幕府對於東亞局勢發展的關注，都意謂著這個傳統的描述需要修正。我們很難判斷老中這時候在多大程度上感受到威脅，即使他們也知道荷蘭人與三藩之亂的衝突雙方都有接觸。不過我們可以想見如果老中知道康熙帝正聘用比利時耶穌會會士南懷仁（Ferdinand Verbiest）為軍隊鑄造大砲，那麼他們應該會更加警惕。[154]在清朝取得勝利並統一中國之後，這個由「蠻夷」掌握的龐大而統一的中國讓許多日本人感到極其擔憂，他們擔心蒙古人對日本的侵略再次重演。當時著名的新儒學家熊澤蕃山在寫給女婿稻葉彥兵衛的信中，指出新局勢會使日本必須在接下來的一兩年內做好防禦襲擊的準備。蕃山曾經希望能與老中商討這次的國防危機，並於次年在他關於戰略和國防的備忘錄《大學或問》中詳細闡述了他的想法：「北方蠻族在占領中國之後進軍日本的例子不勝枚舉。而現在，他們已經占領了中國。」[156]

第五章 透過禮儀之鏡：照出理想世界的鏡子

> 人們常會試圖為自己創造出最適合自己的、簡化的、容易理解的世界圖像。然後，他們或多或少會用自己的這個宇宙取代經驗的世界，並壓過後者。……他們會以這個圖像及其構造作為自己情感世界的中心，好獲得在個人經驗的狹窄漩渦中得不到的平靜與安寧。……〔研究者〕的終極任務就是透過純粹的推理發現構成宇宙的普遍法則。……只有透過直覺才可以發現它們，而直覺是來自對經驗的共感理解。
>
> ——愛因斯坦，一九一八年

外交禮儀和外交語言只有在國家透過高度形式化的象徵符號來展現兩國或多國之間的「秩序」時，才顯現出其意義。在多國林立的近世歐洲，這樣的象徵符號體系可能誕生於主要當事國之間的多邊拉鋸，或是在有明確意圖的商議過程中成形，例如維也納會議（Congress of Vienna）或巴黎和會（Versailles Conference）。¹ 特定外交文化中所使用的外交禮儀和語言可能經過刻意重組，就像維也納會議和巴黎和會那樣，也可能在幾十年、幾世紀的實踐累積中「自然」演變而成。不論是哪一種情況，外交禮儀和語言的共通點是都會構成一個正式的行為和語言體系，而一些當事者和觀察者認為這個體系如同一面鏡子，映照出相關諸國之間的道德、政治和軍事關係。也就是說，外交實踐在某種程度上與它所希求的現實排序可以被視為是同構的，因此「可能存在一個**模式化的結構**，串連起」所有禮儀體系的象徵符號。² 事實上，因為象徵符號的意義與它們和其他現實間的同構關係密切相關，再加上德川外交的象徵符號發展過程中，產生的爭議和協商體現了「象徵符號的選擇具有高度主動性」，³ 因此我們不僅能夠、也必須要「試著理解我們所謂的『現實』……和象徵符號之間的關係」，因為如果外交體系中的象徵符號——行為和語言——和外交結構之間存在任何可以被意識到的同構關係，那麼「象徵體系的符號就無法避免被賦予各種『意義』……（即使）它們最初本沒有任何意義」。⁵

初期的德川幕府試圖建立一套行為和語言體系，透過它來管理十七世紀的日本與歐洲入侵者、朝鮮、琉球王國、中國和東南亞國家之間的外交關係。德川幕府在建立和發展自身政權的同時，也在探索這些對外關係的行為和規範。這些禮儀規範必須被日本和希望與日本保持關係的國家共同接受。在德川時代初期，日本試圖與活躍於東亞的所有國家建立關係。但

第五章　透過禮儀之鏡：照出理想世界的鏡子

是最終，只有願意遵守日本制定的一系列規範和禮儀的國家才能夠在一六三〇年代之後繼續與日本維持關係。

日本利用的國際行為語言和規範根源於明朝時期支配了整個東亞的「中國型世界秩序」，即以中國為中心的國際秩序。[6]「中國型世界秩序」比用英語直譯「華夷秩序」（order based on the dichotomy between the civilized (i.e., Chinese) and the barbarian）來得精簡，也不像「朝貢體制」或「冊封體制」那樣帶有評判性質。[7] 在中國，這個秩序是根據儒家的道德規範所建構的「文明」，它體現在中國的國家體制中，並透過中國的皇帝——天子——加以人格化。天子擁有天命，他的職責是以身為天、人之間的中介者身分，透過恰當地行使禮儀來維持世界秩序。中國歡迎外國君主帶著他們的國家加入這個「世界秩序」，外國君主則必須以被稱為「表」的文書對中國皇帝稱「臣」，還要接受中國的曆法（這象徵承認皇帝是天、人的中介），並接受「冊封」，以確認他們身為自己國家君主的身分。

東亞的一些君主認為參與前述象徵符號的交換對於王朝和君主的正當性十分重要。例如對於初期接受儒家意識形態的朝鮮李氏王朝來說，「在中國型世界秩序中，只有天子能夠直接獲得天命。……李氏君主……無法直接受命於天，（因此）他要求助身為中介者的中國天子。……所以，在李氏王朝的國家運作體系中，明朝冊封的作用便是為君主提供最具權威的正當性認證」。[8]

中國周邊的國家對於中國皇帝自負地將自己置於宇宙的中心，以及以中國為中心的國家秩序，有著各自不同的反應。朝鮮應該是這個「中國型世界秩序」最積極的參與者，而日本顯然是最不情願的國家之一。有些國家，例如暹羅，只是為了在貿易和文化關係中獲益，才勉為其難接受了這個以中國為中心的世界觀。[9]另一方面，日本長期以來都不願與中國有這樣的關係，因為日本自己的國家意識（這在很大程度上與天皇神格化的神話密不可分），使得日本極難承認任何更高權威的存在。事實上，中日早期外交關係中有一份文書就表達出日本主張天皇與中國皇帝是處於平等地位，該份文書寫道「日出處天子致書日沒處天子，根據記載，〔中國〕皇帝看到後顯有不悅」。[10]只有室町時代的幕府為了獲取貿易利益，曾經短暫承認中國的宗主權，而且做出此事的將軍原本希望可以不經天皇許可。

日本的最後一位遣明使在十六世紀中期前往北京，最後一份勘合符也在之後不久燒毀。日本與中國的關係不論在當時或是之後都充滿爭議。當德川家康在十七世紀初認真考慮要尋求重建中日關係時，他立刻意識到自主的正當性模式具有的好處，以及其他替代貿易路徑的存在，例如林羅山在為幕府起草的、寫給中國的最初幾封信中，便堅持主張應「重修兩國之舊好，這必使兩國君心同感愉悅」。[11]羅山所闡述的宇宙中有中國和日本兩個中心，這個理念多半不會被明朝接受，結果日本並沒有加入「中國型世界秩序」，而是選擇退出。取而代之的是日本試圖建立另一個日本型秩序，這個鏡子

映照出的是以重新統一的日本為新核心的景象。

幕府在對外關係中試圖建立一套能夠反映出日本理想中的「世界秩序」的外交禮儀和規範，而且要獲得足夠多的外國認可，才能夠維持必要的貿易和文化交流。德川早期的日本就是以這種方式，在「本土化」新儒學意識形態的包裝下[12]重新宣揚日本中心主義，並透過幕府的外交禮儀展示於眾人面前。如果要勾勒出這種「日本型世界秩序」的輪廓，我們便要考察德川幕府與朝鮮、琉球王國、荷蘭和中國外交關係中的幾個面向，同時還要參考德川時代的思想發展。我們會主要聚焦在第五代德川將軍綱吉在位期間（一六八〇到一七〇九年），當時要觀察的外交規範都已經大致定型了。[13]我們會研究綱吉與朝鮮和琉球的君主與政府之間的外交文書，以及幕府接待外國使節團的外交禮儀。

到了綱吉的時代，朝鮮和琉球的慶賀使節已經成為新將軍繼任儀式中不可或缺的一部分。綱吉在一六八二年接見了朝鮮和琉球的「慶賀使」。研究江戶接待這兩個使節團的禮儀及各自在交換外交文書時使用的語言，可以瞭解日本對此事的看法。同時，我們也將參照肯普弗有關幕府在一六九一和一六九二年如何接待長崎的荷蘭商館館長的紀錄，並與幕府和長崎唐人町的關係互相比較。之所以選擇這些年分，部分原因是這些使節團前來日本的時間與清朝最後征服整個中國的時間（一六八三年）相近，不過更重要的原因還是它們發生在德川幕府的外交和禮儀成熟期，又留下了豐富的紀錄，因此足以代表從家光統治時期到十八世紀

為止，幕府**偏好的**外交形式和禮儀，因此為這方面的研究提供了一個很好的「文本」。[14]也就是說，綱吉任內的外交接待代表了德川時期大部分時候的理想禮儀。

為祝賀綱吉繼任第五代德川將軍而在一六八二年派遣的慶賀使節正是典型的例子。綱吉在同年接見了兩團慶賀使節：由朝鮮肅宗國王派遣、尹趾完率領的四百多人使節團（肅宗總共向江戶派遣過三個使節團，這是第一個）；還有琉球國王尚貞以名護王子為正使率領的近百人使節團。尚貞在十一年前就曾派遣使者前來感謝家綱冊封他為琉球國王。[15]兩隊使節抵達江戶後，先後受到綱吉的接見。

幕府將接見這些使節團視為象徵著權力從已故的家綱轉移到綱吉手上的繼任儀式的一部分，不過幕府也不是靜靜地等待這件事發生。雖然幕府及其官員堅持朝鮮是「自發地」派遣使者前來朝貢，就像林鵞峰在描述朝鮮使節團時所說的，[16]但是實際上，幕府早在琉球和朝鮮使節團預期抵達的很久之前就開始準備接待了。琉球、朝鮮或任何其他鄰國的國王要能夠「自發地」派遣使節團前來祝賀新將軍之前，得先被告知家綱在一六八〇年六月四日去世，由其弟綱吉繼任將軍之位。因此，幕府立刻要宗義真開始行動，寫信給漢城的禮曹參議，請朝鮮使節團前來日本：

吾人崇敬的大君突然逝世，舉國哀悼，臣民皆悲痛萬分。然八月時〔將軍〕已下令立

兩個月後，禮曹參判鄭鑰回信表達哀悼之意，宗義真也通知鄭鑰：綱吉已經在九月十五日「即位」。[18]翌年二月，義真對朝鮮的哀悼表示感謝，然後在夏末向禮曹去信，對派遣使節一事展開交涉。他先是代表幕府請求依循「舊例」派遣使節：

> 吾人崇敬的大君已繼承國家，榮耀先祖。按照舊例，應遣使對其表示祝賀之意，並重申邦誼。可在來年七、八月之交到達〔江戶〕。路途遙遠，盼勿耽誤日期。現任大君已有儲君，因此也可一併行祝賀之禮。[19]

宗義真隔月又寫信請求朝鮮派遣使者前來對馬，商討即將來日的使節團適用的外交禮儀。[20] 這個負責商議禮儀的使節團在仲冬帶著義真的信返回朝鮮，信中確認了即將成行的使節團基本上會依照最近一次（即一六五五年）的使節團的外交禮儀。[21]

幕府也透過薩摩藩藩主島津綱貴向琉球國王傳達了前述重要訊息，雖然綱貴與尚貞通信時用的語言，顯然不如琉球給綱貴的信中來得辭藻華麗且尊重，不過考慮到薩摩藩與尚琉

球事務的控制程度，這樣的不對等也在意料之中。尚貞在一六八一年十一月中向薩摩派去弔唁使節，島津光久將此事向老中報告，並說這次使節團是依循承應年間家光去世的先例（一六五二年）。²²兩週前，光久的孫子兼繼承人島津綱貴對琉球國王有意派遣名護王子前來祝賀將軍就任表達了感謝之意。²³

一六八一年十一月中旬，也就是朝鮮使節團預定到達江戶的十個月前，宗義真和朝鮮禮曹正商討著使節團的外交禮儀，老中於此時指定了幕閣中三名最重要的成員暫時主管接待使節團的準備事宜，他們分別是寺社奉行水野忠春、大目付彥坂重紹和勘定頭大岡清重，²⁴隔年春天又任命老中首座大久保忠朝為朝鮮事務的特別長官，即「朝鮮御用掛」。²⁵

在我們詳細討論將軍於千代田城（即江戶城）接見這兩個使節團的禮儀之前，應該先比較幕府與朝鮮和琉球交換的國書。如同新井白石日後指出的，²⁶這些國書是日本與朝鮮和琉球外交關係中最重要的指標。因此，考察日本與朝鮮和琉球分別交換的國書，對於評價日本如何認識自己與這些國家間的關係至關重要。

綱吉與肅宗國王交換的國書中最重要的一點，²⁷或許是兩位統治者都將對方視為平等的存在，從國書的用詞就可以明顯看出來，這也同樣適用於漢城和江戶之間交換的所有國書。

儘管東亞統治者通常將使用自己的名諱視為禁忌——中國和朝鮮相較於日本尤其如此——但是兩國君主都在國書中簽署了自己的實名。相較之下將軍更常使用自己的名諱，朝

鮮國王則只有在給中國皇帝的書信中才會使用實名，而不是其他迂迴的稱呼。

兩位君主互稱「殿下」，這意味著兩者的地位平等且互相尊重，將對方置於與自己對等的層級。這個稱呼比「陛下」低一階，朝鮮只會稱呼中國皇帝為「陛下」，日本則只對日本天皇使用這個稱呼。

肅宗的國書是以「朝鮮國王李焞『奉書』日本國大君殿下」作為開頭，日本則回以「日本國源綱吉『敬復』朝鮮國王殿下」。雖然「奉」和「敬」是兩個不同的漢字，很難判斷它們是否屬於同一等級，但在這封國書的前後，有九封將軍的回信中都是使用「敬」這個字回覆肅宗的「奉」字。《大漢和辭典》認為這兩個字可以被看作是對等的。

肅宗的國書以華麗的中文寫成，並不時冒出恭維的詞句來表達對日本將軍的敬意，但是其中沒有絲毫的自我貶抑。其實國書的內容基本上就是一系列官樣文章，與此前的六封國書和之後的五封國書都沒有太大區別。[28] 從這方面來說，這封國書也是繼承先例，與早期的李氏王朝和足利將軍之間的通信並無太大不同。日本和朝鮮之間各個層級的國書往來都是對等的，將軍和國王、老中和朝鮮官員、對馬藩藩主和禮曹參議在通信中也都將對方視為對等的存在。[29] 同樣重要的是在一六四四年明朝滅亡之後，朝鮮的國王和大臣在寫給日本的書信中就不再使用中國年號了。這意味著中國在日朝關係中已不再有任何公開的作用，中國也確實在日本的對外關係中完全失去了蹤影。[30]

因此，從江戶和漢城之間互換國書的形式、國書的內容和用語，就可以明顯看出朝鮮國王和幕府將軍都將對方視為對等的存在，在外交禮儀中是屬於同等級別。日本和朝鮮各個階層的通信也都在重複這種對等關係，強化兩者是對等的印象。《史記》和《漢書》以來的中國典籍將這種對等關係稱為「抗禮」，意為「對等之禮儀」。[31] 雖然我沒有在當時日本人的討論中明確看到他們使用這個詞，但朝鮮的政策制定者曾經用這個詞來描述李氏王朝和德川日本之間的關係。[32] 日朝之間關係平等的印象的確滲透到國家的各個階層。從將軍、老中到對馬藩藩主都只會分別選擇至少是對等的階層通信，並且互相使用尊敬語和自謙語。同樣的規則自上而下地被遵守，加強了兩國關係對等的印象。

幕府在同年稍早對琉球使節團的通信與日本和朝鮮的通信形成鮮明的對比。首先，最明顯的區別是尚貞王沒有資格將信件直接發送給將軍。尚貞在信中對「貴大君」繼位將軍一職表達慶賀之意，並將書信恭敬地「奉呈」╱「呈上」給老中。[33] 與朝鮮的鮮明對比或許是因為琉球是日本的藩屬國，或僅僅是因為琉球國王的地位被認為不足以和將軍直接通信，尚貞還被要求在給老中的信中提及他會向將軍朝貢。他對此事的描述是用「進上」這個動詞，這明顯有朝貢的意味。

在前現代的東亞世界——尤其是如果該國把中國的古代典籍視為典範——一個國家接受另一個國家的年號意謂著該國公開承認自己是年號提供國的藩屬國。事實上，在清帝國構

築的高度組織化、因此顯得十分清晰的對外關係體系中，藩屬國必須遵守的義務之一就是每年派遣使節去北京「接受曆法」，中文稱之為「奉朔」，這個詞也可以翻譯為「拜受天子的命令」。[34]

琉球國王尚貞在寫給老中的信中使用了日本年號，這等於是明白承認琉球是日本的藩屬國。琉球在一六○九年遭到日本征服，而且直到德川時代末期一直處於薩摩藩的支配下，因此，這個地位對於琉球國王而言是合適的。彷彿是為了強調日本與琉球間的這種等級關係，尚貞在寫給老中的信中為將軍的繼承人──體弱多病的德川德松──獻上了祝福，並稱呼日本是「華」國（字面為「絢麗」之意），而琉球是「裔夷之屬國」或「如吾小邦」。「裔夷之屬國」君王要在信的結尾對幕府、將軍和老中致上最大的敬意，「俯伏懇求尊貴的諸大老能夠使〔我的訊息……〕上達天聽……。」[35]

老中回信的語氣和琉球寫信的語氣有著天壤之別。老中的語氣沒有絲毫的自謙，甚至近乎高傲和專橫。大老堀田正俊[36]提到「將軍〔甚感〕愉悅」，信中還提醒琉球國王「獲賜之恩賚如目錄所列」，這句話若按字面意思解讀，暗示正俊認為將軍是天子。[37]

一六三○年代之後朝鮮和日本的所有外交通信都是基於對等關係的假設，各個參與者都透過外交禮儀努力維持表面上的對等關係，相較於漢城和江戶，朝鮮國王與日本將軍的通信，琉球國王不斷被要求在用詞和行為上表現出對將軍的臣屬。就像尚貞在為了祝賀綱吉繼

任將軍而送去的信中，明顯表現出尚貞承認日本的上級地位，但這也只不過是每一任琉球新國王繼位時都要展現出來的關係。每一位新國王都要既對中國表示效忠、接受中國皇帝的冊封，[38] 也要從日本將軍和薩摩藩藩主那裡獲得繼位的認可。[39] 為了得到後者的認可，每一位新任國王都必須向江戶派遣謝恩使，如同尚貞於一六七一年所做的那樣。尚貞在該年寫信給大老酒井忠清和其他四位老中表達感謝：「薩摩藩藩主光久於去歲接獲〔將軍〕之命，惠予我繼任琉球國王之位⋯⋯」他派遣金武王子出使日本，並在島津光久的陪同下獻上「敝國的一些產物」作為貢品，彰顯其感謝之意。[40]

經過十七世紀的頭幾十年後，幕府已不再與中國或荷蘭交換國書。雖然沒有法令明文禁止與這兩國交換國書，但是這的確成為「慣例」，並由松平定信在一七九〇年代寫入法規。因此，例如荷蘭國王威廉二世在一八四〇年代中期為將軍送去書信、嘗試向他提供國際局勢的建議，但幕府在多番討論之後，還是以沒有先例為由拒絕了這封書信，也沒有做出回覆。[41]

外交文書的語言只是一面鏡子，映照出作者構想中的「現實」，它是一種「象徵符號系統，本質上⋯⋯透過製造差異，**創造出**有意義的現實」。[42] 而外交禮儀也可以作為一種象徵性語言，表達出被構想出來的、或得到當事者認同的關係，最重要的是外交禮儀也是讓當事者間的交換成為可能的一套規則。[43]

從各層面來看，江戶幕府接待朝鮮和琉球使節是使用不同的外交禮儀，這一方面反映出朝鮮和琉球的等級地位有明顯差異，另一方面也有助於日本確認自己在世界中的地位。這或許也適用於幕府在江戶接待荷蘭人和中國人的狀況，中國人甚至不被允許前往江戶拜訪。我們應該審視幕府在人，因此相應地只受到低等待遇；荷蘭人只被當作不具有外交地位的商一六八二年接待朝鮮和琉球使節團的方式，再與肯普弗所描述的、幕府在大約十年後接待荷蘭人的方式相比較（肯普弗參與了一六九一和一六九二年從長崎到江戶謁見綱吉的這兩支荷蘭人隊伍）。

綱吉在一六八二年八月二十九日接見了所謂的朝鮮「三使」，即正使尹趾完和兩位副使，謁見的一行人除了三名使者之外，還包括十幾位隨從，他們在江戶城的「大廣間」受到盛大接待。[44] 綱吉在三個月前（五月十八日）接見名護王子時，則只有王子受到將軍親自接見。[45]

和其他重大國事一樣，幕府也下令大名要出席朝鮮和琉球的謁見儀式，但是兩次謁見分別要求不同地位的大名參加，這反映出朝鮮和琉球在德川眼中的不同地位。綱吉在八月接見朝鮮使者尹趾完及其隨從時，是下令由大老、老中和「統轄一整個令制國的四品以上大名」[46] 出席大廣間的儀式，因此此次謁見成為限高級大名出席的事務。出席這次謁見的四品以上二十幾名地位最高的外樣大名和親藩大名——就算所有這類大名都聚集在江戶，人數也不到所有大名的十分之一，但他們卻是大名中最重要的一群——以及構成老中和大老的四位譜代

相較之下，名護王子在五月進入大廣間時，一定能感受到自己的卑微，因為出席的大名地位較低，但是他們的人數卻多出許多。四品仍然是分界點，但這一次被要求出席的是「譜代大名和四品**以下**的大名」。[48]

兩次使節謁見的核心儀式都是由正使向將軍獻上國王和使節自己的問候，並致贈禮物。朝鮮使者尹趾完在八月到達江戶城，當時是三位使節被一同召見，他們先是進到「中段下第二疊」的位置，行四拜半禮表達朝鮮國王的問候，然後再退到離將軍上座稍遠的位置，又行了一次四拜半禮作為自己的問候。[49] 在此前的五月，琉球正使名護王子一樣是在大廣間受到接見，但他是在「下段下第四疊……代表琉球的中山王行九拜之禮」，然後「退到走廊邊，行自己的三拜之禮」。[50]

如果地位差異過大的人要向將軍進言，往往會由於地位過低而無法直接「上達天聽」，所以需要依照慣例透過有資格的中介者把話傳給將軍。如果是朝鮮使節要代表國王或他們自己獻上問候，這個傳話的莊重任務會交給「高家」中的一位，「高家」不屬於大名級別，但是他們的家系特別顯赫，會在幕府舉行特別重要的儀式時被交託任務，由此可以看出接待朝鮮使節的重要性。如果是琉球的使節（王子）要獻上國王的問候，中介的工作就會交給「奏者番」，「奏者番」是更為富裕的將軍儀典執掌者，但是在儀式中的地位重要性比不上「高

大名。[47]

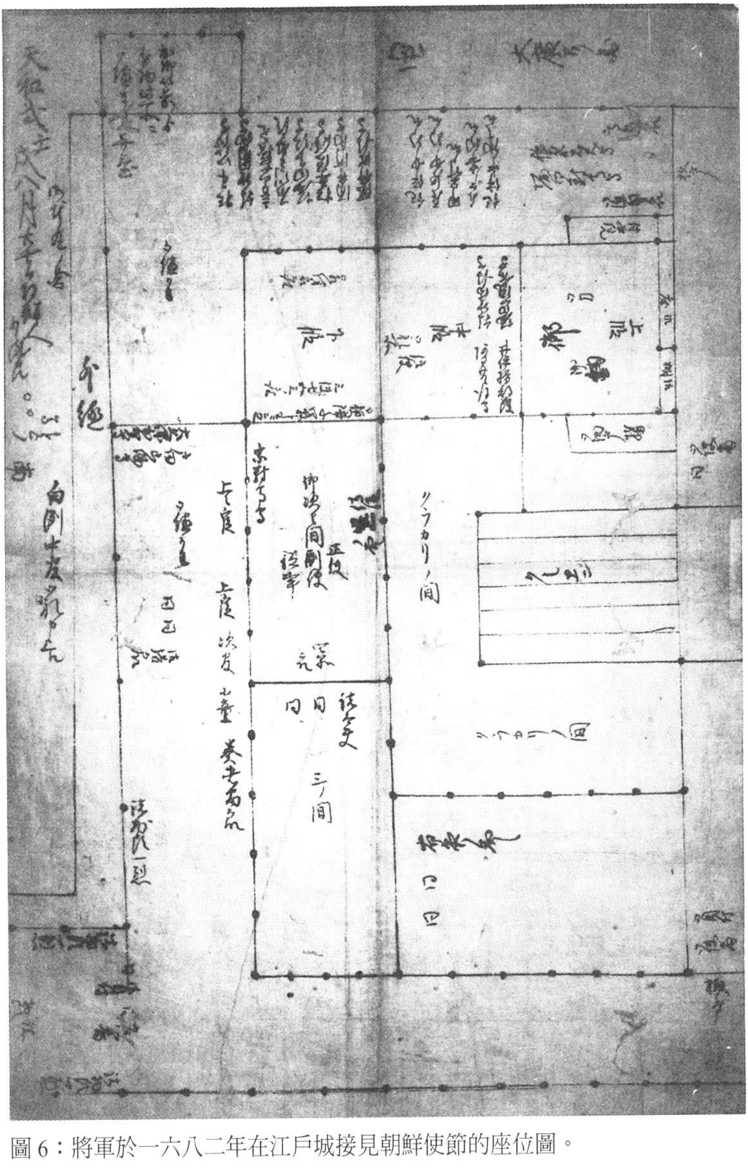

187　第五章　透過禮儀之鏡：照出理想世界的鏡子

圖 6：將軍於一六八二年在江戶城接見朝鮮使節的座位圖。

這兩次外交接待存在著極為明顯的等級差異，但是有一些人認為這樣還不足以準確反映出琉球在等級制度中的相對低下地位。荻生徂徠描述了一七一一年對琉球使節的兩次接見（一次是感謝德川家宣冊封尚益為國王，另一次則是慶賀家宣繼任將軍之位），徂徠的描述與人見竹洞對一六八二年接待使節情況的描述基本上並無不同。徂徠提到既然琉球國王臣屬於薩摩藩，就表示琉球使節的地位其實僅相當於薩摩藩的家臣，「只是因為幕府有懷柔之意，因此給予特殊待遇」，52才讓他們直接謁見將軍。

前文概述的禮儀差別勾勒出日本、朝鮮和琉球之間的等級秩序，而且在江戶分別接待朝鮮和琉球使節時，這種等級秩序體現在幾乎所有方面。舉例來說：朝鮮使節和他的隨從通常下榻於江戶馬喰町的本誓寺，費用由幕府支出；相較之下，琉球使節團則下榻於江戶的薩摩藩藩邸。朝鮮使節的六十五名隨從會分別在江戶城的五個大廳享用十五道菜的宴席，雖然綱吉本人不會和使節同桌共飲，但朝鮮的正使、副使和從事官會分別由綱吉的從兄弟——紀伊藩的德川光貞、甲府藩的德川綱豐（綱豐在一七〇九年繼承了綱吉的將軍之位）和水戶藩的德川光圀——陪同用膳。三人都被認為與自己陪同用餐的人是相同等級，因此會在大廣間內與朝鮮使節面對面而坐，使節坐在東邊，日本大名則坐在西邊。使節們由大老、老中和側用人領進席間，並由幾位大名的兒子服侍。53這場宴席以及同時間在松之間、虎之間、柳之間

和紅葉之間舉辦的宴席都會「依等級之分」一絲不苟地進行。[54] 琉球國王的使節就沒有這類宴席。名護王子啟程回國時，也沒有老中代表將軍來他的下榻處告別，但尹趾完和他的隨從離開時就有。

我們在這裡看到的是日本對外關係中的二重體系，幕府將軍朝鮮視為對等的國家，琉球則是地位較低的藩屬國。兩國都派遣使節到江戶，都與幕府交換問候的國書，兩國使節也都有謁見將軍以促進彼此的關係。所有場合的外交禮儀和用語都有等級的差別，這反映出一種等級秩序，而這個秩序存在於構成德川意識形態的儒家價值觀、以及日本要維持傳統自我認識所建構的世界中。[55]

然而，在這個二重等級下，還存在著其他對應的對外關係等級，這主要是指日本和荷蘭與中國的關係。這兩國都被允許以私人的形式參與長崎貿易——分別是以荷蘭東印度公司和中國私人商人的身分——但是他們都不被承認是其國家代表。因此，他們不會與幕府進行國與國之間的書信交換，他們的君主也不會與將軍交換國書或進行官方問候。

這兩個國家中，只有荷蘭東印度公司的代表被允許到江戶為將軍送上問候，這是荷蘭商館館長的義務，在十七世紀時通常是每年一次。[56] 幕府的紀錄中提到荷蘭人一行——通常包括「荷蘭商館館長」、荷蘭商館的醫師、另外兩名荷蘭人以及通詞——會前來江戶為將軍獻上貢物。荷蘭人有前往江戶並受到將軍接見的特權，因此他們的地位略高於在長崎的中國商

人，中國人不被允許前往江戶，更不要說獲得接見了。荷蘭人和中國人的差別類似於日本國內武士階級在排序時的重要身分差異：有權謁見將軍或藩主（「御目見」）的家臣，較之沒有這項特權的家臣地位更高。[57] 我們會在後面詳細討論新井白石在一七一五年為了進一步彰顯中國的低下地位，試圖強制中國商船使用印有日本年號的貿易許可證。

幕府接待荷蘭人的儀式比對朝鮮人或琉球人的待遇更為簡單，從歐洲人的眼中看來肯定感到更為羞辱。當然，至關重要的一點是荷蘭人沒有被認為是他們的國王或國家的代表，因此雙方不會交換要向將軍表達問候的國書。其實紀錄中也顯示將軍並非像對待朝鮮或琉球的使節那樣「引見」或「入謁」荷蘭人，而是像「觀賞」朝鮮馬術團或琉球樂師的**表演**那樣「御覽」和「上覽」荷蘭人。[58] 幕府用來接待荷蘭人的外交禮儀也反映出荷蘭人的地位較低。例如在一六六五年四月五日接見荷蘭商館館長的禮儀是：

將軍現身（「出御」）在大廣間，就座於上段。此時，荷蘭的商館館長獻上問候，並由松平備前守（御奏者番）通報。將軍隨即入內（「入御」）。接著，〔荷蘭人〕在北條安房守和保田若狹守〔兩人皆是負責管理禁教之事〕和一名通詞的引導下走過御書院的矮廊。〔荷蘭人〕從距離上段最遠的走廊邊行禮，然後沿原路退去。他們的貢品在將軍「出御」前就已經擺放在矮廊上、將軍目光所及之處。[59]

如前述的簡短行禮之後，荷蘭人通常會被叫到將軍和陪臣的面前：「於一六九〇年四月七日，在商館館長公開行禮之後，四名荷蘭人在『御座之間』（起居室）受到短暫『上覽』。」[60]隔年也一樣，「於一六九一年三月二十九日……四名荷蘭人在『御座之間』受到『上覽』。」[61]肯普弗正是四名「荷蘭人」中的其中一人，他其實是一名德意志人，是日本荷蘭商館的醫生。他留下了對一六九一和一六九二年將軍「上覽」的紀錄：

在……謁見之日，獻給陛下的貢物在攝津守〔長崎奉行川口宗恒〕和負責審查對外事務的官員看管下，依序放在有上百張榻榻米的大廳木桌上，讓皇帝可以看見它們。……我們被要求在警備室裡等候，直到被領進廳中謁見為止，都要待在那裡，我們被告知等到高官都聚集到宮殿之後，就能立即展開謁見。我們受到兩位警備首長的友好接待，他們向我們提供茶和煙草。過了一會兒，攝津守、兩位長官和幾位我們不認識的朝廷官員前來問候我們。等了大約一個小時──在這段期間內，老中和若年寄等許多國家官員或是步行、或乘轎，都進入了宮殿──我們被帶領穿過兩扇莊嚴的大門和一個大廣場，在通過第二扇大門後，踏上了幾級臺階便進入宮殿。從第二扇門到宮殿前只有幾步之遙，當時擠滿了侍臣和護衛軍隊。我們從那裡又被領著走上兩級臺

階進入宮殿，入宮後，我們先是進入玄關右邊一個寬敞的房間，所有要謁見皇帝或官員的人在被傳喚之前都是在這裡等待。這裡是一個寬敞且挑高的房間，但是當所有隔扇都被拉上時，卻變得很暗，只有些許光亮會透過上層的窗戶，從隔壁放置皇宮家具的房間裡透進來。這個房間的裝飾華麗，體現出這個國家的風格，它鍍金的柱子、牆壁和隔扇都令人賞心悅目。我們在這裡等了一個多小時，皇帝此時也在接見的大廳就座，攝津守和兩位官員進來，把我們的代表帶到陛下面前，我們其他人則留在原處。

他也領命用手和膝蓋爬到先前指給他看的位置——也就是按順序擺好的禮物和將軍所坐位置的中間，他跪下、鞠躬，額頭都快碰到地板了。行完禮後，他又像隻螃蟹一樣爬著後退，其間都不發一語。我們對這位偉大君主的謁見儀式就是這麼簡陋而短暫。62

在肯普弗描述的「拜謁」過後幾天（拜謁是他們「以前在皇帝宮廷中得做的事」——「進到宮殿更裡面的地方，荷蘭人一行被要求——和他們在「過去約二十年間」所做的事一樣——「讓皇后和朝中女性以及宗室女眷觀賞，作為娛樂」。63 接著，有「四名荷蘭人在御座之間受到『上覽』」，64 這些歐洲人被要求「走路、站直、互相問候、跳舞、跳躍、扮演酒鬼、說蹩腳的

日語、讀荷蘭語、畫畫、唱歌，穿上披風，再脫下⋯⋯」。肯普弗「一邊跳舞，一邊唱著高地德語情歌。用這類方式和其他無數類似耍猴戲的行為折磨自己，來為皇帝和宮廷提供消遣」。[65]

雖然接待朝鮮和琉球使節團的過程中也包含娛樂活動，但是這兩隊使節團都是帶著專門的表演者隨行──朝鮮是馬術團，琉球則是樂師──而不是由一般的隨行人員負責逗樂將軍，提供消遣。[66] 不過，不同於朝鮮使節團還獲得日本的演奏作為回禮，無論是能樂表演或是一七一一年的雅樂表演，[67] 琉球人和荷蘭人都沒有機會欣賞將軍提供的表演。和一六九一年那四名「荷蘭人」的精彩表演一樣，朝鮮的馬術團表演也被安排在城牆外特別打造的觀看臺上供「上覽」。

此外，「荷蘭商館館長」每年要到訪江戶一次，為了從幕府那裡收到修訂後的義務條款，這些條款包括荷蘭人對將軍應盡的義務，以及荷蘭人為了維持長崎貿易必須遵守的規範。正如肯普弗所言，「在〔荷蘭人對將軍進行首次拜謁的〕幾天後，日本方就向商館館長宣讀了一些關於我們的貿易和行為的法規，館長也以荷蘭國民的名義承諾會遵守這些法規⋯⋯」。在肯普弗首次前往江戶的那一年，這個儀式是在他們一行人要動身返回長崎的前兩天（四月二日）進行的：「不久後⋯⋯大使就被帶到左邊的一間大廳〔大廣間〕，他要在那裡行禮，一邊行離別的拜謁，一邊聽取皇帝的命令，其中包括五項條款，主要都與葡萄牙貿易有[68]

荷蘭人接受這些指令之後便返回長崎繼續他們的商業活動（雖然他們當然沒有嚴格遵守），直到隔年。長崎的荷蘭人只能夠住在一個離長崎港口幾碼遠的人造小島——出島。在離荷蘭人不遠的地方有長崎唐人町的寺廟和住房，中國人在日本受到的限制比荷蘭人更多。中國人甚至沒有前往江戶接受將軍「上覽」的權利。中國人也要遵守日本的條例，每年都要聽取「御法令」的「宣讀」，但是中國人無法到江戶城聽取宣讀，也不是由直屬於將軍的長崎奉行執行宣讀，而是由長崎的通事執行。每當有中國船隻抵達港口時，都會由長崎通事進行法令宣讀；此外，荷蘭人到達和離開時，也都會被要求提交承諾遵守法規的保證書。[70]

幕府在一六二一年拒絕與中國建立國與國之間的直接關係，之後便將中國降級到外交序列等級中最低的一級，將中國人限制在遙遠的九州，由長崎奉行加以管理。從家康晚年便是如此，林羅山說這標示出中國人被賦予的低等地位。林羅山在一封透過長崎奉行轉交給中國人的書信中解釋道：「對待蠻夷就如同對待奴隸，因此這些〔與中國通信的〕事務交給像〔長谷川〕藤廣和〔後藤〕光次等低階的臣下即可。」[71]

從家康晚年開始，幕府的做法就是透過長崎奉行管理中國人，只是在一六三五年之後才將所有唐人貿易限制在長崎港。中國人也曾經試圖與幕府取得聯繫，或是前往江戶與幕府交涉，像是浙江總督在一六一九到一六二一年間提出的貿易條款，或是鄭芝龍在一六四五到

第五章 透過禮儀之鏡：照出理想世界的鏡子

一六四七年間尋求幕府協助其復興明朝，但是他們的努力都以失敗告終。如同中國在自己的港口城市透過低級官員與「蠻夷」交涉，幕府——用林羅山的話來說——在長崎也是以相同的方式與中國人這樣的「蠻夷之輩交涉」。例如羅山所寫的一連串書信雖然是「依家康之命所寫」，但還是要署名「微臣」，因為這才是適合與蠻夷和奴隸打交道的身分。同樣地，幕府也認為崔芝和鄭芝龍的書信不值得上呈給將軍，甚至沒有資格得到老中的正式回覆，與「蠻人」的交涉留給大目付和長崎奉行即可。[72]

幕府最後在一七一〇年代完成了把中國商人和中國貶為國際秩序中最低等級的「蠻夷」。幕府在一七一五年採納將軍的儒學顧問新井白石的建議，發布《正德海舶互市新例》來規範長崎貿易。[73] 這些條例中有一項是要求前來長崎的中國商人必須攜帶所謂的「信牌」（即通行證），它們是由長崎的唐通事會所代表幕府發給商人。這些信牌上使用的語言勢必會冒犯中國官員，因為它們用的是日本年號，而且採用「勘合」的形式，[74] 它們很類似十五、十六世紀的中國明朝政權要求前來中國沿海貿易的日本船隻要攜帶的勘合符。

新井白石於一七一五年春天起草條例後，在同年四月向長崎的中國商人宣讀，其中的內容包括幕府之後將「對遵奉我國法規的（中國人）授予信牌，准許他們來此處進行貿易，不奉行我國法規者則不許其進行貿易，並將立即遣返……」回中國。[75]

「新例」有幾個目的，包括限制來長崎貿易的商船數量、限制長崎的貿易總額以及從長

崎港流出的日本貨幣。[76]「信牌」是以明朝的勘合符作為範本，這清楚顯示出林羅山的對外政策理念：之所以要把中國商人遠遠地限制在長崎，只派「微臣」與之交涉（誰會比通事會所的位階更低呢？），是因為中國人只是低階的蠻夷；信牌上寫的是日本年號；不稱中國為「大清」（這是外交文書中經常使用的正式名稱），而是以「唐」（日語中對該國的俗稱）稱呼中國；信牌使用勘合的形式；而且是以中國人要遵行日本的法規為前提。如果中國商人接受了日本的年號，是不是就意味著中國人將中心讓給日本、承認日本在世界的中心地位呢？

「信牌」制度的主要目標之一是減少來到長崎的中國船隻數量，因此在新例發布時停在港口的五十一艘船隻中，不可避免地會有一些船隻因為信牌不夠而無法進行貿易。總而言之，最後只有四十七艘船被允許繼續貿易：來自寧波、南京、廣東、臺灣和廈門的船隻可以繼續，來自福建的船隻則被排除在外。憤怒的福建商人兩手空空地回到中國之後，向政府提出了抱怨，但他們不是抱怨自己被排除在貿易之外，而是指責「浙江和江蘇商人接受了標記著日本年號的信牌，這無異於接受以外國蠻夷的年號為正朔，對日本稱臣，因此背叛了（中國）朝廷」。[77] 也就是說，這些被排除在日本貿易之外的商人是抗議日本想要降低中國在國際等級中的位階。因為這已是既成的事實，向長崎當局說明其經濟困境也無濟於事。

還有些中國商人在第一輪發放信牌時不在長崎，因此被排除在貿易對象之外，後來又在對新例一無所知的情況下回到長崎繼續貿易。[78] 他們被要求在抵達的兩天內回國，也不准進

行貿易。唐通事會所告訴他們：「隨著近年來前往長崎的中國船隻數量增加，中國人的非法活動（例如走私）也日益增加，因此幕府不得不發布新例，控制中國人和限制他們的人數。「［幕府］已經發放了固定數量的割符⋯⋯雖然將軍也對他們感到同情，但是沒有割符的船隻還是必須遣返，否則將意味著將軍的法規不夠嚴格⋯⋯。」[79]

中國人對新制度的抗議持續了數年，既向長崎抱怨，也對中國政府申訴，還有一段時間，中國商人的信牌經常在回國後遭到中國港口官員沒收。[80] 不過，根據南京第十八號船的船員在一七一七年九月二十二日接受訊問時向長崎唐通事提供的報告，康熙帝在前一年秋天朝廷的一場大辯論之後，決定放寬相關措施。康熙帝下令將信牌還給商人，因為「其文字內容絲毫沒有觸犯國法」，也允許商人繼續從事貿易。[81] 報告中更引人注意的是康熙帝還同時下令中止中國除了跟日本**之外**的所有海上貿易。

信牌制度成功實施，也被中國皇帝所接受。它成為控制中國人進入長崎貿易的許可證制度，並持續發揮作用，直到德川時期結束為止。[82]

新井白石和幕府將軍讓中國人接受信牌制度，等於是成功剝奪了代表中國優越和中心地位的外交表徵符號──讓日本拒絕使用大清國號和中國年號，以日本的年號取而代之。中國人接受了信牌制度，且皇帝也默許這樣的情況，這暗示中國認可日本的優越和中心地位。新井白石的確成功將中國降低到日本眼中國際秩序的最低等級，也就是林羅山稍早構想的「蠻

夷」地位。

要讓一個象徵性的世界秩序起作用，其實未必需要該秩序的「創造者」和接受者在所有其他理念上也都達成共識。相反地，可能恰恰是因為特定的「事實」或「客觀現實」對於維持一個希望達成或需要擁有的自我形象和自我認識而言，是不舒服或不適合的，所以人們才要建構另一個屬於自己的、可掌控的象徵符號世界來代替現實。人們藉由遮掩現實中的特定面向，同時突出其他面向，來創造和維持他們希望擁有的形象。

為了使這類外交禮儀和象徵符號體系具有說服力，主導者並不需要讓它被所有人接受或有大量參與者，因為它滿足的是主導者情感深處的自我認識。這個體系的其他參與者也不需要共享主導者的自我認識或是同意他對象徵符號的理解。其實就像是曼卡爾（Mark Mancall）和其他學者所指出的，「中國型世界秩序」的許多參與者對於他們所接受的中國式解釋多少都有點懷疑。[83] 甚至有些國家還完全拒絕，或是提出了一些將自己置於世界中心的替代性解釋。如果要維持中國的自我形象和以中國為中心，最重要的只是中國的解釋有被外國接受的表象。不論他們是像朝鮮那樣熱情地擁護這套意識形態並樂於遵守禮儀，還是像暹羅一樣為了利益而行禮如儀，一旦離開中國就馬上拒絕中華意識形態，總之他們的所作所為都沒有引起中國的懷疑，中國始終相信全世界都接受了它的中心和優越地位，而這就夠了。

當這個觀念在十九世紀面臨挑戰，且中國因為無法強迫歐洲諸國和它們在中國的代表遵守這

此規範，而無力通過這個挑戰，這面象徵符號的鏡子就碎了，中華帝國也隨之土崩瓦解。

既然幕府有能力管理日本國內發生的對外關係要素，那麼要建立一個象徵符號體系來促進以日本為中心的世界秩序和以將軍為中心的國內秩序，應該也不是太困難。但是為了讓這個作為國家政策的象徵符號體系發揮作用，除了政府官員和政策制定者這類直接參與者之外，也必須有其他接受者：它必須轉化成國家的公開儀式，好讓大多數國民參與其中，即使只是作為旁觀者。在江戶時代，這個目標透過往來江戶的外國使節團得到了部分實現。當一六八二年的朝鮮使節團在八月二十八日從大阪沿淀川航行到京都時，譯官洪禹載記錄了他看到的眾多人群：「百萬名圍觀者像螞蟻一樣聚集在河岸……〔有〕一座浮橋橫跨水面，數不清的人排在橋上觀看我們。」[84]

在一六三〇年代中期，以一六三六至一六三七年的朝鮮使節團為代表，這種公開展示透過朝鮮和琉球使節團前往祭祀「東照大權現」家康的日光神社「參拜」，得到進一步加強。第三代將軍家光首次向朝鮮使節壬絨提議要前往參拜時，是由宗義成告訴壬絨「大君希望使節安排〔前往日光〕遊覽，此為本國之光」。四天後，將軍在接見使者時親自提出了這個想法：「若三位使者可以〔前往日光〕遊覽，可謂為本國之光。吾等定當喜不自勝。」[85] 壬絨拒絕了好幾天，但最後還是同意了。他最初拒絕的理由是日光之行不在朝鮮國王的命令中。[86] 事實上，還有一但是壬絨當然知道這段行程不僅僅是一次「觀光」，而是會被當作「參詣」。

此等幕府的紀錄稱這次參拜不是由家光提議，而是壬綂自己請求的，壬綂和兩百一十七名隨從是「如其所請，獲准前往日光參拜」。[87]

德川家光對祖父家康的尊崇是出了名的，他為了讚美家康的事蹟、宣揚對日光「東照大權現」的崇拜付出了極大努力。[88]家光不僅成功把這種尊崇轉化為全民崇拜，至少在上層的武士階級中是如此，且京都和各大名的城下町都建有東照宮的小分社；他現在還要求朝鮮和琉球使節團到日光參拜，向他祖父的神靈（神道的神和佛教的權現結合而成的家康之靈）表達尊敬。幕府製造了外國使節自發地想對「權現大人」表達敬意的表象，同時，幕府還運用收到的禮物和「貢品」，例如朝鮮在一六四三年送來的青銅鐘、或是陽明門前與朝鮮鐘相對擺放的荷蘭人燈籠來裝飾東照宮，進一步提升家康的神聖性。他們使「東照大權現」的神聖光環具有一種普遍對家康的崇拜擴張到日本的地理邊界之外。外國使節參拜的機制，使得對家康的崇拜擴張到日本的地理邊界之外。林鵞峰無疑也是這麼認為的，他寫道：「東照大權現統一國家時，〔蠻夷〕均因感念其德而受到教化（「投化」），此後未曾停止貿易往來，也經常帶來信件。」[89]他還指出一六一六到一六四四年之間留下的外交文書證明「我國以德服人的變革力量已經遍及海外之地」。[90]

德川的國家和社會中身分稍低的成員也會以自己的方式宣傳日本的中心和首要地位、以及外國均臣服於日本和將軍的幻想：藝術家和作家經常透過高雅藝術、通俗文學和廣為流傳的插圖小冊子（江戶和京都、大阪地區的書販會在每次使節團離開後出版這類小冊子）宣揚

有一幅高雅藝術作品《江戶圖屏風》，就是在宣揚幕府將軍、尤其是第三代將軍家光的繁盛。它是被家光稱作「左勝右臂」的酒井忠勝在一六三七年左右委託人創作的。[91]這雙由兩隻六曲屏風組成的作品和其他這類壯觀的藝術品一樣，扇面上描繪了一年中不同時節發生的場景，家光本人也出現在屏風的許多地方。不過畫中的核心場景是在不合比例放大的江戶城中進行的「活動」——這部分占據了屏風最中央的兩扇——畫的正是一六三六年朝鮮使節團抵達江戶城大門的場景。畫中描繪的是正使壬絨抵達的一刻，他正乘轎通過外圍護城河上的第一座橋，逐漸接近江戶城的主要大門「大手門」。仁祖國王給家光的禮物，包括虎皮、豹皮、隼和馬等十八種被許多人看作是「貢物」的物品，全擺放在大手門和三之門中間的廣場供人觀看，壬絨的數十名隨從此時則正在江戶的大街上和城門內列隊走向江戶城。[92]

如同壬絨抵達江戶城的場景被描繪在屏風的畫中，壬絨和兩百一十七名隨從達日光的畫面也一樣由當時的一位知名藝術家以畫作頌揚。狩野探幽在一六四○年受幕府委託，繪製了一幅東照宮歷史的繪卷獻給該神社。繪卷的文字是出自僧侶天海之手，畫中有壬絨參拜家康神社的場景，描繪他乘坐轎子抵達標誌著家康墓所入口的鳥居前的樣子。[93]天海的說明文字提到朝鮮人的拜訪：「朝鮮正使和副使最近前來武州參拜和行禮。他們來到日光山參拜，並在神社祭壇前祈禱。這體現了朝鮮人對此聖地的尊敬之心。」天海還附上三使留下的祝詞，

圖 7：朝鮮使者壬絖和其隨從抵達江戶城謁見家光。仁祖國王給將軍的禮物被放置在內圈護城河前。

並得出結論說：這些都證明「這個國家在這一代〔受到〕正確的統治，並將持續千秋萬代，這件事就如同天上的月亮一樣明確」。[94] 天海似乎相信「權現大人」的威光已經遠揚四海。

大眾的認知也同樣是如此，廉價的圖書和印刷品在民眾之間廣為流傳，讓人民同享外國使節團前來「朝貢」的榮耀。狩野永敬可能是受到幕府或某位大名的委託，而以繪卷的形式頌揚一六八二年的朝鮮使節團；[95] 使節團在江戶城外為綱吉獻上的馬術表演，也成為一本在十八世紀初、下一個朝鮮使節團到來前夕出版，描繪首都風光的廉價小冊子的版畫插圖主題。[96] 浮世繪畫師羽川藤永在十八世紀中葉畫了一幅著名的套色版畫，以金碧輝煌的富士山為背景，並以理想化的畫面來歌頌朝鮮使節進入江戶的場景；[97] 德川時代後期最著名的兩位通俗繪畫大師——十返舍一九和喜多川歌麿——創作了一本繪本，以紀念在幕府垮臺前到來的最後一個朝鮮使節團（一八一一年的使節團）。[98] 十返舍一九說使節團前來「就只是因為〔第十一代將軍德川家齊〕治世的榮耀⋯⋯」。因此他繪製這本小冊子是為了「將此〔書〕散布給無緣親眼得見朝鮮訪客華麗隊伍的人們，以及那些對於自己身處太平之國不知感恩的無知小童」。[99]

套用我們今天的說法，琉球使節團也不能免於被「媒體關注」。例如像《琉球人行列記》這類的廉價小冊子[100] 其實比狩野探幽的朝鮮人參拜日光圖流傳得更廣。而且，如同佚名作者在該書的序言中所說的，琉球使節團的意義在於「琉球最初是天孫氏〔即日本人〕的後裔⋯⋯

圖8：朝鮮使節尹趾完於一六八二年前往江戶城謁見綱吉。

圖9：對馬藩家臣抬著轎子，轎中是朝鮮國王肅宗寫給綱吉的國書。幾位朝鮮使節的隨從騎馬跟於其後。

從中心望出去

如同植手通有所說的，江戶時代的日本對外部世界的看法、或是日本的對外關係都是基於和中國一樣的新儒學「華」、「夷」二分法。[102]「華」、「夷」二分法根源於前現代中國的自我認識，也反映出中國與外部世界的秩序，但未必能夠完全「對應到」德川日本的情況。

不過，江戶時代的日本人，無論是新儒學家還是日本國學家，都或多或少接受了一種等級的規範秩序，並將這種秩序投射成一個以日本為中心的世界觀。[103]

我們不能夠認為，所有江戶時代的日本人無一例外皆認真而明確地相信有可能存在一個和中國中心的世界觀能夠一一對應的、以日本為中心的世界觀。[104]但在日本的「本土」思想和宗教傳統中，的確有一些元素可以支持並鼓勵類似的想法，讓日本主張其具有精神或道德上的優越和中心地位。這些理念因為新儒學的傳播及它將其道德秩序編進政治和外交秩序中而

而如今**和朝鮮一樣**是吾〔**大日本**〕皇國的藩屬國〔強調為作者所加〕……琉球自古以來就會派遣使者到日本，自一六四九年起更是固定遣使前來。此次是因琉球國王即位，而派使者前來謝恩」。[101]

圖10：這幅十八世紀的版畫是以理想化的方式描繪江戶百姓都出來觀看朝鮮使節團入城。

得到強化，並獲得更穩定的表達方式。接下來將簡要介紹這個「世界觀」在江戶時代之前和江戶時代中的背景與演變，並討論德川幕府對外關係中的主要意識形態機制，以及該機制是如何促進和支持這種以日本為中心的幻想。

日本人長久以來均主張日本的神聖性。最著名的說法就是「大日本者，神國也」——這是出自十四世紀記錄日本皇統的重要史書《神皇正統記》。不過，日本在對外關係脈絡中出現神國主張，最早是在三世紀時有關朝鮮新羅國的傳說描

述中——據說新羅國王曾說他聽聞「東方有神國，名曰大和〔日本〕……」。[106]

在那之後，日本乃神國的主張就經常出現在日本的政治話語中，尤其是在發生外交危機的時候。例如日本在一二七〇年就是以「日本乃神國」的主張拒絕了忽必烈汗要日本臣服於蒙古的要求。這也是為什麼日本人相信蒙古在其後的兩次入侵都是受阻於「神風」鎩羽而歸。[107] 同樣地，當朝鮮軍隊在一四一九年為報復倭寇的攻擊而襲擊對馬時，日本朝廷對於「神國土地」竟會發生這種事而感到震驚，也驚異於「南

圖11：隨從抬著琉球正使豐見城王子謁見德川家齊，一八三二年。

圖12：琉球使節於一八三二年攜帶著尚育王寫給將軍德川家齊的國書，在薩摩藩武士的護送下前往江戶。

蠻中國與朝鮮」竟敢攻擊日本。[108]

日本的神國意識強化了日本的優越感，這種優越感最常表現在日本與最近的鄰國朝鮮之間的關係。例如《日本書紀》充斥著古代朝鮮三國的國王向日本獻上「貢物」的記載，[109]甚至到了十七世紀之後，日本還聲稱朝鮮自認為是日本的藩屬國，如林羅山一六一一年的說法便是如此。[110]德川時代的用語將朝鮮半島諸國統稱為「韓」，這是《日本書紀》的年代對朝鮮諸國的統稱，這個詞一直有著「向日本朝貢的藩屬國」的意義，而李氏朝鮮的正式國名「朝鮮」則更有與日本對等的意思。

特別是在日本文化自信高漲的年代，日本主張自己與自稱「中華帝國」的中國平起平坐，甚至還優於中國；而中國自稱為「中華帝國」，就是認為自己優於周邊的所有國家。早在七世紀初，日本推古天皇就主張自己與中國皇帝對等，因此在國書中署名為「日出處天子致書日沒處天子」。[111]一百年後，日本在新的律令體制中將包括朝鮮人和中國人在內的所有外國人，劃分為「夷狄」，這表示日本自封為「中華帝國」的自我認識確實已經根深蒂固。[112]平野邦雄認為，推古天皇寫給隋朝皇帝的國書意謂著日本明確拒絕了先前承認的中國優越地位，也進一步拒絕參與以中國為中心的外交秩序，[113]這個行動類似於德川幕府在一六二一年拒絕加入明朝的秩序。

十六世紀末的日本和十三世紀末期一樣，再度面臨外國入侵的潛在威脅，這次是來自

第五章　透過禮儀之鏡：照出理想世界的鏡子

葡萄牙和西班牙等「南蠻」。豐臣秀吉就和一二七〇年的菅原長成或一四一九年的伏見宮貞成親王一樣，也利用日本神國論來應對這次危機。為了將耶穌會傳教士趕出日本，秀吉在一五八七年聲稱「日本乃神國，因此天主教之國的邪法顯然不適宜〔在此〕傳播」。[114] 四年後，當秀吉向葡屬印度總督講述他的征服明朝計畫時，又再次訴諸「日本乃神國」的前提。[115]

奈倉哲三在近年認為秀吉的神國思想不是源自於神的後裔、萬世一系的天皇，而是基於對戰神（八幡神）的崇拜，這種思想將世界劃分成天主教國家和「亞洲三國」（即日本、中國和印度）兩個部分。奈倉認為秀吉是在神國思想之上，依據以日本為中心的「華夷」秩序建構亞洲三國的「世界」。[116] 其實如果仔細閱讀秀吉寫給葡屬印度總督的書信，就會知道秀吉的日本中心主義也是源於他相信日本體現了儒家所謂的「華」（即「文明」）的理想：「人之處世以『仁』〔之美德〕為本。無仁義，則君不為君，臣不為臣。若遵從仁義，則倫理正道〔君臣父子夫婦之綱常〕成立矣。」[117]

日本和其他國家競相仿效幾千年來存在於國際關係和自我認識中的這種「華夷」秩序。

正如同中村榮孝所說的，許多所謂的「夷」國在中國思想的影響下也開始自稱為「華」國，對這些國家來說，「華夷」二分法激發了他們的民族意識。他們仿效中國的模式發展國內制度和吸收中國思想，同時也在某些情況下因為挪用「內」與「外」、「華」與「夷」的區別，而建構起以自我為中心的文化階級，並在這個階級中自封為「華」，並擔任「華」的角色。[118]

我們在日本民族意識的早期發展中，已經可以看到這個華夷模式的持續運作，尤其是在日朝關係、甚至是日中關係中，它在德川時代的前夕又會再度出現。

這個華夷秩序模式也潛藏在德川初期的對外關係決策者的意識中，他們制定的外交語言和禮儀便反映了這個模式。根據恩格爾（Mark Engel）的觀察：「我們創造了自己感知的世界，這並不是因為在我們的大腦外不存在現實世界……而是因為我們會從自己的所見所聞中選擇和剪裁，選出或剪成與我們對所處世界的信念相一致的樣子。」[119] 或者說，我們寧可相信我們所處的是那樣的世界。為了避免這個觀點聽起來像是一種國家的自閉症，在這裡必須引用費正清的話：「中國型世界秩序是一種理想的模式，它只有對中國人來說、而且只在規範層面才是一個完整的概念。」[120] 因此，正如田中健夫在十七世紀的日朝關係中觀察到的，早期德川幕府的外交政策目標「並非獲取書籍、習得技術或是賺取經濟利潤，而是要建立國際秩序」。[121] 而對日本來說，這個秩序是以日本中心主義為前提，且日本要擁有能夠完全主導外交事務的自主性。[122]

十七世紀的日本將新儒學徹底「本土化」，[123] 並且廣泛傳播，使得以日本為中心的歷史觀在德川思想中再次復甦。前文已經提到這個自負的觀念在德川時代之前就已經在某些日本人的心中成形了。日本中心主義也與對外政策的演變關係密切並相互影響，尤其是豐臣秀吉在德川時代前夕再一次將日本的神國論和中心主義思想帶入日本的外交實踐，甚至開始用儒家

學說包裝它們。

德川幕府建立之後，思想和外交持續相互作用，滋養著日本中心主義。例如林羅山在一六一〇年寫信給福建總督，信中指出以朝鮮為首的幾個明朝落屬國已經受到德川將軍德行「感化力」的影響；[124] 林羅山又在一六一一年初寫道：如若明朝和日本恢復邦誼，定將使「兩位天子龍心大悅」。[125]

當然，這些早期的書信還是會採用傳統的用語，尊重中國在東亞的優越地位，但這只是反映出德川日本的自我認識中持續存在的矛盾和不一致。中井（Kate Wildman Nakai）精妙地總結說這種認知失調在「德川的儒學家面對以中國為中心的儒學理論時」，表現得最為強烈。[126] 而且，「或許可以把日本對中國文明的情感稱為戀母情節，德川的儒學家缺乏與同時代的中國人面對面的機會，所以他們參與的是與看不見的對手一決勝負的比賽……〔因此〕與假想敵進行戰爭是德川儒學特有的一項特徵」。[127]

要贏得這場「與假想敵的戰爭」，一個重要的方法是將「中心地位」和「文明」等屬性與歷史和地理上的「中國」分離，將這些屬性轉化成抽象的、普遍的法則，這樣就可能發現它們對當代的日本也和中國一樣適用，甚至可能更適用於日本。關於令人滿意的日本國家形象要如何跟與之矛盾的傳統中國地位調和，以及我們在這裡關注的德川思想中日本「中心化」的傾向，已經由下列方向各異的學者做出詳細考察，例如：丸山真男、尾藤正英、植手通有；

哈魯騰尼安（Harry Harootunian）、馬里烏斯（Marius B. Jansen）、麥克馬倫（J. J. McMullen）與中井。[128]因此，我們在此處只需要提及日本中心化過程中一些最重要的思想發展，接著便可回到最初的論題：產生和維持日本自我意識的思想潮流與德川外交史之間的交互作用。

最初的論述，當然也是德川時代最早的論述，或許是來自藤原惺窩，他是以一種類似於傑佛遜式的國家平等概念，嘗試將中國從中心位置上拉下來：「凡『理』之所在，均為天下之土地。我國如是；朝鮮如是；安南如是；中國亦然。」[129]相較之下，惺窩的弟子、幕府外交的總策劃者林羅山則主張儒學思想的本質就是現世存在的等級秩序。[130]雖然林羅山在一些與中國的外交通信中也承認中國的地位，但還是可以明顯看出他堅持日本也有可與中國匹敵的對等中心地位。而且羅山更傾向以德川家族的正當性，而不是借用天皇的派生權力來證明這一點，例如他說家康統一了全國，將軍一職已經傳了三代而且還會繼續傳承，德川幕府的德行也具有「感化力」。他便是在此基礎上宣稱東亞各國已經對日本「稱臣」或是「前來朝貢」，現在已經有「兩個天子」了。羅山顯然是在外交語境與中日關係的脈絡下說出這些話的。羅山的兒子、繼承了將軍御用儒學家的林鵞峰在《鵞峰林學士文集》的幾處序言中進一步擴大了日本中心主義的圖像，並像前文提到的那樣，將這個圖像與幕府的外交實踐和外交禮儀體系做出直接的連結。[131]

幾位與林羅山和林鵞峰同時代的學者也開始深入闡述日本「中心主義」的概念──雖然

不是從外交層面，而是從道德和神道的出發點——這種傾向在新儒學「本土化」之後獲得更全面的表達。尾藤正英認為山崎闇齋、山鹿素行和淺見絅齋對於將日本轉變為「中華」（中央王國）做出了貢獻，而一六六一到一六八〇年正是這個轉變的關鍵時期。這三位學者都反對用具有獨占「中心」意義的正統詞彙（例如「中華」、「中國」和「華夏」）來描述清朝。他們主張使用能夠宣揚日本國威和強調日本獨特傳統的方式來處理外交事務，對於這些思想家來說，這個方式也包括天皇崇拜。

為了否認中國的特殊地位，當然不能夠再用帶有價值判斷的詞語來描述中國，這些詞彙將「中國」與其「中心地位」連結在一起。這就表示需要拒絕中國自己決定的正式國號，因為這些國號會暗示中國的優越和中心地位。因此，德川日本的多數文書不是使用「大明」、「大清」、「中華」或「中國」等暗示中國優越地位的名稱，而只使用「唐」來稱呼中國——「唐」是歷史上的通稱，因此是中性的。這個稱呼的確頻繁出現在日本的外交文書中，也出現在一七一五年到德川末期發放給中國商人的信牌上。

尤其是對山鹿素行來說，中國已因失去道德方面的優越性而失去了中心地位。素行在《謫居童問》裡提到，與日本不同，中國經常被蠻族征服，還接受了蠻族的統治。因此，中國人不僅失去了正統，也「不如本朝完整」。[133] 與此相對，日本則「武威揚名四海，甚至令外國心存懼怕，日本從未失去寸土，遑論曾被外國征服」。[134] 山鹿素行認為日本透過政治的穩定

和領土的完整實現了「道」，從而成為日本型「華夷」思想的中心，而中國只不過是一個「異國」。[135]

對於山鹿素行和其他許多人來說，中國落入夷狄（即清朝）之手，帶來了巨大的衝擊，也破壞了中國試圖維持的、在制度上的固有中心地位。林鵞峰在一六七〇年代後期寫道：「韃靼蠻夷奪取華國（指中國）已近四十年……然我國始終和平無波，四海昇平，德風廣被，（中國）商船紛紛受召喚前來長崎。」[136]南明不斷請求日本援助他們復興明朝、從「韃靼人」手中奪回中國，並有許多明朝遺臣相繼前來日本，寧願像孔子說的那樣「居九夷」，也不願意在外族的王朝出仕，這些都強化了日本認為自己現在才是真正「中心」的幻想。[137]

不過，被滿族征服不只影響到中國在日本知識分子心目中的形象，對大眾層面的影響也很深遠。近松門左衛門的《國姓爺合戰》是德川時代最賣座的戲劇之一，它從一七一五年到一七一七年中，在大阪的竹本座上演了十七個月。該劇主要講述母親是日本人的國姓爺（鄭成功）所領導的明朝復興運動，他試圖阻止清軍進犯並復興明朝的故事。在第一幕，於一六七〇年代發起三藩之亂的「忠臣」吳三桂將軍便告訴明朝皇帝：被韃靼人征服會使中國成為野蠻之地，如果聽信奸臣李蹈天的建議，「這片曾經孕育聖人的土地將落入蒙古人手中，我們將會成為他們的奴隸，這與動物的區別僅在於我們不會搖尾巴和全身長毛」。[139]就像是馬里烏斯提醒我們的，對於《國姓爺合戰》的這個段落和其他類似劇情「過分解

讀其舞臺表演的誇張效果是愚蠢的」。[140] 不過，日本的知識分子、政府官員和通俗文學作家的確都認為清軍就是「韃靼人」，也就是曾經在十三世紀入侵日本但是鎩羽而歸的那個民族。中國陷入異族的「蠻夷」王朝之手，的確有損日本人對中國人的評價，也玷污、甚至顛覆了中國曾經光輝燦爛的理想文化形象。畢竟，雖然同樣的「韃靼人」曾經兩度試圖入侵日本，但是日本都靠著道德力量抵禦了入侵，而中國卻屈服了兩次。《國姓爺合戰》顯示在十八世紀初，「這種觀念深入大眾文化，並且證明它對大眾是一個有吸引力的主題」。[141]

要將儒家典籍中的理想化中國和地理及歷史上的實際中國區分開來，並不是件容易的事，所以德川時代的儒學家也用了許多種方法來處理這個問題。有些學者——尤其是山崎闇齋創立的崎門派的學者——傾向於一種類似近代民族主義的立場。例如闇齋本人在一篇回憶藤原惺窩觀點的文章中提到：「以『中國』這個稱呼而言，每個國家從自身的角度來看，都會認為自己是『中』，『四外』各國則是『夷』。」[142] 因此，有一段著名的軼事便是闇齋告訴他的弟子：即使是孔子和孟子親自率領中國軍隊進攻日本，「我也會身披鎧甲、拿起長矛與他們戰鬥」，並生擒孔孟為國家效力。這也是孔子和孟子教導我們的。[143] 如山鹿素行等其他學者則主張日本比中國更能夠體現儒家道德，因為日本從未受到「蠻夷」王朝的征服，而且日本還是由萬世一系的天皇所統治，因此日本絕對優於中國。

還有學者認為最好的辦法是將「華」、「夷」的道德含義轉變成實際的意義，就像是太宰

春台所說的：外國人被稱為「夷狄」，是「因其缺乏禮儀，因此即使是『中華』之人，只要缺乏禮儀，便與夷狄無異；而即便是外『夷』，只要懂得禮儀，也無異於『中華』之人」。決定一個人或一個國家是「華」還是「夷」的標準，在於該國是否知曉適當的道德和遵守適當的禮儀（指統治的形式）。

顯然，要看一個國家是否知曉適當的道德和受到正確統治，一個極好的方法是觀察該國如何處理它與其他國家的關係。德川幕府所設計和維持的外交禮儀和外交語言體系就是在此處證明了它們的價值。德川幕府與周邊地區的其他國家和外部世界維持著看上去完全自主與自立的關係，並排除了那些不遵守日本外交秩序的國家，為培育日本中心主義這個幻想提供了一個溫床，這個溫床也讓日本本土的神國思想和儒家思想中的「華夷」二分法相互作用，轉變成日本是「華」、其他國家——甚至包括歷史上（即使不是制度上）——的中國是「夷」的新秩序。其他國家或是缺乏神國論的傳統，或是背負著因為承認中國的宗主權而衍生的責任，都沒能產生這種以自我為中心的幻想。以朝鮮為例，在面臨十九世紀來自西方列強的壓力時，朝鮮聲明它雖然是獨立國家，但也是中國的藩屬國，因此在外交事務上需要遵從中國的指示，也就是朝鮮試圖用它和中國的傳統朝貢關係作為國防安全的一道防波堤。

然而，日本在一六二一年拒絕臣屬於中國。幕府試圖根據以日本為中心的「華」國幻想建構對外關係體系，它的周圍會圍繞著幾個認同此秩序並向將軍朝貢的「夷」國，再以指向

144

145

第五章 透過禮儀之鏡：照出理想世界的鏡子

普世性神聖王權的詞彙將將軍加以層層包裝。日本不僅拒絕臣屬於中國，還主張與中國對等，甚至優於中國。畢竟，中國曾經屈服於異族蠻夷的侵略，而日本卻始終保持領土完整，不曾屈居於他國之下。新井白石甚至成功地在一七一五年讓中國商人承認日本的優越地位，就像是三百年前明朝對日本商人要求的那樣。甚至連中國皇帝都默許中國商人使用日本的信牌！其實沒有外國人真心相信這些外交花樣的含意，但是這並不重要，因為正如費正清在談到中國朝貢體制時所說的，對中國來說，重要的是它對中國人的意義；[146] 同樣地，對日本來說，重要的也只有日本人的想法。

日本在十九世紀中葉得以維持主權獨立和領土的完整性，丸山真男認為這有部分是仰賴日本早期自封為「華」的價值轉換所催化的結果，以及日本在其觀念中創造出**自己相信的、以日本為中心的「華夷」秩序**。因為在丸山看來，唯有在以日本為中心的「華夷」觀念催化下，日本人才有可能將幕末的鎖國和「攘夷」轉變成為日本的存亡要取決於「開國」的想法。[147] 不過，正如同中村榮孝認為的，如果要維持這種認識的基礎，日本必須退出以中國為中心的世界秩序——這種秩序在德川時代之前就規範了東亞的國際交流，並在德川時代繼續規範著中國與朝鮮，以及中國與琉球和其他周邊國家的部分關係。也就是說，「日本國大君」建立的外交讓日本獲得自主地位，就像是阿基米德的「支點」一樣，從這個支點出發，幕府就可以改變世界的樣貌。當其他原本在思想和外交上都依賴中國中心主義幻想的東亞國

家正在喪失獨立性,並落入西方列強——甚至後來還有日本——的支配,曾經拒絕中國中心主義、建構出以日本為中心的意識形態和外交體系的日本卻能夠更自由地行動,並維持其獨立、自主和國家的完整。

因此,當朝鮮在十九世紀中後期頻繁向中國尋求外交問題的建議和保護時,日本「扮演了中國的角色」,日本也同意自己的「藩屬國」琉球與外國締結條約——即使日本無法阻止法國在一八四七年強迫琉球國王簽訂條約,也無甚影響。[148]

此外,當日本在一八五〇和一八六〇年代再次面對外交問題時,已經具備了一套有例可循的外交禮儀和實踐規範。培里的船隻在一八五三年現身浦賀時,幕府下令編纂德川時代的外交先例和章程。[149] 哈里斯即將前往江戶簽訂一八五八年七月的《日美修好通商條約》時,將軍便是參考這些先例,決定是否應該用接待朝鮮正使的外交禮儀和等級接待哈里斯,還是他只能夠得到琉球使者適用的較低等級和禮儀對待。[150] 一年後,當幕府準備在一八六〇年向美國派遣第一批使節時,外國奉行向老中建議在準備這批使節與美國總統的會晤時,要參照一八一一年日本接待朝鮮使者的先例。[151]

幕府選擇建立外交關係的國家必須接受日本單方面(至少表面上看起來如此)制定的外交基本規則,這些關係是遵照以幕府為頂點的外交禮儀等級,幕府還拒絕了可能損害日本優越地位的中日外交關係,甚至構築了一個日本、朝鮮、琉球、荷蘭、中國之間由高到低的等

級排序，透過這些做法，創造出一個似乎實現了以日本為中心的「華夷」秩序的環境。這個秩序是培養日本型「華夷」思想的必要條件，雖然絕對不是唯一的必要條件。此外，雖然這個秩序本身顯然不足以維持它所孕育的日本型「華夷」思想和幻想，但是它確實從根本上支撐著映照出日本理想世界的思想之鏡。

第六章　結語

外交活動有助於建立國家，情報活動則有助於國家安全，而巧妙的建構和操作與鄰國的關係，則塑造出一種凌駕於現實之上的語言，將現實轉化成維護某種理想化世界觀的機制。因此也有助於維持國家所需的幻想信念和意識形態。當然，這樣的幻想信念和意識形態也存在危險，如果它們過分遠離現實，其保守特質可能會使國家無法面對新的形勢和環境，做出有效對應。

外交活動有助於德川政權在十七世紀初建立統治的正當性，情報網使得幕府在十七世紀中後期的東亞危機中，能夠充分掌握動盪的戰略和經濟局勢，外交禮儀和語言則使日本傳統的神國思想日益成熟，並轉變成新興的日本中心主義和民族優越主義的意識形態，最終將日本推進到二十世紀（前述機制都在十八和十九世紀持續運作）。它們構成了日本這個國家和民族的主要經驗，並形成日本對外關係秩序的準則。

這些準則有一部分是德川幕府早期的領導者和決策者制定的，有一部分則是從幾世紀的經驗中累積出來的，還有一些甚至看來是德川晚期的領導者對其先祖的外交活動或意圖重新解釋的結果。但不論是有意還是無意的、正確的還是錯誤的，幕府領導者就是靠著這種實踐、認識和意識形態的結合來引導其決策，而「大眾」——至少是有知識和政治意識的「大眾」——在幕府最後幾十年的衰落期挑戰中，也是藉由德川時代的過去來嘗試理解和評價政府、民族和國家的經歷。

就算是認為這些外交實踐和思想沒有與時俱進、或是認為它們不符合客觀的歷史事實，都不能夠否定它們對德川時代的日本人產生的影響。不論是在日常的國際秩序中，還是日本的政治領袖和思想家要對周遭世界的挑戰做出回應時，都借助著這個由外交實踐、語言和思想構成的集合，這個集合先是讓他們理解自身面臨的處境，然後協助他們做出回應。

當培里准將在一八五三年夏天率領小隊的「黑船」艦隊駛入江戶灣，要求日本加入國際社會，並接受西方依據幾世紀以來的經驗訂出的條款時，或甚至是更早的拉克斯曼代表俄國的凱薩琳大帝提出貿易和交流的請求時，這些西方人面對的並不是在外交上無知和缺乏經驗、像白紙一樣的日本。相反地，他們所面對的日本從歷史中繼承了一個「簡化的、易於理解的世界圖像」，以及支撐這個圖像的外交實踐和經驗，而歐洲人帶來一個堅決又富有挑戰

第六章 結語

性的新「世界圖像」，它與日本接受的圖像大不相同，兩者也無法互相調和。[1]

只要日本接受的圖像沒有受到來自國內或國外的劇烈挑戰，只要日本的神國觀念或是日本中心主義的圖像（「文明」的日本身處蠻夷之中）沒有被無法否認的經驗重荷壓垮，這個圖像就能延續下去，創造並依賴這個圖像的國家體制也得以維繫。

江戶在一六三九年下令終止與葡萄牙的貿易，最後一艘商船也離開長崎駛往澳門，但是這並沒有敲響日本在此後兩百年間對外關係的喪鐘。江戶一方面限制那些會損及日本和幕府利益的對外關係，同時也努力建構強化自身正當性的外交體系，確保在東亞深受戰爭和海盜侵擾的日本能夠安全無虞，並使日本保持穩定且不斷擴大的對外貿易。日本人無法自由航行於海外和日歐關係被切斷的確是一種損失，但是幕府鼓勵和擴大與其他地方的貿易往來，也彌補了一些損失。幕府在重要的政治和意識形態領域也有了巨大收穫。

德川家康和其繼任者的任務是要將日本對國際環境的矛盾情緒，轉化成能夠在政治、意識形態、安全和貿易方面替幕府、國家和民族服務的可行對外政策，而且這一對外政策要為日本人所接受、符合他們的身分認同。這樣的當務之急同時離不開日本與亞洲和歐洲的關係。我們在這裡分析了德川早期的對外政策在政治和意識形態方面對十七世紀的幕府確立正當性的作用，以及對外政策在隨後幾個世紀中對日本民族意識和日本的世界地位所產生的影響。

然而，幕府為自己在東亞建構的地位卻沒有依循明朝傳統上以中國為中心的世界秩序。

幕府的許多外交禮儀規範、甚至是國書的用語都源自中國。但幕府主張將軍要使用「日本國大君」這個史無前例的稱號、宣稱日本年號具有優越性、讓外國使節團前往江戶或京都，還仔細制定外交禮儀，以確保幕府的對外交涉中沒有承認任何高於日本的存在──幕府透過這些方式構築出一個以日本為中心、由日本人設計的東亞秩序的幻想。南明在一六四〇年代向日本請求軍事支援，還有明朝的文人遺臣從被清軍占領的中國來到日本避難，這些行為都強化了這個幻想。日本似乎是決定方向的主體，而不是被動的一方。

在德川時代初期（十七世紀），幕府善用與其他亞洲國家、甚至在日歐洲人之間的外交關係，為幕府創造出最大限度的國家權力和權威的正當性，幕府尤其重視要在對外關係中強調家康是「日本國」的代表。

從十七世紀中葉以來，幕府先是逐漸加強對天主教徒進出日本的限制，而後限制日本人遠航海外，並發展出一套在保持距離的情況下收集情報的方法，讓德川的亞洲外交有助其維護國家的安全和穩定。

不過最重要的是：日本的外交制度、外交實踐和決定日本與其他國家和民族間關係的思維模式，以及日本維持外交關係秩序的**應然**方式，都離不開德川日本的「自我認識」演變。德川時代的外交和意識形態培養出一種共生和互相滋長的關係，在制度上體現在德川外交禮儀和語言中，在思想上則表現在德川知識分子的作品裡。德川思想的這兩種外在表現

都強調日本的自主性（不參與中國的世界秩序、對外交事務有自主決定權），日本不是與中國同屬於最高位，就是取代中國，成為該秩序等級中的頂點，因為中國被蠻族征服而道德敗壞，已被降為最低的蠻夷層級。

考察德川早期對外關係的這些演變，也揭露了幕府內部運作和制度的某些變化。家康時代的幕府還未確立由何種機構來明確負責對外政策的制定或執行，當時的國內政策和行政也是如此。幕府早期的許多對外政策的決策和執行都是仰賴自三河國以來就跟隨家康的忠實家臣，例如本多正純，這也跟國內政策的情況一樣。家康還會任用禪僧，先是曾經在秀吉手下擔任過類似職位的西笑承兌，然後是以心崇傳。崇傳接著持續侍奉秀忠和家光，直到他於一六三三年初去世。在這件事情上，家康延續了讓禪僧擔任外交職位的中世紀傳統，此傳統原是在足利將軍的時代達於鼎盛。林羅山代表從早期的任用禪僧轉變為德川時代任用儒學家為官員的過渡。就像新儒學從中世紀的禪學中脫離出來、在十七世紀的日本成為一門獨立的學問，應將軍要求而披上禪袍的林羅山也開始嶄露頭角，確立了儒學家官員在幕府中出任將軍外交顧問的地位。

到了一六三〇年代中期，隨著幕府內部機構大致趨於規範化，對外事務也得到了統一管理。幕府在一六三四年新制定的規章中，將對外事務放在重新定義後的老中職權範圍內。以心崇傳去世後，禪僧在幕府決策機構中的角色開始減弱，江戶的僧人降級為文書起草者。不

過，幕府的確也讓僧侶繼續在特定領域負責他們的傳統職務，他們被安排在對馬的以酊庵，一方面監視對馬藩主，另一方面也讓幕府得以在某種程度上控制日本與朝鮮之間的書信往來，並確保幕府的地位不受僭越。之前由西笑承兌和以心崇傳負責的職務漸漸集中到林羅山手裡，這些職務制度化後成為幕府官方學者林家的部分職責。[2]

老中和林家可謂幕府的對外決策中樞，只有少數例外——正如一六三四、一六六二年重申的老中職務章程設想的那樣。長崎奉行、對馬藩主和薩摩藩主都會重要的外交事務向老中報告，並聽取老中的指示。有時候他們也可能直接與將軍商談，像宗義成在一六四七年便是如此。只有在處理南明請求日本軍援的問題時，德川的御三家和譜代大名才會成為主要決策者（當然，他們也會在發生危機時以「大老」的身分被要求加入幕閣討論）。但即使是在這種情況下，決策也是透過老中評議來進行。

一些簡單的事項可以由長崎奉行處理，像是遣返遭遇海難的船員，所有接受和送回遣返者的事務也都是由長崎奉行和對馬藩及薩摩藩藩主處理。[3] 但即使是這樣，對馬藩的江戶藩邸依舊留下了大量紀錄，這顯示每次遣返都還是會回報給老中、由老中許可。同樣地，每當幕府要迎接外國使節，或是有類似的外交事務時，都會有一名老中被任命為負責人，授予他像是「朝鮮御用掛」這樣的臨時職銜。

有些學者認為幕府沒有在十七世紀設置一個專門管理對外事務的部門，代表幕府對於

建立、維持和管理對外事務沒有太大興趣。幕府的確在德川時代的任何時期都不曾設置專門管理對外事務的部門。不過關於這一點，即使在幕末（一八五八年）設置的「外國奉行」，也只是老中的一個附屬機關。

一六三四年的老中職務章程，其中就有明確規定對外事務的管理，這一章程在大約三十年後重新修訂，並適用於整個德川時代。此外，獨立的外交部門（不同於職責包含外交事務的國家機關），即使在多國林立的歐洲不算不為人知，也並不常見。鄂圖曼帝國直到一八三九年才設立了真正意義的外交部門。[4] 清帝國直到二十世紀才成立真正的外交部門。[5] 我們無法透過外交部門的有無來判斷任何一個前現代國家是否存在對外關係，或是否重視外交事務。

幕府對外交事務的處理機制並非只存在於十七世紀，它們到了十八世紀也沒有衰退或消失。例如我們在前文提過，情報機關直到十九世紀中期仍在運作，特定的外交事務也會特別任命由老中處理。除老中之外的其他幕府官員、目付、勘定奉行等都經常參與對外事務，只是他們在對外政策中的角色直到一八五〇年代才得到規範。[6]

當俄羅斯使節拉克斯曼於一七九二年出現在根室時，要由老中決定如何回應，因此下級官員要替身處江戶的老中提供情報和傳達交涉的訊息。同樣地，當荷蘭國王在一八四四年致信將軍時──這件事史無前例，因為荷蘭當時被定義為「通商」之國而非「通信」之國──也是先由長崎奉行、肥前藩藩主和其他在地官員傳達給老中，再由老中做出最終的裁決。[7]

日本的十七世紀對外關係複雜且多變。這有部分是因為幕府需要快速塑造新的政治秩序，有部分是因為東亞大陸直到一六八〇年代還處於瞬息萬變的政治局勢中，還有一部分是因為貿易也在不斷變化和持續增長。不過在接下來的元祿到正德期間（一六八八到一七一六年），由於清朝牢牢控制了整個中國，日本的貨幣改鑄政策使得日本貨幣對外國商人的吸引力降低，日本國內的產業開始成功抵擋進口產品——乃至德川文化變得更加肯定自身——所有這些都使德川的對外關係在十八世紀進入穩定的停滯期。

外交往來也變得沒那麼頻繁。例如朝鮮使節來日總人數的三分之二，是在德川時代的前三分之一時期裡來的。貿易也減少了，外交問題的數量和衝擊都在下降。在整個十八世紀，這種國家對外關係的萎縮被視為常態，也被認為是幕府最初三代將軍訂下的祖法所導致的，然而事實上，這種情況並不是一六三〇年代政策變化的意圖或結果。它其實是由其他政策，以及經濟、政治和對外關係、尤其是國際環境本身的變化所造成的意外結果。

因此，雖然日本在國際上的活動相對而言不是那麼活躍，但在十七世紀制定的對外關係制度和規範，還是在十八和十九世紀持續默默運作。培里准將在一八五三年對日本提出的挑戰是要日本做出選擇，他不是要讓日本選擇是否加入國際社會，而是要日本在兩種對外關係體系間做選擇——一種是新興而強制的體系，另一種則是幕府自十七世紀以來發展的體系，通常會認為，從拉克斯曼於一七九二年出現在根室，列扎諾夫在一八〇四年來到長崎，

再到培里准將於一八五三年夏天抵達浦賀（其實還包括所有在十八世紀末和十九世紀初試圖與日本建立新關係的歐洲人行列），他們讓德川幕府感受到的危機，在很大程度上是因為日本是一張外交白紙。也就是說，日本似乎在一六三〇年代退出國際社會之後，就不再有應對這些挑戰的經驗和思想了。這就好像是格列佛被沖到日本島，因為發現沒有人會說英語、沒人可以回應他的口頭請求，他就斷定日本人是沒有語言的民族。日本人並非沒有「外交」語言，只是提出要求的外國人聽不懂日本人的「外交」語言。

因此，當將軍（或者說日本人）試圖理解拉克斯曼和列扎諾夫的訴求，還有日後威廉二世的勸告、比德爾准將和培里的要求時，將軍自然會訴諸日本自家康以來使用了上百年的外交「語言」，以及外交制度、實踐和思想交織而成的外交「詞彙」，這沒有什麼好奇怪的。奇怪的是我們遲至今日才意識到原來日本人也會張口說話。甚至可以說日本的外交實踐至少由兩種方言構成：一種是政府的方言，即德川幕府在兩百多年的外交實踐中累積的制度和先例，另一種則是「在野」批評者的語言，自兩百多年來宗教、學術和思想領域的論述及辯論中孕育而生。

因此，在被西方國家無聲無息地忽視了一個多世紀之後，當幕府和官員首次試圖對日本面臨的新挑戰做出回應，自然會求助於日本的外交「方言」。松平定信在一七九二年回應拉克斯曼使節時，不需要知道——他也的確沒有試著瞭解——歐洲各國間的外交規則。他反而

分析了日本累積的外交經驗（這是他要理解恰當外交行為的唯一參考），將它們加以分類，再決定拉克斯曼是屬於其中的哪種分類。定信認為自從德川幕府建立以來，所有外交都可以分為「通商」和「通信」兩類。等到列扎諾夫來航時，定信已經確定「通商」和「通信」就是**固定好**的分類，**只有**那些在當代已經與日本建立其中一種活躍關係的國家才能夠納入其中。此外，定信認為這兩者不只是分析上的抽象分類，它們本身就是一種規範，是由幕府的創立者制定的不可改變的「祖法」。[8]

在一八二五年以前，西方日益升高的壓力雖然在知識分子間引發熱議，但是對當時的幕府而言只是一個相對次要的問題。當然，如果像林子平的著述那樣引發過分的熱議而非變得更加精煉，就會被鎮壓下去。[9]然而，幕府在一八二五年下令，一旦外國船隻靠近日本海岸就要開火擊退，同年還有會澤正志齋的《新論》問世，讓外交議論的語言和基調都發生了變化。會澤完成《新論》之後，或許是近兩百年來第一次，幕府的正當性被明確地與對外政策的表現連結在一起。

從現實角度來看，德川幕府在十七世紀外交政策上的成功，使得德川的對外政策乃至於國家體制得以延續到十九世紀，此成功是源自於幕府的「行動」能力，或是至少在外交──涉外──事務方面有**看似**「獨立且自主的」行動能力。[10]幕府在草創時期便有能力自主操作其與外國及外國君主間的關係，一方面確保了日本的領土安全、防止國家被外國顛覆的危

第六章　結語

險，另一方面也確立了德川幕府新秩序的正當性。本書研究顯示幕府初期的對外關係有助於確立幕府的正當性。波利索（Harold Bolitho）進一步指出：幕府透過強化自己在**處理**對外關係時的「壟斷」地位、奪取並獨占了諸大名的權力，也是幕府初期確立正當性的要素之一。也就是說，重要的不只是控制外交關係、外交對象和外交禮儀，由誰執行外交事務也很重要。馬里烏斯也認為「鎖國」本身就是一個維護正當性的措施。[11]

雖然幕府在外交事務中「獨立且自主的」行動能力下降，但需要幕府表現出能力的事態卻隨之增加。來航的歐洲人愈來愈堅決，美國捕鯨船愈來愈常出現在日本海岸，船難事故中的「夷狄」遇難者益發成為一個棘手的問題，但是幕府顯然已經沒有能力控制他們，於是便愈來愈頻繁地看向那面映照出自己幻想世界的鏡子。幕府試著透過與琉球和朝鮮的外交支撐起搖搖欲墜的權威，讓幕府的主張**看起來**還是有得到世界的認可，還是能夠對世界——或至少是一直以來與幕府保持最密切關係的那部分世界——發號施令。如同前文所述，幕府通常會在朝鮮或琉球使節團到來的六到十八個月前，任命一名或多名老中擔任「朝鮮（或琉球）御用掛」。雖然一八一一年的最後一個朝鮮使節團僅由對馬藩接待——因為當時的幕府認為使節團為日本帶來的利益甚少，因此是出於經費的考慮——不過到了一八三〇和一八四〇年代，使節團來日的利益似乎又增加了，因此幕府又開始多次請求朝鮮和琉球使節團前來，以期磨亮這面映照出德川榮耀幻想的鏡子。[12] 這些使節團最終都沒有成行，但是這並不重要，

重要的是幕府期望借助使節團重新獲得正當性、權威與對外關係的控制權，而他們試圖透過「德川外交」的詞彙做到這一點，因為這是他們唯一熟悉的語言。

專門評論幕府外交以重申將軍在對外事務上的特權的《新論》，明顯體現出這種論述媒介、這種語言的生命力。會澤正志齋凝視著幕府透過外交、國家傳統和本土化的新儒學創造出的那面鏡子，並指出日本才是「中華」，他指責日本人「或是因為對名義過於無知，竟然稱呼明朝和清朝為『華夏』或『中國』，因而有損〔日本的〕國威。或是因為追權逐勢而亂名忘義，誤以為天皇只是亡命於此地，上有傷〔日本的〕聖君的神格，下有損幕府的義理」。雖然會澤在論述中重新引進「天皇」，但是他對日本的世界地位的認知依舊來自德川幕府的外交和德川時期的意識形態。畢竟會澤關切的重點並不是挑戰幕府對外交的壟斷，反而是要借助將軍的權威來源支持這個權力。

相較於會澤援引德川的外交措施和實踐中產生的語言來支持幕府及幕府對外交事務掌有大權，在一八五九年被處決的革命知識分子吉田松陰則完全相反，他在一八五〇年代援引了同樣的外交語言，卻是對幕府提出批判。松陰對德川外交政策的關鍵批判主要是基於近藤守重編纂的幕府外交文書集《外蕃通書》。松陰的極端尊皇思想以及由此衍生出的「人臣無外交，古之道也」的信念，[14] 使他不僅譴責足利義滿承認海外的宗主，還指控幕府（不論是足利幕府還是德川幕府）進行的外交事務本質上都不具有正當性。不過，松陰用來指控幕

第六章　結語

語言也都是在幕府掌控外交的兩個半世紀中形成的語言。

因此，雖然幕府認為德川早期制定的外交用語和年號已經是在宣告日本要脫離以中國為中心的國際事務框架，但是對於松陰來說，在寫給中國的國書中沒有使用日本年號，就和使用中國年號一樣是不敬之罪。松陰最不能寬宥的是最早寫給中國的幾封外交書信中，竟然稱呼中國為「中華」，但他在德川的外交中也找不到任何可以挽回之處，因為他「嚴謹地觀察後發現」：德川家康以日本「國主」自居，並「與外國私通，從一開始便可謂罪大惡極」。[15] 唯一得到松陰肯定的德川外交是鎖國政策，這個政策「在元祿時代也受到肯普弗的高度推崇」，松陰也不明白家康何以要擴大與「諸夷狄」的關係。[16]

不過，就算幕府的外交罪愆——無論是真的或是想像出來的罪過——當真「能夠成為攻擊幕府的把柄」，但是要批評幕府，還是只能透過幕府由外交政策的實踐、落實方式和目的建構出的語言詞彙。培里來航之後出現的外交爭論不僅源自德川日本幾十年來相對孤立於歐洲的「主流」國際事務之外，也是德川幕府兩個半世紀以來的對外關係本質、活動和實踐所導致的產物。因此，為了應對一八五〇年代西方衝擊的挑戰，幕府甚至在培里來航之前下令要大學頭林韑編纂德川幕府的外交先例。這部集結了幕府和諸藩檔案的六百三十一冊參考資料——《通航一覽》——在真正意義上成了我們稱之為「德川外交」語言的官方辭典。

達江戶城。感謝佐倉市國立歷史民俗博物館提供圖片。

圖8　狩野永敬，《朝鮮人行列圖》（局部）。朝鮮正使尹趾完　　204
　　　於一六八二年前往江戶城。感謝紐約公共圖書館斯賓塞
　　　藏書提供圖片。

圖9　狩野永敬，《朝鮮人行列圖》（局部）。肅宗國王寫給綱　　204
　　　吉的國書於一六八二年被抬往江戶城。感謝紐約公共圖
　　　書館斯賓塞藏書提供圖片。

圖10　羽川藤永，《朝鮮人來朝圖》（局部）。江戶百姓觀看朝　　206
　　　鮮使節團入城。感謝神戶市立美術館提供圖片。

圖11　《琉球人來朝行列記》（佚名，一八三二年）。　　　　　　207
　　　琉球正使於一八三二年前往江戶途中。圖片由作者提供。

圖12　《琉球人來朝行列記》。琉球國王的國書於一八三二年被
　　　帶到江戶城。圖片由作者提供。　　　　　　　　　　　　207

附圖目次

圖1　狩野探幽,《東照社緣起,卷4》(局部):朝鮮正使壬絖　　118-119
　　　於一六三七年抵達東照宮。感謝日光東照宮提供圖片。

圖2　朝鮮仁祖國王於一六四三年致贈東照宮的青銅鐘。感謝　　121
　　　日光東照宮提供圖片。

圖3　松平信綱和酒井忠勝於一六四七年命令宗義成收集有關　　146
　　　清朝征服中國的情報。感謝嚴原萬松院的宗家文書提供
　　　圖片。

圖4　松平信綱於一六四七年在信中指示宗義成收集有關清朝　　146
　　　征服中國的情報。感謝首爾國史編纂委員會提供圖片。

圖5　一六七四年的三藩之亂情報地圖。感謝東京國立公文書　　158
　　　館提供圖片。

圖6　綱吉於一六八二年接見朝鮮使節的座位圖。感謝東京韓　　187
　　　國研究院提供圖片。

圖7　《江戶圖屏風》(局部)。朝鮮正使壬絖於一六三六年抵　　202

Sō-ke Shiryō* 宗家史料. Historiographical Institute, Tokyo University. Tokyo, Japan.
Sō-shi Bunko*† 宗氏文庫. Banshōin 萬松院. Izuhara, Tsushima, Nagasaki Prefecture, Japan.
Sō-ke Bunko*† 宗家文庫. Kenritsu Tsushima Rekishi Minzoku Shiryōkan 県立対馬歷史民族資料館. Izuhara, Tsushima, Nagasaki Prefecture, Japan.
Spencer Collection. New York Public Library. New York, New York.
Suminokura 角倉 Collection. Kyōto Shishi Hensansho 京都市央編さん所 Kyoto, Japan.
Taemado Munsō* 對馬島文書. Kuksa Pyŏnch'an Wiwŏnhoe 國史編纂委員會 (National History Compilation Committee). Seoul, Korea.
Tōshōgū 東照宮 Collection. Nikko, Tochigi Prefecture, Japan.
Unryūji 雲龍寺 Collection. Tomita, Tochigi Prefacture, Japan.

† 這些檔案屬於同一個收藏,正在逐步從宗家寺院萬松院的舊庫房轉移到最近在嚴原建造的、可控制溫度與濕度的新檔案館,即縣立對馬歷史民俗資料館。引用處盡可能標註了截至8月的文件位置。被標註為「萬松院」的文件在查閱時位於寺院庫房裡。最終所有資料都將存放在新館中。所有日誌皆已轉移並編目在《宗家文庫資料目錄(日記類)》,宗家文庫調查委員會編,(嚴原:嚴原町教育委員會,1978)。

查閱的檔案與手稿／收藏出處

Daiyūin 大猷院. Rinnōji 輪王寺, Nikko, Tochigi Prefecture, Japan.
Kankoku Kenkyūin 韓国研究院 Collection. Tokyo, Japan.
Kawai Bunko 河合文庫. Kyoto University Library. Kyoto, Japan.
Kōbe Shiritsu Bijutsukan 神戸市立美術館. Kōbe, Japan.
Kokuritsu Kokkai Toshokan 国立国会図書館 (National Diet Library). Tokyo, Japan.
Matsumura Yasutake 松村泰岳 Collection. Izuhara, Tsushima, Nagasaki Prefecture, Japan.
Matsuura Shiryō Hakubutsukan 松浦史料博物館. Hirado, Nagasaki Prefecture, Japan.
Nagasaki Ken Kenritsu Toshokan 長崎県県立図書館. Nagasaki City, Japan.
Naikaku Bunko 内閣文庫. Kokuritsu Kōbunshokan 国立公文書館. Tokyo, Japan.
Nanki Bunko 南葵文庫. Tokyo University Library, Japan.
Nomura [Kanetarō] Hakase Shūzō Monjo 野村[兼太郎]博士蒐藏文書. Komonjoshitsu 古文書室. Keio University Library. Tokyo, Japan.
Ōsaka Furitsu Daigaku Toshokan 大阪府立大学図書館. Osaka Municipal University, Osaka, Japan.
Seikenji 清見寺 Collection. Okitsu, Shizuoka Prefecture, Japan.
Shiryō Hensanjo 史料編纂所 (Historiographical Institute). Tokyo University. Tokyo, Japan.
Sō-ke Kiroku* 宗家記錄. National Diet Library. Tokyo, Japan.
Sō-ke Kiroku* 宗家記錄. Keio University Library, Tokyo, Japan.

　＊這些收藏是由宗家和對馬藩機構留下的檔案材料，現存於六個不同的檔案館或收藏中。它們是對馬藩位於釜山的倭館（資料存於國立國會圖書館）、對馬藩江戶藩邸（資料存於慶應大學和東京大學）與藩廳府中（府中即嚴原古名，資料存於縣立資料館、萬松院和國史編纂委員會）殘存的檔案和辦公文件。為方便起見，這些資料在註釋中統稱為「宗家檔案」或「宗家收藏」（譯註：中譯本皆稱之為宗家文書）。田代和生的《近世日朝通交貿易史の研究》頁17-27，對這些檔案及其現狀提供了更詳細的歷史介紹。

也同意哈魯騰尼安所說的：會澤認為日本代表真正的「中華」。我也認為《新論》是代表「國體」一詞的意義發生變化的轉折點。我在此將「國體」翻譯為「national prestige」，是根據它在早前日本外交論述中的一般用法，但我其實認為會澤在使用這個詞時，一方面確實有傳統的意思，但是另一方面也要傳達「日本獨特的國家政體」的含義。或許哈魯騰尼安決定不翻譯這個詞才是最明智的，不過我們在此處「分析的是知識分子對於表述〔至少是會澤的表述〕的矛盾心態，以及表述使用的概念詞彙的範圍擴張」。（Tetsuo Najita, "Method and Analysis in the Conceptual Portrayal of Tokugawa Intellectual History," in Najita and Irwin Scheiner, eds., *Japanese Thought in the Tokugawa Period: Methods and Metaphors* [University of Chicago Press, 1978], p. 8）.

14　吉田松陰，〈外蕃通略〉，《吉田松陰全集》，全10卷（岩波書店，1935），1:221。對於吉田松陰的生平和思想的討論，可參見David Margary Earl, *Emperor and Nation in Japan*, pp. 109-210，與Thomas M. Huber, *The Revolutionary Origins of Modem Japan* (Stanford University Press, 1981), pp. 7-91. 厄爾還簡單討論了《外蕃通書》，pp. 168-169, 197-198。

15　〈外蕃通略〉，8:226。

16　同前註，1:226。

4　Carter V. Findley, "The Foundations of the Ottoman Foreign Ministry: The Beginnings of Bureaucratic Reform under Selim III and Mahmud II," in *International Journal of Middle Eastern Studies*, 3.4 (October 1972): 408.

5　在一八六一年設立的「總理衙門」雖然常被認為是外交部門，但是它只有「極有限的權力，其權力既不明確也不充分……既沒有……外交事務的專斷執行權，也沒有廣泛的外交政策決定權。……它只是管理中國對外事務的數個部門中的一個」。S. M. Meng, *The Tsungli Yamen: Its Organization and Functions* (The East Asian Research Center, Harvard University, distr. by Harvard University Press, 1962). 直到義和團運動後，為了回應西方的要求，才在一九〇一年七月二十四日以「外務部」取代總理衙門。前書，pp. 79-81。有關將總理衙門「改」成外務部的議定書英文翻譯，可參見 H. S. Brunnert and V. V. Hagelstrom, *Present Day Political Organization of China*, tr. A. Beltchenko and S. S. Moran (n.p.d.), pp. 106-107.

6　W. G. Beasley, *Select Documents on Japanese Foreign Policy*, pp. 18-21對此過程有簡短的討論。

7　《通航一覽續輯》，2:401-530。老中阿部正弘和水戶藩主德川齊昭有關此事的通信收錄於〈新伊勢物語〉。

8　值得注意的是志筑忠雄翻譯的肯普弗，該書出版時正值松平定信苦惱於北方邊境政策的十年間。有證據顯示定信個人支持至少對列扎諾夫做出比較開明的回應，不過定信當時已經離開幕閣，因此也只能支持老中比較保守的看法。關於這一點，可參見內田銀藏，《近世の日本・日本近世史》，《東洋文庫》系列，279（平凡社，1975），pp. 95-100。

9　有關林子平的命運，可參見 G. B. Sansom, *The Western World and Japan*, pp. 213-214.

10　Manfred Jonas, *Isolationism in America*, p. 275.

11　*Japan and Its World*, p. 16.

12　例如水野家的成員在一八三〇和一八四〇年代經常被任命為「朝鮮人來聘御用掛」，但是事實上從一八一一年以後就再也沒有朝鮮使節團前來日本了。可參見《丕揚錄》，各處。

13　會澤正志齋，《新論》，收錄於今井宇三郎編，《水戶學》，日本思想大系53（岩波書店，1973），pp. 288（中文）、67（日文）。原文為：「しかるに或は名義に昧く、明清を称して華夏中華となして以て国体を　辱するもの或は時を逐ひ勢を狥ひ名を乱り義を遺れて天朝を視ること寓公のごとく上は列聖の化を傷り下は幕府の義を害するもの。」我對這段話的理解和哈魯騰尼安十分不同（Harry D. Harootunian, "The Functions of China in Tokugawa Thought," pp. 32-33）。不過，我

Attitudes, 1853-1868," in *Monumenta Nipponica,* 35.1 (Spring 1980):1-20.
148 中村榮孝,《日鮮関係史の研究》,3:551-555。
149 小西四郎,《開國と攘夷》(中央公論社,1966),pp. 12-15;Kerr, *Okinawa,* pp. 277-278.
150 《大日本古文書:幕末外國關係文書》,17:37-44。
151 小栗又一(忠順)等寫給(間部)下總守(詮勝)之書信,安政六年十月二十一日(一八五九年十一月三日),收錄於《維新史料稿本》,東京大學史料編纂所所藏抄本,卷1092。

第六章 結語

1 引號中的用語出自愛因斯坦在普朗克(Max Planck)六十歲生日時的發言,可參見Einstein, *The World as I See It* (Covici, Friede, Publishers, 1934), pp. 20-21,我第一次看到這句話是在Robert M. Pirsig, *Zen and the Art of Motorcycle Maintenance* (William Morrow, 1974; repr. Bantam Books, 1975), pp. 106-107. 原文收錄於Einstein, *Mein Weltbild* (Amsterdam: Auflage Erstdruck, 1934; repr. Frankfurt/M: Ullstem Materialen, 1979), pp. 107-110.

2 唯一的例外發生在一七〇九到一七一六年之間,當時由新井白石取代了林家的地位,對外政策也做了很大的調整。可參見我的文章 "Korean Japanese Diplomacy in 1711." 在一七一六年,德川吉宗迅速恢復了林家的傳統地位,新井白石的所有改革幾乎都被廢止。

3 嚴格來說,如果是要遣返在對馬失事的朝鮮船員、或是漂流到朝鮮的對馬船員,對馬藩會直接與朝鮮交涉,而只是向老中報告這些事件。除非是對馬藩以外的人漂流到朝鮮,才會讓長崎奉行參與其中。薩摩藩的情況也是一樣。如果遇難的不是日本或朝鮮船隻,而是荷蘭船隻時,救助的機制如何運作呢?關於這一點的說明可參見Gari Ledyard, *The Dutch Come to Korea* (Seoul: Royal Asiatic Society, Korea Branch, 1971), pp. 75-97. 岡田信子,〈近世異国漂着船について―特に唐・朝鮮船の処遇―〉一文中詳細討論了這個機制的運作。不過她忽略了對漂流到對馬的朝鮮人的處理,因此她製作的朝鮮難民列表雖然包括從朝鮮漂流到日本東海岸的常陸的案件,但是完全沒有考慮到對馬的案件,而完全沒有對馬的案件應該是不太可能的情況,對馬的案件詳細記錄在對馬藩的江戶藩邸日記、對馬藩廳的日記和釜山倭館的日記中。對馬藩要如何處理中國的遇難船隻,規定在《唐船漂着定式》這本一百頁的手冊中(首爾國史編纂委員會所藏宗家文書抄本,年代約一六八八年)。這份指南包括將遇難船員送往長崎的詳細手續、向老中報告的固定格式等。

133 〈謫居童問〉，轉引自尾藤正英，〈山鹿素行の思想的展開〉，第2部，《思想》，561 (March 1971): p. 92。素行在這裡指的是保持國家領土完整性的能力，而不是道德的完整性。
134 〈配所残筆〉，田原嗣郎、守本順一郎編，《山鹿素行》，日本思想大系32（岩波書店，1970），p. 333。
135 尾藤正英，〈山鹿素行の思想的展開〉，第2部，p. 92根據山鹿素行的《中朝事實》展開討論。
136 〈吳鄭論〉，《鶩峰先生林学士文集》，48:22a。
137 《論語・子罕篇第九》（十三）：「子欲居九夷。」可參照James Legge, tr., *Confucius: Confucian Analects, The Great Learning, The Doctrine of the Mean* (The Clarendon Press, 1893; Dover reprint, 1971), p. 221. 有關德川思想中「夷」概念的更大問題，可參見塚本学，〈江戸時代における「夷」観念について〉，《日本歷史》，371 (April 1979): 1-18；有關塚本對論語中這段文字的討論，可參見該文頁3。
138 朝鮮也將中國陷入可憎的滿族侵略者之手視為「華」已經——即使只是暫時地——從中國轉移到朝鮮。姜在彥認為「當中國落入滿族手中，在這個由『北方蠻夷』掌控的世界中，就必須由朝鮮單獨挑起小中華的衣缽，這個想法成為朝鮮對外部世界維持孤立主義的思想基礎。在朝鮮自主的現代化過程中，開國與開化至關重要，這樣的儒學思潮卻形成強大的阻礙力量」。（《近代朝鮮の変革思想》〔日本評論社，1973〕，p. 17。）姜在彥的觀點一開始會讓人覺得他是在支持「以朝鮮為中心的華夷觀」，這與丸山真男在《近代日本思想史における国家理性の問題》中主張以日本為中心的華夷觀正好相反，但其實朝鮮一直堅守著歷史中的標準中國——即理想中的明朝——朝鮮只是一個保管者，姜在彥並非主張朝鮮本身就是「中華」。
139 Donald Keene, tr., *The Battles of Coxinga*, p. 107.「Go Sankei」是在一六七〇年代領導三藩之亂的「吳三桂」的日文發音。
140 Marius B. Jansen, *Japan and Its World*, p. 24.
141 同前註，p. 22。
142 《文會筆錄》，轉引自尾藤正英，〈尊王攘夷思想〉，p. 51。
143 《先哲叢談》，英譯版可參見Ryusaku Tsunoda et al., comp. *Sources of Japanese Tradition*, pp. 360-361.
144 太宰春台，《經濟錄》，轉引自植手通有，《日本近代思想の形成》，p. 242。
145 可參見M. Frederick Nelson, *Korea and the Old Orders in East Asia*, p. 112.
146 Fairbank, "A Preliminary Framework," p. 9.
147 丸山真男，《近代日本思想史における国家理性の問題》。托特曼最近也提出了類似的論點。"From *Sakoku* to *Kaikoku:* The Transformation of Foreign-Policy

堂書店，1966），pp. 26-28。
116 奈倉哲三，〈秀吉の朝鮮侵略と「神国」〉，《歷史評論》，314 (June 1976): 29-35。
117 《異國往復書簡集》，pp. 26-28。
118 中村榮孝，《日鮮関係史の研究》，3:469；可參照田中健夫，《中世対外関係史》，p. 19。
119 Mark Engel, "Preface," in Gregory Bateson, *Steps to an Ecology of Mind* (Ballantine Books, 1972), p. 7. 這是恩格爾對貝特森論點的總結。
120 Fairbank, "A Preliminary Framework," p. 9.
121 田中健夫，〈鎖国成立期日朝関係の性格〉，《朝鮮学報》，34 (January 1965): 59。
122 Manfred Jonas, *Isolationism in America, 1935-1941* (Cornell University Press, 1966), p. 275如此闡述這一點：「獨立且完全代表自己利益的行動，能夠滿足國家的期望並展示國家的目標。」
123 我是從Kate Wildman Nakai, "The Naturalization of Confucianism" 一文中得到可以將儒學看作「本土化」信條的想法。
124 本多正純寫給福建總督之書信，一六一〇年十一月十日（〔慶長十五〕庚戌年十月六日），由林羅山起草，收錄於《異國日記》，卷1；《通航一覽》，5:342。
125 長崎奉行長古川藤廣寫給陳子貞之書信，一六一一年一月二十九日（慶長十五年十二月十六日），由林羅山起草，收錄於《林羅山文集》，p. 132；《通航一覽》，5:343。
126 Nakai, "The Naturalization of Confucianism," p. 165.
127 Nakai, "The Naturalization of Confucianism," p. 173.
128 例如：丸山真男，〈近代日本思想史における国家理性の問題 (1)〉，《展望》（January 1949), pp. 4-15；尾藤正英，〈尊王攘夷思想〉，《岩波講座日本歷史》，13 (1977): 41-86；植手通有，《日本近代思想の形成》，pp. 233-282；Harry D. Harootunian, "The Function of China in Tokugawa Thought," Marius B. Jansen, *Japan and Its World: Two Centuries of Change* (Princeton University Press, 1980); I. J. McMullen, "Non-Agnatic Adoption: A Confucian Controversy in Seventeenth- and Eighteenth-Century Japan," in *Harvard Journal of Asiatic Studies*, 35 (1975): 133-189; Nakai, "The Naturalization of Confucianism."
129 《藤原惺窩集》，全2卷（國民精神文化研究所，1930），2:394。可參見源了圓，《德川思想小史》（中央公論社，1973），p. 18對這一點的討論，源了圓指出惺窩的立場帶有國際平等主義的色彩。
130 源了圓，《德川思想小史》，p. 18。
131 可參見本章註16、89、90。
132 尾藤正英，〈尊王攘夷思想〉，pp. 50-51。

106 坂本太郎等編,《日本書紀》,全2卷(岩波書店,1965-1967〔日本古典文学大系,卷67、68〕),卷1,p. 339;可參照W. G. Aston, tr., *Nihongi, Chronicles of Japan from the Earliest Times to A.D. 697, 2* vols. (Allen & Unwin, 1956), 1:230. 這裡的重點是日本人在《日本書紀》寫成時(即八世紀初)發展出的日本觀,而不是該描述是否符合事實。有關前一個問題——即民族自覺的演變與外交關係的問題——可參見石母田正,〈日本古代における国際意識について--古代貴族の場合〉,《思想》,454 (April, 1962): 2-9。有關後一個問題,以及《日本書紀》作為史料的特點,可參見Gari K. Ledyard, "Galloping Along with the Horseriders, Looking for the Founders of Japan," in *Journal of Japanese Studies,* 1.2 (Spring 1975),尤其是pp. 241-242。有關《日本書紀》編纂的整體問題,以及其與日本早期國家意識成長的直接關聯,可參見G. W. Robinson, "Early Japanese Chronicles: The Six National Histories," in W. G. Beasley and E. G. Pullleybank, ed., *Historians of China and Japan* (Oxford University Press, 1961), pp. 213-228.

107 《古事類苑》,26:903-904,菅原長成起草,〈日本國太政官牒蒙古國中書省,附高麗國使人牒送〉。

108 《看聞御記》,應永二十六年六月二十三日條目,《續群書類從補遺》(續群書類從完成会,1958-1959),1:87。

109 例如《日本書紀》,1:339, 371等。

110 《林羅山文集》,p. 136。

111 《古事類苑》,26:835。本句通常英譯為「The Son of Heaven in the land where the sun rises…」,但是本書的翻譯考慮到推古天皇的性別,而做了適當的修改。

112 這是石母田正在〈日本古代における国際意識について——古代貴族の場合〉,p. 8提出的觀察,他的理解是出自對古代律令制的「職員令」部分的考察。有關他提出這個解釋所依據的史料文本,可參見井上光貞等編,《律令》,日本思想大系3(岩波書店,1976),pp. 190-191;類似的、可作為補充的用法,可參見p. 229有關「戶令」的部分。

113 平野邦雄,〈ヤマト王權と朝鮮〉,《岩波講座日本歷史》,1 (1975): 241。

114 〈定〉,日期為一五八七年七月二十四日(天正十五年六月十九日),日本長崎縣平戶松浦史料館文書抄本。大久保利謙等編,《史料による日本の歩み 近世編》(吉川弘文館,1955),p. 51的版本與松浦史料館所藏的抄本在細節上略有不同。此文件的完整英譯可參見C. R. Boxer, *The Christian Century in japan,* p. 148,或George Elison, *Deus Destroyed,* pp. 115-116.

115 關白豐臣秀吉寫給葡屬印度總督之書信,日期為一五九一年九月十二日(天正十九年七月二十五日),《異國往復書簡集・增訂異國日記抄》(異國叢書11,雄松

易被認出來。

93 《東照社緣起》，卷4，可參見本書圖1。其文字標題為《東照宮大權現緣起》，收錄於《続々群書類従》，卷1（続群書類従完成会，1970），pp. 691-705。家光十分滿意探幽的畫卷，因此在一六四〇年一月十九日（寬永十六年閏十一月二十六日）賞賜給探幽十枚金幣（《德川實紀》3:164），並在六月三十日（寬永十七年五月十一日）再賞給他一百枚銀幣、兩件時服和一件羽織（前書，p. 188）。

94 《東照宮大權現緣起》，p. 700。

95 狩野永敬，《朝鮮人行列圖》，Spencer Collection, New York Public Library。可參見本書的圖8和圖9。

96 《寶永花洛細見圖》，圖10，翻印於李元植，〈天和度（1682）朝鮮信使裨将洪世泰と日本文士との筆談唱和について〉，《朝鮮学報》，98 (January 1981): 3。

97 羽川藤永，《朝鮮人来朝圖》，神戸市立博物館所藏套色印刷。《神戸市立南蛮美術館図錄》，全5卷，卷4，p. 17，圖3。可參見本書圖10。

98 十返舍一九（文）、喜多川歌麿（圖），《朝鮮人來朝行列記》（江戸：西村屋源六；對州大町：三木屋喜左衛門，1811）。其中的插圖後來被復刻於石阪孝二郎編，《朝鮮信使来朝帰帆官録》（神戸：兵庫網方古文書刊行委員，1969）的卷頭。

99 十返舍一九、喜多川歌麿，《朝鮮人來朝行列記》。「太平／泰平」是江戶時代用來形容德川家康創造、並由其繼承人維持的全國和平盛世。因此它是特別用來歌頌德川統治的偉大。

100 《琉球人來朝行列記》，作者不詳（伏見：丹波屋新左衛門，1832）。可參見本書圖11和圖12。

101 同前註。

102 植手通有，《日本近代思想の形成》，p. 235。

103 對於這一點的討論，可參見John K. Fairbank, "A Preliminary Framework"，與Benjamin I. Schwartz, "The Chinese Perception of World Order, Past and Present," in Fairbank, ed., *The Chinese World Order*.

104 Kate Wildman Nakai, "The Naturalization of Confucianism in Tokugawa Japan," and Harry D. Harootunian, "The Function of China in Tokugawa Thought," in *The Chinese and the Japanese: Essays in Political and Cultural Interaction* (Princeton University Press, 1980), pp. 9-36.

105 岩佐正等編，《神皇正統記 増鏡》（岩波書店，1965〔日本古典文学大系，卷87〕），p. 41；可參照H. Paul Varley, tr., *A Chronicle of Gods and Sovereigns: The Jinno Shotoki of Kitabatake Chikafusa* (Columbia University Press, 1980), p. 49: "Great Japan is the divine land."

80 《華夷變態》,3:2692-2742各處都能見到這類事件的報告。
81 同前註,p. 2743。
82 同前註,pp. 2743-2744。
83 Mark Mancall, "The Ch'ing Tribute System: An Interpretive Essay," esp. pp. 63-72, "The Chinese Idea of Tribute and its Acceptance Abroad."
84 洪禹載,《東槎錄》,收錄於《海行摠載》,4:30。
85 壬絖,《丙子日本日記》,收錄於《海行摠載》,2:339-342。近期對朝鮮人參拜日光東照宮的有趣研究可參見大瀧晴子,〈日光と朝鮮通信使〉,映像文化協会編,《江戶時代の朝鮮通信使》(每日新聞社,1979),pp. 155-182。較早期的研究則可參見松田甲,〈日光東照宮の扁額と鐘〉,及中村榮孝,〈日光德川家康廟社堂扁額の模本について〉(1968年10月),pp. 241-257。
86 壬絖,《丙子日本日記》;另可參照《通航一覽》,3:23-25。
87 《德川實紀》,3:44。
88 有關家光對家康的崇敬、家光重建日光神社並極力促成對「東照大權現」的崇拜,其概述可參見林亮勝,〈第三代德川家光〉,北島正元編,《德川將軍列傳》(秋田書店,1974),pp. 106-109;朝尾直弘,《鎖國》,pp. 271-278。
89 〈異國往來序〉,《鵞峰先生林学士文集》,90:1b。「投化」是指受到道德教化力量的吸引而臣服,諸橋,《大漢和辭典》,5:136,第11887.48號。
90 〈異國往來序〉,頁1a-2b。
91 鈴木進編,《江戶圖屏風》(平凡社,1971)收錄了屏風的全圖和細節翻刻,也包括一些有用的註釋和分析。村井益男,〈江戶図屏風の歷史的背景〉,收錄於前書,pp. 22-46指出製作屏風的委託人是酒井忠勝,p. 23則有家光稱酒井是他的「左膀右臂」之引文。可參見圖7。
92 仁祖大王在一六三六年給家光的禮物可見於《通航一覽》,3:102:
大緞子一十疋　色紙三十卷
大糯子一十疋　黃毛筆五十柄
白苧布三十疋　油烟墨五十笏
黑麻布三十疋　青斜皮三十張
黃照布三十疋　魚皮一百張
人蔘五十觔　黃密一百觔
虎皮一十五張　清密一十器
豹皮一十五張　鷹子二十連
彩花席二十張　駿馬二匹、鞍具及馬轡
不是所有在仁祖信中另外列出的禮物都可以在屏風畫中清楚認出:馬和隼就不容

將所到的國家詳細列出,且商館館長抵達之後,就要立即將該清單交給長崎奉行。附:琉球為我國藩屬國,因此,無論你們在哪裡遇到琉球人,都不應劫掠其船隻。」(《德川實紀》,5:403-404。)

70 《通航一覽》,5:239。
71 《林羅山文集》,p. 136。
72 可參見前文,第四章,頁137-139。
73 最初的條例是於一七一五年二月十八日(正德五年一月十五日)頒布,收錄於《德川禁令考前集》6:417-422(第4117、4118號文書),下個月又增加了新的規定,包括中國商船必須持有通行證「信牌」,同前書,pp. 423-431(第4119號文件)。前兩份文書的翻譯是出自 Yosaburo Takekoshi, *The Economic Aspects of the History of the Civilization of Japan*, 3 vols. (The Macmillan Company, 1930), 2:149-153.《正德新例》和相關文件也收錄於《通航一覽》,2:356-436。
74 為了防止偽造,唐通事會所保留「割符留帳」,每次頒發「信牌」時,就會在割符留帳記錄每一份核發的信牌及其相關訊息。信牌和割符留帳的信息都填寫完之後,就會將信牌右上角留在留帳的對應頁面,再將兩者一起蓋上唐通事會所的印章,印章會同時蓋在信牌和留帳的頁面上。矢野仁一,《長崎市史・通交貿易編・東洋諸国部》,p. 384提供了一八五七年的信牌和相應留帳頁面的圖片,其中可清楚的看到印章。山脇悌二郎,《長崎の唐人貿易》(吉川弘文館,1966),p. 145看得到一七三三年的信牌,但是沒有對應的留帳頁面。一七一五年三月指示唐通事會所起草信牌的命令收錄於《通航一覽》,4:375-376,還包括提供給唐通事的起草範本。
75 這是新井白石在自傳中對此事的回顧,可參見宮崎道生編,《定本折たく柴の記釈義》(至文堂,1964),p. 514;並參照阿克羅伊德(Joyce Ackroyd)對這段內容的英譯,*Told Round a Brushwood Fire: The Autobiography of Arai Hakuseki* (University of Tokyo Press and Princeton University Press, 1979), p. 249.
76 關於這些條例對經濟影響的分析,可參見 Robert Leroy Innes, "The Door Ajar," pp. 346-355;山脇悌二郎,《長崎の唐人貿易》,pp. 140-155;矢野仁一,《長崎市史・通交貿易編・東洋諸国部》,第五章,〈正德新令前の長崎の支那貿易と正德新令〉。
77 轉引自山脇悌二郎,《近世日中貿易史の研究》(吉川弘文館,1960),p. 32。
78 《唐通事會所日錄》,全7卷(東京大學出版會,1955-1968),《大日本近世史料》,系列3,7:92。
79 同前註,p. 95。此時期的走私活動可參見 Fred G. Notehelfer, "Notes on Kyōhō Smuggling," in *Princeton Papers in East Asian Studies*, I, Japan (1) (August 1972), pp. 1-32.

（異國叢書，卷7、8，雄松堂，1928-1929，復刻版，1966），1:457，註7a做出此判斷。「Norimons」或「*norimono*」（乘り物）是有身分地位之人乘坐的轎子。一個人被允許乘坐多精緻的轎子、他是否可以坐在轎子上抵達或通過城門、過了城門之後還可以走多遠，都受到身分和等級的嚴格限制。

63　Kaempfer, *History*, p. 89.

64　《通航一覽》，6:216。

65　Kaempfer, *History*, 3:93-94. 不過，荷蘭商館館長並沒有被強制為將軍提供娛樂：「但是大使與這些事和這些要求無關，因為他代表主人的權威，所以得到特別照顧，讓他的權威不至於受到傷害或歧視。此外，由於他的表情和行為都十分莊重，這點似乎足以說服日本人，讓他們覺得他完全不適合這種荒謬而滑稽的命令。」（p. 94）

66　有關一六八二年的朝鮮馬術表演，可參見《曲馬上覽之覺書》（抄本，收錄於《天和二壬戌年信使記錄》，卷42）；也可參見《通航一覽》，3:55-58；《德川實紀》，5:460-461。《通航一覽》，卷91、92，收錄於6:51-82，其中包括一六三五年、一六四三年、一六五五年、一六八二年、一七一一年、一七一九年、一七四八年和一七六四年的朝鮮馬術表演紀錄。天和二年四月十四日的琉球樂會表演被記錄在將軍的城中活動日誌中，參見《日記》，卷18，內閣文庫，函257，第4號，卷3，其中也包括演奏會的座位表抄本，〈琉球使節奏樂配座之圖〉。可與《德川實紀》，5:444當天的紀錄相比對。

67　例如《通航一覽》，2:414。

68　Kaempfer, *History*, 3:89.

69　同前註，p. 100。《德川實紀》，6:202記載：「在〔三月〕四日，荷蘭人被准許離開，他們依先例聽取條款宣讀，也被賜予當季的衣服。」這與肯普弗記錄的「三張桌子上放著三十件長袍」相吻合。他們在一六八二年的拜別也是如此，有「若君〔綱吉的兒子德松，卒於一六八四年〕賜予他們二十件〔長袍〕。《德川實紀》，5:439，天和二年三月四日。一六八一年宣讀的條約如下：「雖然荷蘭人獲准與本朝通商，每年均可在長崎登陸，但是依據此前頒布的規定，他們不可與南蠻〔的天主教徒〕往來。若是從第三國那裡聽到消息說〔荷蘭人〕與〔天主教徒〕關係密切，荷蘭人就會被禁止進入我國。荷蘭人不應該從那群人那裡帶來任何消息。其船隻也不應搭載該宗教之任何人。如果他們仍想像現在這樣繼續與我國貿易，就應該把他們聽聞的有關該邪教的一切動靜報告給幕府。如果南蠻人的宗教征服了新土地，或是荷蘭人聽說了他們的航行計畫，不管荷蘭人看到或聽到什麼，都應該向長崎奉行報告。荷蘭人不應劫掠來到我國的中國船隻。荷蘭人前往各國的旅程中一定會在異國遇見南蠻人。即使遇到，〔荷蘭人〕也不應與南蠻人往來。荷蘭人每年都要

家。竹洞與綱吉的表親、親藩大名水戶藩藩主德川光圀保持通信，他自己也是熱心的新儒學家。竹洞的家廟——栃木縣富田的雲龍寺——保留了數封光圀寫給竹洞的署名書信抄本。

51 「高家」是將軍在朝廷、伊勢神宮和日光東照宮的儀典管理者。可參見笹間良彥，《江戶幕府役職集成》，pp. 165。最著名的「高家」當屬吉良義央，即一七〇二年的赤穗義士復仇事件中的「反派」。

52 荻生徂徠，《琉球聘使記》（東京大學圖書館所藏南葵文庫抄本）。

53 《通航一覽》，2:486-496。

54 《通航一覽》，2:486。

55 植手通有，《日本近代思想の形成》，pp. 235-245。

56 有關前往江戶的荷蘭商館館長的歷史概述，可參見板澤武雄，《日本とオランダ》（至文堂，1955），pp. 128-132。有關荷蘭商館館長前往江戶過程最詳盡生動的描述，當屬肯普弗對於其參與的一六九一和一六九二年旅程之記述，*The History of Japan,* 3:1-214.

57 植手通有，《日本近代思想の形成》，pp. 235-245討論了德川新儒學思想中的一種看法，即認為日本國內的等級秩序，與國際的國家和人民間的等級秩序，有一種規範上的類似性。我們會在後面詳細討論。有關於「御目見」的意義，可參見 Totman, *Politics in the Tokugawa Bakufu,* pp. 131-132；藤野保，《新訂幕藩体制史の研究》，pp. 330-332。

58 例如《德川實紀》，5:438，「於白木書院『御覽』荷蘭人演奏其本國音樂」，收錄於前書，p. 473。「『御覽』前來『入貢』之荷蘭人。其貢物如目錄所示。荷蘭人亦帶來該國音樂表演，以供『御覽』。」可對比於前書，p. 457寫的是「朝鮮使者經『引見』」，而在p. 460寫的是「於五日『御覽』朝鮮人馬術表演」。

59 《通航一覽》，6:213，收錄於《柳營日次記》。須注意的是「出御」和「入御」這兩個詞其實都是在講天子的行動：「出御」（諸橋，2:177，第811.65號）指的是「天子從內殿出至外殿」，而「入御」（諸橋，1:1038，第1415.38號）則是「天子退回內殿」。

60 《柳營日次記》，元祿三年二月二十八日，收錄於《通航一覽》，6:216。

61 《柳營日次記》，元祿四年二月三十日，收錄於《通航一覽》，6:216。

62 Kaempfer, *The History of Japan,* 3:85-88. 肯普弗筆下的「Sino Cami」指的是攝津守川口宗恒，他於一六八〇到一六九三年擔任長崎奉行，在肯普弗訪問期間，他在江戶任職。「攝津守」是官職名稱，「攝」（Settsu）經常簡寫為「Tsu」，在肯普弗缺乏系統的標記中，就寫成了「Si」。Kaempfer, *Geschichte und Beschreibung von Japan,* 2:281；我是依據呉秀三譯註的肯普弗，《ケンペル江戶參府紀行》，全2卷

Order, p. 10.
35 《通航一覽》,1:73。
36 「大老」是地位高於老中的特別官職,只有在特殊情況下才會被任命,或是作為榮譽授予特別受到眷顧的老中。在德川時代的兩百六十年間,總共任命了十三位大老(而總共有一百六十五名老中)。有關於堀田正俊擔任大老的特殊意義,可參見 Conrad Totman, *Politics in the Tokugawa Bakufit,* pp. 211-214.
37 「恩賚」是指「天子賞賜的禮物」,諸橋轍次,《大漢和辭典》,4:1038,第10591.152號。
38 可參見Ta-tuan Chen, "Investiture."
39 《鹿兒島縣史》,2:668。
40 《通航一覽》,2:63;《島津國史》,27:20-23。
41 這件事被詳細記錄在《通航一覽續輯》,全5卷(大阪:清文堂出版,1973),2:401-530。老中阿部正弘與水戶藩藩主德川齊昭之間有關如何適當處理此事的通信,收錄於〈新伊勢物語〉。
42 Janet L. Dolgin, David S. Kemnitzer, and David M. Schneider, eds., *Symbolic Anthropology: A Reader in the Study of Symbols and Meanings* (Columbia University Press, 1977), "Introduction: 'As People Express Their Lives, So They Are …,'" p. 15.
43 William Roosen, "Early Modern Diplomatic Ceremonial: A Systems Approach," in *Journal of Modern History*, 52:3 (September 1980): 452-476針對外交禮儀的功能性價值提供了甚具啟發性的觀點。
44 《天和壬戌信使記錄》,全68卷(慶應大學圖書館所藏宗家文書抄本),卷63。
45 《通航一覽》,1:70。
46 《通航一覽》,1:70。
47 對出席大名的人數推算是根據Toshio G. Tsukahira, *Feudal Control in Tokugawa Japan: The Sankin Kotai System* (East Asian Research Center, Harvard University, 1966), pp. 139-173的一八五三年大名一覽表。
48 人見竹洞,《壬戌琉球朝拜記》,收錄於《史料稿本》,203.4,天和二年四月十一日條目。可參照《竹洞全集》,全3卷(東京大學史料編纂所所藏抄本),卷3,收入天和二年四月十一日條目。
49 《天和壬戌信使記錄》,卷63。可與以下文獻中的謁見座位圖相比較:〈天和壬戌八月二十七日朝鮮登城の節〉,1682,東京韓國研究院所藏抄本,本書複印為圖6。
50 人見竹洞,《壬戌琉球朝拜記》,收錄於《史料稿本》,203.4;另可參照《通航一覽》,1:72。不過竹洞自己的文集《竹洞全集》,卷3有不同的記載,記錄名護王子是「在下段下第四疊行六拜之禮」。竹洞是替幕府效力的著名儒學家,他的地位僅次於林

軍是天子,如:「我們崇敬的新任大君繼任寶位」(「寶位」即「天子之位」,諸橋,3:1114,第7376.6號),與「行秉籙之禮」(「籙ヲ秉リ」是指「繼承天子之位」,諸橋,8:374,第26736.2號)。

19 宗義真寫給禮曹參判之書信,延寶九年六月某日,收錄於《本邦朝鮮往復書》,卷31。類似的內容還可見於寫給禮曹參議、釜山僉使和東萊府使之書信。

20 宗義真寫給禮曹參議之書信,延寶九年七月某日;寫給釜山僉使和東萊府使之書信,延寶九年七月某日,收錄於《本邦朝鮮往復書》,卷31。

21 宗義真寫給禮曹參議之書信,天和一年十一月某日,收錄於《本邦朝鮮往復書》,卷31。

22 《島津國史》(抄本,序言及25冊,1800年,史料編纂所所藏),27:49b,天和一年十月十八日條目。

23 〔島津〕綱貴寫給尚貞之書信,天和一年十月四日,收錄於《鹿兒島縣史料舊記雜錄追記》,1:707,1816號文書。

24 《通航一覽》,2:417;《德川實紀》,5:427;《丕揚錄》,天和一年九月二十八日,收錄於北島正元校訂,《丕揚錄・公德辨・藩秘錄》(近藤出版社,1971),p. 77。

25 《德川實紀》,5:437。

26 新井白石,〈朝鮮信使を議す〉,《新井白石全集》,4:675。

27 朝鮮國王李焞寫給日本國大君殿下之國書,壬戌年五月某日,收錄於《通航一覽》,3:112;日本國源綱吉寫給朝鮮國王殿下之國書,天和二年九月某日,收錄於前書,p. 105。

28 這些國書收錄於《通航一覽》,卷3,各處。不過,最早在一六〇七年、一六一七年和一六二四年所寫的幾封國書和之後的國書有很大的不同,因為它們同時還要處理戰後的國交正常化和遣返戰俘的問題。肅宗在一七一一年祝賀第六代德川將軍——家宣(於一七〇九至一七一二年在位)——的國書是一個特例,其內容可參見我的文章 "Korean-Japanese Diplomacy in 1711."

29 在一百二十卷外交通信中都可以明顯看出雙方堅持對等通信的原則,這些信件保存在幕府任命的以酊庵所編寫的《本邦朝鮮往復書》中。

30 關於這一點的意義,可參見前文,第三章,頁111-117。

31 諸橋轍次,《大漢和辭典》,5:142,第11889.12號。

32 例如《承政院日記》,25:11-12。

33 尚貞寫給稻葉美濃守之書信,延寶九年五月十六日;尚貞寫給大久保加賀守、土井能登守、堀田備中守、板倉內膳正之書信,延寶九年五月十六日,收錄於《通航一覽》,1:72-73。

34 John K. Fairbank, "A Preliminary Framework," in Fairbank, ed., *The Chinese World*

參見 Hugh Dyson Walker, "The Yi-Ming *Rapprochement*",尤其是 Part I, "Traditional Sino-Korean Theories of Foreign Relations, 1392-1592" (unpublished Ph.D. dissertation, University of California, Los Angeles, 1971), pp. 6-86. Hae-jong Chun, "Sino-Korean Tributary Relations in the Ch'ing Period," in Fairbank, ed., *The Chinese World Order*, pp. 90-111,文中並未討論中朝外交與李氏國王正當性之間的關聯,不過 Ta-tuan Chen, "Investiture of Liu-ch'iu Kings in the Ch'ing Period," in Fairbank, pp. 135-164,尤其是 pp. 135-149 討論了王室冊封的實際制度和禮儀。

9   Mark Mancall, "The Ch'ing Tribute System: An Interpretive Essay," in Fairbank, pp. 68-70.
10 《隋書》,卷81,〈倭國列傳〉,引用於《古事類苑》,26:835。
11 《林羅山文集》, p. 132;《通航一覽》, 5:343;《外蕃通書》, p. 55。
12 有關於本土化的新儒學這個概念,可參見中井甚具啟發性的文章:"The Naturalization of Confucianism in Tokugawa Japan: The Problem of Sinocentrism," in *Harvard Journal of Asiatic Studies,* 40:1 (June 1980): 157-199.
13 雖然新井白石曾經在一七一〇年代嘗試進行一場徹底的禮儀改革,但是他的改革成果在德川吉宗恢復傳統禮儀時幾乎完全被推翻。有關新井白石的改革和朝鮮的反應,可參見我的文章 "Korean-Japanese Diplomacy in 1711",與中井即將出版的 *Arai Hakuseki and Confucian Governance in Tokugawa Japan*, ch. 5, "Arai Hakuseki and the Meaning of Ritual."
14 可參見前註。
15 有關一六七一年尚貞向家綱派去使者的紀錄,可參見《通航一覽》,卷1, pp. 59-68。
16 《鷲峰先生林学士文集》,90: 3b.〈朝鮮往來外集序〉。同樣地,對馬藩藩主的儒學顧問雨森芳洲也提到朝鮮政府曾經在一六六三年派遣使節團前來對馬,「口頭表示他們希望兩年後——德川家康去世五十週年的忌日——能夠派遣使者前來上香」。雨森芳洲,《天龍院公實錄》(對馬萬松院所藏宗家文書抄本)。
17 《本邦朝鮮往復書》,卷30,宗義真寫給禮曹參議之書信,延寶八年七月某日。宗義真寫給禮曹參判之書信,延寶八年七月某日,收錄於前書,兩封信的內容大致相同。值得注意的是兩封信在提到家綱時,用語都像在指稱家綱是天子。其中一封信描述家綱去世時是用「晏駕」一詞(諸橋,第13914.13號),另外一封信則是用「升遐」(諸橋,第2702.12[2]號),這兩個詞都「意指天子去世」(《大漢和辭典》,5:868; 2:533)。
18 鄭鏞寫給宗義真之書信,庚申年九月某日,宗義真寫給禮曹參判之書信,延寶八年九月某日,收錄於《本邦朝鮮往復書》,卷30。宗義真在第二封信中繼續誇示將

156 〈大学或問〉,《熊澤蕃山》, pp. 425-427。

第五章　透過禮儀之鏡：照出理想世界的鏡子

1. 有關歐洲多國外交的發展,可參見Garrett Mattingly, *Renaissance Diplomacy* (Houghton Mifflin Company, 1971). 有關維也納會議,可參見C. K. Webster, *The Congress of Vienna, 1814-1815* (Oxford University Press, n.d.),撰寫該書是為了給出席巴黎和會的英國外交官作為指引。Section 15, pp. 60和68是為了處理會議組織的等級排序和外交禮儀問題。也可參見Sir Ernest Satow, *A Guide to Diplomatic Practice*, 2 vols. (Longmans, Green and Co., 1917), 2:75-79,另可參見Chapters 4和5, 1:13-51有關國家和元首的等級排序問題。

2. Douglas R. Hofstadter, *Gödel, Escher, Bach: An Eternal Golden Braid* (Basic Books, 1979), p. 59. 侯世達講的是數學,而不是外交或禮儀。不過,他很適切地回應了著名人類學家利奇（Edmund Leach）提出的質問:「當我們試圖理解禮儀時,其實是在嘗試發現一種未知語言的語法和句法規律……」(Leach, "Ritual," in *International Encyclopedia of the Social Sciences* [1968], 13:524),同時,因為「人類的行為足以塑造什麼,也就是說,它們可以改變世界的物理狀態……人類的行為也可以表達什麼……」因此觀察者有責任透過對儀式的解讀來認識其意義。(同前書,p. 523。)

3. Hofstadter, *Gödel, Escher, Bach*, p. 51.

4. 同前註, p. 54。

5. 同前註, p. 51。

6. 最重要的研究為John K. Fairbank, ed., *The Chinese World Order* (Harvard University Press, 1968).

7. 以下是中文的「華夷」一詞的英譯:「the civilized（華）和the barbarian（夷）」,這個詞在日文中也是「華夷」;「朝貢」的英文是「paying tribute at court」,而「冊封」則是「investiture」。「華夷」在討論德川時代的日本時是一個重要的概念,為避免翻譯的麻煩,後面的討論將統一使用「華夷」一詞。除了「朝貢」之外還有諸如「來貢」(即前來朝貢)等其他用語,它們都表示帶來「貢品」之意,大多可以互換。「華夷」、「朝貢」和「冊封」都有明顯的規範意義,並暗示了等級秩序,我們將在後面詳細討論。

8. JaHyUn Kim Haboush, "A Heritage of Kings: One Man's Monarchy in the Confucian World" (unpublished Ph.D. dissertation, Columbia University, 1978), p. 1. M. Frederick Nelson, *Korea and the Old Orders in East Asia* (Louisiana State University Press, 1945),尤其是pp. 11-20至今還是對這個理論的有效總結。更詳細的討論可

145 《德川禁令考》，2:142；《德川實紀》，4:412；北島正元，《江戶幕府の権力構造》，pp. 462, 470 有簡短的討論。
146 可參見田代和生，《近世日朝通交貿易史の研究》pp. 331-341 討論了她提出的「東亞通商圈」的構造。雖然薩摩藩和對馬藩分別只與琉球和朝鮮進行直接貿易，但是日本大部分出口商品的最終目的地和支付者都是中國，日本進口的產品也大部分來自中國。與此類似，雖然情報的直接報告機關是薩摩藩和對馬藩，不過最重要的目標和興趣所繫也是中國。同樣地，荷蘭人作為與日本貿易的唯一歐洲人，也被期待要報告與全歐洲有關的事務。例如可參見《德川實紀》，5:439 記載了荷蘭人被下令要提供葡萄牙人在全世界的活動信息。有關荷蘭人情報義務的詳細討論，可參見片桐一男，〈鎖国時代にもたらされた海外情報〉，雖然該文的標題會讓人以為片桐是在討論全世界，但是他其實只有處理荷蘭人提供的歐洲情報；岩生成一編，《阿蘭陀風說書集成》，全2卷（吉川弘文館，1977-1979），1:1-76，或板沢武雄，《阿蘭陀風説書の研究》，pp. 1-20。
147 《德川實紀》，4:460-461。
148 例如三藩之亂期間對馬藩的江戶藩邸日記的記述，《江戶每日記》（一六七九年）（史料編纂所所藏宗家文書抄本），特別注意延寶七年四月四日（一六八〇年五月六日）的條目，與其他各處。
149 這些信件收錄於〈新伊勢物語〉，並刊在《舊幕府》，卷4，第6、7號（一九〇〇年六月、七月）。
150 《通航一覽》就是這次下令編纂的成果，它成為幕府在一八五〇和一八六〇年代的外交手冊。
151 《大日本古文書：幕末外國關係文書》，1:433-434; 3:279-281。
152 例如杜勒斯在 The Craft of Intelligence, p. 57 中多次提到這個難題。
153 《華夷變態》中包含了最多幕府在三藩之亂期間得到的外國情報，增井經夫說其中「包含諸多信息，例如吳三桂的檄文，以及無法在中國史料中看到的、在明清之間搖擺的中國民眾的軌跡」。增井慨嘆中國歷史學家幾乎忽略了《華夷變態》和其他日本報告的史料價值。增井經夫，《清帝國》（講談社，1974），pp. 34-35。
154 Kessler, K'ang-hsi, p. 147.
155 收錄於《蕃山全集》，全6卷（蕃山全集刊行會，1940-1943），6:197。有關這封信的討論、這封信與蕃山的《大学或問》的關係，以及考察蕃山的整體思想中對國防問題的關注，可參見麥克馬倫深具啟發性的論文 "Kumazawa Banzan and 'Jitsugaku': Toward Pragmatic Action," in Wm. Theodore de Bary and Irene Bloom, eds., Principal and Practicality: Essays in Neo-Confucianism and Practical Learning (Columbia University Press, 1979), pp. 337-374，尤其是 pp. 337-342。

128 可以參見張存武對兩國貿易的研究,《清韓宗藩貿易(1637-1894)》。
129 Allen Dulles, *The Craft of Intelligence,* Chapter 11, "Confusing the Adversary" 討論了散布錯誤消息的好處。我們很難知道這個例子中的朝鮮為何要誇大清朝的軍力。或許朝鮮是希望阻止日本借道朝鮮派軍。
130 可參見本章註7。
131 〔宗〕平義真寫給禮曹參議之書信,延寶三年五月某日,收錄於《本邦朝鮮往復書》,卷28。
132 南天漢寫給對馬州太守之書信,乙卯年六月某日,收錄於《本邦朝鮮往復書》,卷28。
133 《華夷變態》,1:135-138。
134 林鵞峰,〈吳鄭論〉;神田信夫,〈三藩の乱と朝鮮〉。
135 《唐兵乱風説》;延寶六至八年(一六七八至一六八〇年)的《江戶每日記》。
136 片桐一男,〈鎖国時代にもたらされた海外情報〉,《日本歷史》,249 (February 1969): 83-98。
137 板沢武雄,《阿蘭陀風説書の研究》序言,pp. 5, 9。
138 浦廉一,〈唐船風説書の研究〉,收錄於《華夷變態》,1:24-27。
139 林鵞峰,〈吳鄭論〉;《顯宗大王改修實錄》,28:12b,收錄於《朝鮮王朝實錄》,38:181。
140 〈覺〉,延寶三年一月十日,收錄於《唐兵乱風説》。日本要出口武器給中國叛軍的傳聞在三百年後可能讓人覺得難以相信,但是這些傳聞在它們自己的時代則不是那麼令人難以置信。如前所述,隔年幕府便允許透過琉球向中國叛軍輸出硫磺。康熙帝在一七〇一年聽聞日本軍隊準備入侵中國,便派了間諜到長崎去調查這個威脅。他們的報告收錄於《文獻叢編》(共2卷,國風出版社,1964),pp. 856-857,在以下書籍中也有簡單提及:Silas Wu, *Passage to Power* (Harvard University Press, 1979), p. 84,以下文章則有詳細討論:松浦章,〈杭州織造烏林達莫爾森の長崎来航とその職名について〉,《東方學》,55 (January 1978): 62-75。
141 本章註111。
142 本章註42。
143 熊澤蕃山,〈大学或問〉,收錄於後藤陽一、友枝龍太郎編,《熊澤蕃山》,日本思想大系30(岩波書店,1971),pp. 425-427。
144 可參見 Dulles, *The Craft of Intelligence*,尤其是 Chapter 2, "The Historical Setting",與 Chapter 12, "How Intelligence Is Put to Use." 我向曾經有領事館或美國軍事情報相關工作經驗的同僚諮詢過,他們在閱讀過本章的草稿後,都說德川情報系統與他們曾經待在裡頭工作過的系統並無本質上的不同。

帝國》(講談社，1974)，pp. 76-85，地圖，p. 82。
106 《華夷變態》，1:72-75。
107 Hummel, *Eminent Chinese,* pp. 228-229; Tsao, "The Rebellion of the Three Feudatories," pp. 101-103.
108 《華夷變態》，1:87-89。
109 《華夷變態》，1:59-64。
110 Wills, *Pepper, Guns and Parleys*, p. 160指出耿精忠在一六七六年總共向荷蘭人購買了價值256937荷蘭盾的武器。
111 〔老中〕土屋數直、久世廣之、稻葉正則寫給松平大隅守島津光久之書信，延寶四年九月三日，收錄於《鹿兒島縣史史料》，1:673；〔長崎奉行〕牛込忠左衛門寫給松平大隅守之書信，延寶九年四月十七日，收錄於前書，1:675；島津光久寫給琉球國司〔尚貞〕之書信，延寶五年六月二十二日，收錄於前書，1:684，顯示耿精忠的使節在延寶四年十一月二十四日帶著硫磺回到福州。根據牛込忠左衛門的說法，這是得自將軍本人的授權。
112 《華夷變態》，1:270-274。
113 大老酒井忠清與稻葉正則、土屋數直、大久保忠朝和林鵞峰的討論。《華夷變態》，1:260, 273之後。
114 《華夷變態》，1:264-270。
115 《オランダ風説書》，pp. 73之後、76。
116 Hummel, *Eminent Chinese,* pp. 229, 416.
117 《華夷變態》，1:122-126；《オランダ風説書》，pp. 77-80。
118 《華夷變態》，1:154之後；《オランダ風説書》，pp. 82-83。
119 《唐兵乱風説》，延寶三年一月六日（一六七五年一月三十一日）；可參照《華夷變態》，1:101-105。
120 《寬政重修諸家譜》，8:262-264。義真的所有姐妹和女兒都嫁給了公卿或大名家族。
121 《唐兵乱風説》；《華夷變態》，1:92-95。
122 Fang Chao-ying, "A Technique for Estimating the Numerical Strength of the Early Manchu Forces," in *Harvard Journal of Asiatic Studies,* 13 (June 1950): 198f.
123 《唐兵乱風説》；《華夷變態》，1:102。
124 Fang, "A Technique," p. 202.
125 《肅宗大王實錄》，1:25a，收錄於《朝鮮王朝實錄》，38:219。
126 宗對馬守〔寫給老中〕之書信，延寶三年一月八日，收錄於《唐兵乱風説》；《華夷變態》，1:101。
127 《肅宗大王實錄》，1:26b-27a，收錄於《朝鮮王朝實錄》，38:219-220。

86 《華夷變態》,1:79-91。
87 《唐兵亂風說》;《華夷變態》,1:93-96。
88 東京大學史料編纂所所藏的宗家文書現存1077卷對馬藩的江戶藩邸日記清稿,後文引用時會稱為《江戶每日記》。延寶二年上半年的日記已遺失。
89 Père Fontaney to Père P. C , London, 15 Janvier 1704, in *Lettres édifiantes et cuneuses,* 8 vols. (Paris: Soaété du Panthéon Littéraire, 1843), 3:124ff.
90 Mitsugu Matsuda, "The Ryukyuan Government Scholarship Students to China," in *Monutnenta Nipponica,* 23.3-4 (1966) · 271-304.
91 《華夷變態》,1:79-91。
92 《華夷變態》,1:87;Tsao, "The Rebellion of the Three Feudatories," p. 104; Hummel, *Eminent Chinese,* pp. 228-229.
93 板沢武雄,《阿蘭陀風説書の研究》(吉川弘文館,1974;原版為日本古文化研究所,1937),pp. 73-74是荷蘭商館館長西撒爾在一六七五年八月二十日的報告。荷蘭人並沒有對他們參與中國內戰的程度完全坦白。有關叛亂時期荷中關係的更詳細討論,可參見John E. Wills, Jr., *Pepper, Guns and Parleys: The Dutch East India Company and China, 1622-1681* (Harvard University Press, 1974), pp. 154-193.
94 《オランダ風説書》,p. 85。
95 C. R. Boxer, *Jan Compagnie in Japan* (The Hague: Martinus Nijhoff, 1950), p. 59. 根據肯普弗的觀察,「除了極少數曾經為荷蘭人幫傭的人之外,這裡懂荷蘭語的人十個人裡面不到一個」。*The History of Japan,* 2:204. 肯普弗在pp. 198-204詳細討論了荷蘭語通譯。Donald Keene, *The Japanese Discovery of Europe,* rev. ed., (Stanford University Press, 1969), p. 11引用了「一六九三年的通詞報告卡片:『根本就不懂荷蘭語』;『他不是笨就是懶,所以他只懂一點點荷蘭語』」等。
96 《オランダ風説書》,pp. 104, 106。
97 可參見Iwao Seiichi, "Reopening of the Diplomatic Relations."
98 有關中國與朝鮮的貿易,可參見張存武,《清韓宗藩貿易(1637-1894)》(臺北:中央研究院近代史研究所,1978)。
99 《華夷變態》,1:173-174。
100 《唐兵亂風説》。
101 Allen Dulles, *The Craft of Intelligence* (Harper & Row, 1963), p. 154.
102 《華夷變態》,1:52-68。
103 《華夷變態》,1:68-73。
104 插在《華夷變態》,卷1,p. 78和p. 79之間。
105 Kessler, *K'ang-hsi*; Tsao, "The Rebellion of the Three Feudatories";增井經夫,《清

一些照顧。可參見圖4。

66 東萊府使〔閔應協寫給宗義成〕之書信,丁亥年四月,訓導金僉知的備忘錄,兩者均收錄於《唐兵乱風説》。兩份備忘錄均不見於《本邦朝鮮往復書》。對比於《華夷變態》,1:10義成根據東萊在一六四五年的情報所做成之報告,可以看出朝鮮即使在兩年後還是十分不情願添加新的情報。朝鮮其實也是左右為難,因為它同時也要向清朝報告日本的情況和意圖。《仁祖朝實錄》,47:73a,收錄於《朝鮮王朝實錄》,35:291,記錄了仁祖下令向北京報告「倭情」之事。

67 宗對馬守寫給酒井讚岐守和松平伊豆守之書信,〔正保四年〕四月二十八日,收錄於《唐兵乱風説》。宗義成的報告不見於《華夷變態》。義成在九月四日為江戶送去另一份「密報」,其內容沒有留下紀錄,不過可能是關於中國局勢的更多情報。《每日記一冊》(一六四七年),正保四年八月六日條目。

68 可見於《シンポジウム日本歷史11幕藩体制論》(學生社,1974),p. 139。

69 井野邊茂雄,《維新前史の研究》,p. 24。

70 《華夷變態》,1:23-24註解。

71 《增訂海外交通史話》,pp. 646-654。

72 可參見同前註,註50。

73 村上直次郎譯,《出島蘭館日記》,全3卷(文明協會,1938-1939),3:34(一六四六年七月二十七日)。

74 《出島蘭館日記》,3:50。

75 石原道博,《明末清初日本乞師の研究》,pp. 55-67。

76 《華夷變態》,1:28, 45;中村(中山)久四郎,〈明末の日本乞師及び乞資〉,pp. 3-5。

77 林鵞峰,〈吳鄭論〉,《鵞峰先生林学士文集》,卷48。

78 其中最著名的大概是儒學家朱舜水,他後來成為水戶藩藩主德川光圀的顧問。

79 接下來這兩段是參考 Tsao Kai-fu, "The Rebellion of the Three Feudatories against the Manchu Throne in China, 1673-1681: Its Setting and Significance" (unpublished Ph.D. dissertation, Columbia University, 1965), pp. 70-112.

80 林鵞峰,〈吳鄭論〉,《鵞峰先生林学士文集》,卷48。

81 例如:Lawrence D. Kessler, *K'ang-hsi and the Consolidation of Ch'ing Rule, 1661-1684* (University of Chicago Press, 1976), p. 83;神田信夫,〈三藩の乱と朝鮮〉,《駿台史学》,1 (March 1951): 60-75。

82 《顯宗大王改修實錄》,28:1a,收錄於《朝鮮王朝實錄》,38:176。

83 《華夷變態》,1:68;《通航一覽》,5:424。

84 《華夷變態》,1:78。

85 可參見神田信夫,〈三藩の乱と朝鮮〉。

鮮往復書》,卷11。寫給禮曹的書信也收錄於該書,它與前一封信只有格式上略有不同,內容則大致相同。
55 《每日記一冊》(一六四六年),正保三年十二月十六日條目,同一天有不同的條目分別記錄了朝鮮使節團和老中的信件送達。
56 宗義成寫給松平伊豆守、阿部對馬守和阿部豐後守之信,正保三年十二月十七日,收錄於《每日記一冊》(一六四六年)。
57 《每日記一冊》(一六四六年),正保三年十二月二十三日條目。其中列的「譯官韓」並沒有寫出他的名字。
58 宗義成寫給酒井讚州(大老忠勝)和松平豆州(信綱)之書信,正保三年十二月二十五日,收錄於《每日記一冊》(一六四六年)。
59 宗義成寫給東萊釜山兩令公閣下之書信,日期為正保四年二月某日,收錄於《本邦朝鮮往復書》,卷11。
60 松平伊豆守信綱(花押)和酒井讚岐守忠勝(花押)寫給宗對馬守之書信,〔正保四年〕二月六日(對馬萬松院所藏宗家文書,附花押抄本)。
61 宗義成寫給東萊釜山兩令公閣下之書信,正保四年二月某日,收錄於《本邦朝鮮往復書》,卷11。這封信的特殊之處在它完全省略了一般的禮貌性問候,語氣十分急躁。正如下文將說明的,這反映了宗義成很擔心如果他無法獲得一些有用的情報,他在幕府眼中作為漢城中介者的價值會遭到否定。
62 《仁祖朝實錄》,48:9a,收錄於《朝鮮王朝實錄》,35:297。
63 《仁祖朝實錄》,48:2b,收錄於《朝鮮王朝實錄》,35:293,有譯官李亨男寫給朝鮮朝廷的報告。
64 松平伊豆守信綱(花押)和酒井讚岐守忠勝(花押)寫給宗對馬守之書信,〔正保四年〕四月一日(對馬萬松院所藏宗家文書抄本)。義成很有可能在這之前已經針對中國的局勢向江戶提出過報告,因為在田杢兵衛於正保四年三月二十四日(一六四七年四月二十八日)帶著消息從朝鮮回來之後,義成馬上向江戶送去快報。在田給義成的報告、義成給江戶的報告都沒有留下紀錄,因此也無從得知其內容是否與中國的內戰有關。《每日記一冊》(一六四七年)(縣立對馬歷史民族資料館所藏宗家文書抄本)。五月二十二日有一名「飛腳」(快遞信使)從江戶抵達對馬,他很可能就是送來酒井和松平的書信。《每日記一冊》,〔正保四年〕四月十八日條目。可參見圖3。
65 松平伊豆守信綱(花押)寫給宗對馬守之書信,〔正保四年〕四月一日(首爾國史編纂委員會所藏宗家文書,附花押抄本)。我們不太清楚為什麼信綱與忠勝一起寫了信之後,信綱在同一天又單獨寫信給宗義成。或許是因為義成也有將書信副本寄給朋友松平右衛門和松平主膳,而這兩人是信綱的親戚,因此信綱對義成多了

47:75a，收錄於《朝鮮王朝實錄》，35:292。對馬藩派往釜山的使節「藤原」智繩（在田杢兵衛）告訴朝鮮官員：「大君的兩位叔父」（御三家的藩主都是家光的叔父）力勸將軍應「借道朝鮮，派遣援軍」協助南明完成大業，但是宗義成表示反對，義成提醒家光朝鮮的經濟還未從一六三六年的清軍入侵中恢復過來，因此無法在日本軍隊經過時提供補給。

48 《德川實紀》，3:459-460；林信篤，《寬永小說》，pp. 274-275；鹽谷宕陰，〈詔代記〉，轉引自石原道博，《明末清初日本乞師の研究》（富山房，1945），p. 40。

49 《華夷變態》，1:24-25。消息傳得很快，戰敗一事發生在十月六日（Hummel, *Eminent Chinese*, p. 110），而消息是在十一月十一日傳到長崎，並由荷蘭商館館長立即記錄下來（村上直次郎譯，《長崎オランダ商館の日記》，全3卷〔岩波書店，1956-1958〕，2:115），長崎奉行隨即報告給江戶，他的報告在二十四日抵達江戶。《德川實紀》，3:460；《通航一覽》，5:399-400。

50 這封是阿〔部〕對馬守〔重次〕、阿〔部〕豐後守〔忠秋〕、松〔平〕伊豆守〔信綱〕寫給鍋島信濃守〔勝茂〕之書信，正保三年十月二十日（一六四六年十一月二十七日），收錄於《御當家令條；律令要略》，石井良助編，《近世法制史料叢書》，卷2（創文社，1959），p. 102；同信也收錄於《通航一覽》，5:400-401，還有阿部對馬守、阿部豐後守、松平伊豆守寫給細川肥後守〔光尚〕之書信（正保三年十月二十一日），以及松平肥前守寫給松平伊豆守和阿部豐後守之書信（無日期），後者是松平肥前守為了確認他在十月二十一日收到書信而寫，並逐字引用了收到書信中的文字。同樣地，雖然老中寫給宗義成的信現已不存，但是義成在確認收到信的回信中，完整複述了指示的內容：宗義成寫給松平伊豆守、阿部豐後守和阿部對馬守之書信，其日期為正保三年十二月十九日（一六四七年一月二十一日），保存於對馬藩的江戶藩邸紀錄，《每日記一冊江戶御老中幷ニ方々に遣ス御狀控一冊二冊合帳》（抄本，日期為正保三年〔一六四六年二月十六日至一六四七年二月四日〕，縣立對馬歷史民俗資料館所藏宗家文庫）。Boxer, "The Rise and Fall of Nicholas Iquan," p. 436討論了鄭芝龍在福州投降之事。

51 《華夷變態》，1:22-24。

52 《仁祖朝實錄》，47:70a，收錄於《朝鮮王朝實錄》，35:289。

53 宗義成寫給松平伊豆守、阿部對馬守和阿部豐後守之書信，正保三年十月二十七日，副本送給牧野內匠頭和松平和泉守；宗義成寫給井伊掃部頭（直孝）、酒井讚岐守（忠勝）和堀田加賀守（正盛）之書信，正保三年十月二十七日，收錄於《每日記一冊》（一六四六年）。義成此時還有另外寫信給其他一百三十多位大名，通知他們他已平安返回對馬。

54 宗義成寫給東萊府使和釜山簽使之書信，正保三年十一月某日，收錄於《本邦朝

川實紀》，4:460-461）忠茂也是十幾位被要求對接近之外國船隻保持警覺的大名之一。辻善之助的誤判或許是因為善意的過失，再加上理所當然的臆測。忠茂在一六二四年元服時，由秀忠授以「左近將監」的職位，並與一五八七年以來擔任此職務的宗茂共享一職。辻善之助沒有複寫出信中的花押，但是在寫給家臣的信中使用草寫的「左近」花押也是完全合理。因此辻善之助將這封信歸為「碧蹄館之戰的英雄」宗茂所寫（辻，p. 646；有關一五九三年二月二十八日在漢城附近發生的這場戰役的細節，可參見《朝鮮史》，卷4，第10部，pp. 32-33），辻善之助還將寫信人欲前往中國光榮戰死的決心描繪得十分英雄主義，但宗茂已經是戰爭英雄，而且如果他還活著，依日本的算法已經七十九歲了。關於宗茂的詳細傳記，可參見藤野保，《幕政と藩政》（吉川弘文館，1979），pp. 215-237，不過其中並沒有提到這封信。忠茂的官方傳記可參見《寬政重修諸家譜》，2:372。

39 《華夷變態》，1:15-25。

40 《華夷變態》，1:17。

41 事實上，蒙古人只有兩次試圖入侵日本，分別在一二七四和一二八一年，而且這兩次都以失敗告終。可參見Kyotsu Hori, "The Mongol Invasions and the Kamakura Bakufu" (unpublished Ph.D. dissertation, Columbia University, 1967).

42 《華夷變態》，1:19摘錄了隆武帝的書信內容。諷刺的是明朝竟然訴諸中日友誼作為請求援助的原因，事實上，明朝一個世紀以來的對外事務法規都對日本有差別待遇，而倭寇（他們並不全是日本人）騷擾中國沿岸的時間甚至還要更久。幕府在前一年拒絕派兵的請求時，就是以日本與明朝的關係早已斷絕作為理由之一。有關倭寇，可參見田中健夫，《倭寇と勘合貿易》（志文堂，1961），與Kwan-wai So, *Japanese Piracy in Ming China During the Sixteenth Century* (Michigan State University Press, 1975).

43 《華夷變態》，1:22。

44 這裡指的是給「倭王卑彌呼」的詔書，於公元二三八年舊曆十二月頒給了卑彌呼派到當時中國的魏國的使節，記錄於《三國志・魏志》，3:857。其英譯本可參見Ryusaku Tsunoda and L. Carrngton Goodrich, comp., *Japan in the Chinese Dynastic Histories*, pp. 220-221.「神功皇后」的傳說可能是以《魏志》的卑彌呼作為原型。可參見Gari K. Ledyard, "Galloping Along with the Horseriders"，尤其是pp. 235-242。

45 可參見前文的第三章。

46 《德川實紀》，3:460；林信篤，《寬永小說》，收錄於《續史書集覽》，全10卷（近藤出版部，1930），6:274-275。

47 《仁祖朝實錄》，47:70a，收錄於《朝鮮王朝實錄》，35:289；《仁祖朝實錄》，

Japan in the Muromachi Age, ed. John W. Hall and Toyoda Takeshi (University of California Press, 1977), pp. 170-171. 該文指出一次航行中可能有重達三十六萬四千斤的硫磺、多達三萬把刀被運往中國。
32. 《大日本史料》, 12.38:1-24; 138-139。
33. 《德川禁令考：前集》, 6:377。
34. 《鹿兒島縣史料舊記雜錄追記》, 全8卷 (鹿兒島, 1971-1978), 1:673, 675, 684;《華夷變態》, 1:159-162。一六六六年的情況是福建的南明勢力明確要求提供「軍用硫磺」。那是唯一一次江戶允許輸出硫磺, 或許是因為運輸要經過琉球, 因此日本 (就像尼克森時期的白宮〔Nixon White House〕一樣) 可以處於「推託其不知情」的邊緣狀態。
35. 家光的叔父紀州藩藩主德川賴宣的傳記《南龍君遺事》, 轉引自《通航一覽》, 5:390。
36. 近期對這些南明勢力的研究可參見 Jerry Dennerline, "Hsü Tu and the Lesson of Nanking. Political Integration and Local Defense in Chiang-nan, 1634-1645," in Spence and Wills, ed., *From Ming to Ch'ing,* pp. 89-132, and Ian McMorran, "The Patriot and the Partisans: Wang Fu-chih's Involvement in the Politics of the Yung-li Court," in *ibid.,* pp. 133-166.
37. 板倉重宗寫給板倉重矩之書信, 正保三年一月十二日, 轉引自辻善之助,《增訂海外交通史話》, pp. 640-641；也引自岩生成一,《鎖國》, p. 405, 及朝尾直弘,《鎖國》, pp. 378-379。重矩後來在一六六五到一六六八年間、一六七〇至一六七三年間出任老中, 並在一六六八至一六七〇年間擔任京都所司代。他的傳記可參見《寬政重修諸家譜》, 2:140-141; 150, 151。
38. 轉引自辻善之助,《增訂海外交通史話》, pp. 644-646。這封信在岩生成一,《鎖國》, pp. 404-405 也有討論。辻善之助是在未出版的〈曾我文書〉中找到信件原本, 他認為這封信是立花忠茂的父親立花宗茂所寫, 岩生成一也接受這個看法。不過, 辻善之助和岩生成一都忽略了這封信的幾個問題, 這或許有助於解釋為什麼朝尾沒有引用這封信。我也不贊同上述說法, 我認為這封信是忠茂 (1612-1676) 所寫。認為信是出自宗茂之手顯然是錯誤的, 因為宗茂死於一六四三年一月十五日 (寬永十九年十一月二十五日〔可參見《德川實紀》, 3:133 之介紹, 該段敘述被列在宗茂退職的寬永十六年四月三日條目, 或他在《寬政重修諸家譜》, 2:372 的傳記〕)。當時宗茂已死, 因此不可能寫出這封信, 而他的兒子忠茂不僅活得好好的, 而且參與了幕府討論要如何回應明朝的派兵要求之商議過程。在一六四六年十二月 (正保三年十月二十四日) 福州陷落之後：「根據長崎的最新消息, 明軍在福州被擊退, 明朝統治者被殺, 因此〔下列大名〕應對接近的外國船隻保持警覺。」(《德

乞師の研究》(富山房，1945)，pp. 13之後。

23 中村(中山)久四郎在〈明末の日本乞師及び乞資〉，《史學雜誌》，26.5 (May 1925): 3之後將這些派往長崎的使節團列成表格。

24 有關於鄭芝龍，可參見C. R. Boxer, "The Rise and Fall of Nicholas Iquan," in *T'ien Hsia Monthly,* 11.5 (April-May 1941): 401-439（尼古拉斯・一官〔Nicholas Iquan〕是鄭芝龍的別名之一，也是他的基督教教名）; Donald Keene, *The Battles of Coxinga* (London: Taylor's Foreign Press, 1951), pp. 45-49；有關鄭芝龍的簡略傳記，可參見Arthur Hummel, comp., *Eminent Chinese of the Ch'ing Period* (United States Government Printing Office, 1943; repr. Taipei: Ch'eng Wen Publishing Company, 1975), pp. 110-112；有關唐王的簡述，可參見前書，pp. 196-198；有關鄭芝龍和他在東亞事務中扮演的角色之啟發性分析，可參見John E. Wills, Jr., "Maritime China from Wang Chih to Shih Lang—Themes in Peripheral History," in Jonathan D. Spence and John E. Wills, Jr., eds *, From Ming to Ch'ing: Conquest, Region, and Continuity in Seventeenth-Century China* (Yale University Press, 1979)，尤其是pp. 216-228。鄭芝龍最後變節，放棄了復興明朝的理想，並在一六四六年九月二十一日向清朝軍隊投降，但是他的兒子鄭成功（鄭成功在歐洲〔及日本〕以「國姓爺」之名為人所熟知）和孫子鄭經則堅守臺灣一直到一六八三年。可參見Hummel, *Eminent Chinese,* pp. 108-112. 基恩 (Keene) 的 *Battles of Coxinga,* pp. 100-160翻譯了根據鄭成功的一生所創作的人形淨琉璃劇《國姓爺合戰》，該劇流行於德川中期。有關李旦，可參見Iwao Seiichi, "Li Tan, Chief of the Chinese Residents in Hirado," in *Memoirs of the Research Department of the Toyo Bunko,* 17 (1958): 27-83.

25 《華夷變態》，1:11-12。

26 《華夷變態》，1:13。

27 《德川實紀》，3:429, 430。

28 《華夷變態》，1:13-14。

29 《華夷變態》，1:14。《華夷變態》的編輯者認為這些提供給大眾的理由暗中支持了《南龍君遺事》，頁13註（本章註35）所提供的解釋。

30 《華夷變態》，1:14。在一六三三年到一六八〇年代之間，通常會設置兩位長崎奉行，一位在長崎任職，另一位則留在江戶，有需要時可以就對外事務提供意見。可參見笹間良彥，《江戶幕府役職集成（增補版）》（雄山閣，1974），p. 272簡要回顧了出任長崎奉行的人的變化。有關迫害天主教的審判官井上，可參見Elison, *Deus Destroyed,* pp. 191-209，各處；有關「在日荷蘭人的保護者」井上，可參見永積洋子，〈オランダ人の保護者としての井上筑後守政重〉。

31 例如可參見Tanaka Takeo and Robert Sakai, "Relations with Foreign Countries," in

対馬使節の朝鮮国「御上京之時毎日記」とその背景〉中有詳細的討論。該日記的作者是陪同杉村采女智廣前往漢城的家臣之一，田代和生編，〈寬永六年御上京之時毎日記〉，收錄於《朝鮮學報》，95 (April 1980), pp. 73-116。玄方對這次出使的回憶可參見〈方長老朝鮮物語 附柳川始末〉。石原道博，〈朝鮮側よりみた明末の日本乞師について〉，《朝鮮學報》，4 (March 1953): 122-125引用了許多朝鮮方面關於這次使節團的史料。

11 例如：《光海君日記》（太白山抄本），卷14，收錄於《朝鮮王朝實錄》，26:301-302，日期為己酉年三月己酉日（一六〇九年四月三十日），或《光海君日記》，卷15，收錄於《朝鮮王朝實錄》，26:304，日期為己酉年四月亥丑日（一六〇九年五月四日）。

12 《仁祖朝實錄》，16:46b，收錄於《朝鮮王朝實錄》，34:211，日期為仁祖五年六月壬戌日（一六二七年七月二十日）；《接待事目錄抄》，同日條目，轉引自浦廉一，〈明末清初の鮮滿関係上に於ける日本の地位(1)〉，p. 45，或《朝鮮史》，卷5，第2部，p. 135。

13 有關於在後金第一次入侵之前十年間，朝鮮與後金的關係對朝鮮內政的重要性，尤其可參考稻葉岩吉，《光海君時代の滿鮮関係》（京城：大阪屋号書店，1933）；有關於李适試圖推翻仁祖、扶持光海君復位的叛變，可參見李相伯，《韓國史 近世後期篇》，pp. 12-15。

14 《通航一覽》，3:576；〈方長老朝鮮物語 附柳川始末〉，pp. 460-461；〈寬永六年御上京之時毎日記〉，p. 115。

15 〈方長老朝鮮物語 附柳川始末〉，p. 462；《朝鮮通交大紀》，卷6，p. 223。

16 《本光國師日記》，6:229。以心崇傳在九月二十五日收到兩份報告。宗義成寫給酒井忠勝的報告收錄於《寬政重修諸家譜》，8:257，記錄了義成派遣一名家臣向忠勝「詳細進行了口頭」報告。

17 《本光國師日記》，6:253，於一六二九年十一月十　日的記載。

18 Hsü, *The Rise of Modern China,* p. 27.

19 同前註，pp. 28之後。

20 《華夷變態》，1:3-8。

21 《華夷變態》，1:10之後；《唐兵乱風説公儀江被仰上候控并朝鮮国山賊徒党御案内被仰上候控》（慶應義塾大學所藏宗家文書抄本，約一七三四年，以下簡稱為《唐兵乱風説》）有一份內容幾乎一樣的文本（日期為一六四七年四月），但由禮曹參議俞省曾在一六四六年一月寫給宗義成的書信可知，朝鮮早在該日期之前就將清軍南下之事告訴對馬藩了。可參見《本邦朝鮮往復書》，卷9。

22 《華夷變態》，1:11-14。崔芝是周鶴芝的別名。可參見石原道博，《明末清初日本

Mass, eds., *Medieval Japan: Essays in Interpretation* (Yale University Press, 1974), pp. 184-198.
4 Immanuel C. Y. Hsü, *The Rise of Modern China* (Oxford University Press, 1970), p. 21.
5 William E. Henthorn, *A History of Korea* (The Free Press, 1971), pp. 186之後有對一六二七年後金入侵朝鮮的簡略敘述。更詳細的內容可參見《韓國史（卷4）近世後期篇》，pp. 87-94。後金軍隊於一六二七年三月四日進入鴨綠江邊的義州。
6 《仁祖朝實錄》，15:50a-51a，收錄於《朝鮮王朝實錄》，34:181。
7 《仁祖朝實錄》，13:31a，收錄於《朝鮮王朝實錄》，34:119描述備邊司在一六二七年三月二十五日建議將侵略之事告知釜山的日本人，國王也同意了。於是東萊府使柳太華便寫信給宗義成，要求他在危機解除前中止貿易活動，《朝鮮通交大紀》，卷6，p. 222；《通航一覽》，3:577，不過，柳太華在四月中旬寫給漢城的報告中，指出日本人拒絕暫停貿易，但為了表達對朝鮮的同情，願意提供一些武器。《接待事目錄抄》，轉引自《朝鮮史》(全36卷與索引，京城：朝鮮總督府，1933，再版，東京大學出版會，1976)，卷5，第2部，p. 102。
8 《德川實紀》，2:451。這個紀錄是基於宗氏家譜（收錄於《寬政重修諸家譜》），因此應該小心對待，但是《德川實紀》和《通航一覽》(3:577)的編纂者都接受其真實性。可與《朝鮮通交大紀》，卷6，p. 222相比較，其記載家光派遣義成的長期利益保護者藤堂高虎向義成傳達他的命令，《對州編年略》，pp. 249-250，及《交隣考略》，轉引自浦廉一，〈明末清初の鮮滿關係上に於ける日本の地位(1)〉，《史林》，19.2 (April 1934): 47。〈方長老朝鮮物語 附柳川始末〉，p. 458描述了約三十年後玄方對這些事件的回憶。
9 舊曆四月的貨運記載在《接待事目錄抄》，轉引自《朝鮮史》，卷5，第2部分，p. 69；漢索（Henthorn）在*A History of Korea,* p. 188列舉了三百枝火槍、五百把長刀和三百斤火藥的數據。另可參照《仁祖實錄》，15:60b，收錄於《朝鮮王朝實錄》，34:186；《仁祖實錄》，16:39a，收錄於《朝鮮王朝實錄》，34:208；《仁祖朝實錄》，17:32，收錄於《朝鮮王朝實錄》，34:234。它們分別列出了一六二七年舊曆五月、七月和十二月的貨運。早在一六一九年，一位來到漢城的明朝使者已經注意到朝鮮在使用日本供應的武器，《光海君日記》(太白山本)，卷143，收錄於《朝鮮王朝實錄》，30:186。出於某些原因，《光海君日記》現存的另一版本（鼎足山本，143:9a，收錄於《朝鮮王朝實錄》，33:253）刪除了相關語句。
10 〈方長老朝鮮物語 附柳川始末〉，p. 459；《承政院日記》，2:146（仁祖七年三月二十四日）記錄了東萊府使柳汝恪的報告；《仁祖朝實錄》，20:18a，收錄於《朝鮮王朝實錄》，34:322。玄方的出使在田代和生，〈寬永六年（仁祖七年，一六二九年）

國日記》，卷4。
131 俞省曾寫給宗義成之書信，乙酉年三月，《本邦朝鮮往復書》，卷10；《寬永正保之度邪蘇宗門御嚴禁ニ付朝鮮国御往復書簡写》。
132 《義真公御家譜》，對馬萬松院所藏宗家文書抄本，年代不詳。
133 對馬藩、薩摩藩和松前藩在對外關係中的特殊權利（包括貿易、航海或海外居住，或是作為幕府的海外代表）都統一被寫在「安堵狀」（指每一任將軍或大名上任時，用來確認其領地的書面文件）裡，以及每一位大名對將軍的誓詞中。這個規定於一六三四至一六三六年之間制定，當時秀忠剛去世，同一時期也發生了許多對外制度和政策的重要變更。薩摩藩對琉球的權利是在一六三四年接待琉球使節團之後於家光在京都期間制定的，松前藩的權利則是在一六三四年底家光回到江戶之後以書面文件確立的。《史料稿本》，卷169，第10部；朝尾直弘，《鎖國》，p. 257-264。對馬藩權利和義務的確立則被包含在柳川一件的決議中。《柳川調興公事記錄》，卷2。
134 Charles P. Korr, *Cromwell and the New Model Foreign Policy*, p. 5.
135 北島正元，《江戶幕府の権力構造》（岩波書店，1964），pp. i-ii；阿部吉雄，《日本朱子学と朝鮮》（東京大學出版會，1965），pp. 24-32。
136 W. G. Beasley, *Select Documents on Japanese Foreign Policy, 1853-1868* (Oxford University Press, 1955), pp. 23, 102-107；也可參見 Harold Bolitho, *Treasures among Men: The Fudai Daimyo in Tokugawa Japan* (Yale University Press, 1974), p. 221.
137 赫歇爾討論了對外關係的發展對於天皇制在一八五〇年代重新進入政治領域之過程的重要性，*The Japanese Imperial Institution in the Tokugawa Period*, pp. 223-259.
138 Beasley, *Select Documents*, p. 36. 條約內容可參見該書 pp. 183-189；朝廷的回應則參見 pp. 180 之後。

第四章　透過雙筒望遠鏡看到的世界：動盪東亞的幕府情報機構與日本國家安全

1 可參見 Gari K. Ledyard, "Galloping Along with the Horseriders, Looking for the Founders of Japan," in *Journal of Japanese Studies*, 1.2 (Spring 1975): 217-254. 對於日本在四到五世紀臣服於征服它的王朝有極具啟發性的討論。
2 例如井上光貞就認為「日本採用〔中國式中央集權國家的〕律令制之直接動機是考慮到國外、而不是國內的情況」。可參見 Inoue Mitsusada, "The *Ritsuryō* System in Japan," in *Acta Asiatica*, 31 (1977): 93.
3 有關一二七四和一二八一年蒙古入侵帶來的影響概述，可參見 Kyotsu Hori, "The Economic and Political Effects of the Mongol Wars," in John W. Hall and Jeffrey P.

117 可參見松田甲,〈李朝仁祖より寄贈せる日光東照宮の扁額と鐘〉,《日鮮史話》, 2 (1926): 48-77,及中村榮孝,〈日光德川家康廟社堂扁額の模本について〉,《朝鮮学報》,49 (1968): 241-257。中村認為匾額上的題字並不是仁祖的真跡,但是三百二十年來,日本始終認為那是仁祖的親筆(日光在一六九四年編的目錄中稱其為「朝鮮國王自筆八字之御額」,可參見《御道具帳》,引自松田,p. 59),這一看法的影響不容小覷。《通航一覽》,3:30。

118 《癸未東槎日記》,收錄於《海行摠載》,3:227之後。天海自一五八九年後一直侍奉德川家,並對日光神社的建立至關重要。在一六三六年,這位精力充沛的百歲人瑞還在朝鮮使節第一次參拜日光時在場觀禮。

119 栃木縣日光東照宮之朝鮮銅鐘銘文。作者會以換行,即該字詞前沒有其他文字,顯示對特定字詞(例如「王」字)所指人物之尊重。如果要表達自謙,則會將該字詞寫得較小。《通航一覽》,3:29之後收錄了全文內容,但是忽略了這類有意義的細節。

120 《林羅山文集》,p. 130。

121 《道房公記》,全10卷(東京大學史料編纂所所藏抄本),卷5(寬永二十年六月十四日)。另須指出九条道房在一六四七年創下了日本史上任期最短的攝政紀錄,僅有五天。

122 《猷廟日記》,轉引自《通航一覽》,3:31。

123 《癸未東槎日記》,收錄於《海行摠載》,3:229。我在日本的文獻中尚未找到關於此次赦免的史料。《德川實紀》,3:317只提到青銅鐘在十九日被送往日光。

124 全文被抄錄於《通航一覽》,3:47。

125 C. R. Boxer, *The Christian Century in Japan*是探討日本早期對西方反應的經典論述,此外還有G. B. Sansom, *The Western World and Japan* (Alfred A. Knopf, 1950),尤其是pp. 115-131和167-196;George Elison, *Deus Destroyed*一書則對天主教在德川時代初期對日本意識形態的影響進行了具啟發性的探討。

126 《林羅山文集》,pp. 136之後。

127 矢野仁一,《長崎市史 通交貿易編東洋諸国部》(長崎市役所,1938),pp. 50-64;山脇悌二郎,《長崎の唐人貿易》(吉川弘文館,1964),pp. 297之後。

128 這些信件收錄於《本邦朝鮮往復書》,此外還有對馬藩的江戶藩邸文書《寬永正保之度邪蘇宗門御厳禁ニ付朝鮮国御往復書簡寫》(史料編纂所所藏宗家文書抄本)收錄了一六三九至一六四五年之間的十二封信和朝鮮的回覆。大部分信件都是在幕府的命令下發出。

129 《癸未東槎日記》,收錄於《海行摠載》,3:225之後。

130 宗義成寫給禮曹之書信,《本邦朝鮮往復書》,卷10;《林羅山文集》,p. 148;《異

104 Cocks, *Diary*, 22 September 1617 (O.S.), 2:171.
105 《林羅山文集》，pp. 140之後。
106 《本邦朝鮮往復書》，卷9、10。日期保留空白是為了避免觸犯收信人的忌諱。有些信件會寫「某年某月吉日」，日期由收信人自行選擇。現存的第一封沒有年號的信是禮曹參議俞省曾寫給宗義成之書信（一六四五年三月），收錄於《本邦朝鮮往復書》，卷10。朝鮮在仁祖二十三年三月十一日（一六四五年四月七日）做出了寫給日本的書信將不再使用中國年號的決定。《備邊司謄錄》（全28卷，國史編纂委員會，1959-1960），1:794之後。中村質錯誤地認為「朝鮮會使用明朝（後來則是清朝）的年號與日本通信」，〈島原の乱と鎖国〉，p. 240。這是與中村想要說明的「寬永外交」的性質混為一談了。
107 《平戸オランダ商館日記》，4:428之後。
108 《通航一覽》，3:23-28；《史料稿本》，卷171，第15部。幕府沒料到會有大風雪，但還是動員了一小隊徭役幫忙鏟雪。黑川道佑，《遠碧軒隨筆》（寬永十三年十二月十七日），收錄於《史料稿本》，卷171，第15部。有些日本文獻稱朝鮮人謁陵是出自使節團的懇切要求。可參見《朝鮮往來》，收錄於《通航一覽》，3:26；或《林羅山文集》，同前書，p. 28。有些大名也相信這個可以增加將軍威望的說法。細川忠利寫給長崎奉行曾我又左衛門之書信，寬永十四年一月二十六日（一六三七年二月二十日），收錄於《細川家記》，可見於〈忠利譜〉，轉引自《史料稿本》，卷170，第15部。但有其他文獻顯示事實並非如此。《通航一覽》，3:23。
109 壬絖，《丙子日本日記》，收錄於《海行摠載》，2:338之後。
110 《通航一覽》，3:23-28；壬絖，《丙子日本日記》，pp. 345-348；金世濂，《槎上錄》，pp. 441-444；黃㦿，《東槎錄》，pp. 84-87。另有一百六十九名朝鮮人留在江戶。《通航一覽》，3:28。
111 《史料稿本》，卷171，第15部。
112 《丹羽文書》，轉引自《史料稿本》，卷171，第15部（寬永十三年十二月十七日）。
113 《通航一覽》，3:28（《朝鮮往來》）。
114 《寬政重修諸家譜》，8:260。
115 中村榮孝指出了日光參拜對家光的統治權威具有的意義——朝鮮使節團曾於一六三七年、一六四三年和一六五五年三次前往參拜，琉球使節團僅於一六四四年參拜過一次。《日鮮関係史の研究》，3:305。
116 有關朝鮮和日本對此次出使目的的不同理解，可參見三宅英利，〈鎖国直後の朝鮮通信使〉，尤其是pp. 32-37。朝鮮在滿族的巨大壓力下成為開啟清朝與日本外交關係的中間人，但是其實朝鮮完全不想看到這兩個蠻族國家互相接觸。《日鮮関係史の研究》，3:500-524。

93 可參見Iwao, "Reopening of the Diplomatic and Commercial Relations," p. 31.
94 可參見Mary C. Wright, "What's in a Reign Name: The Uses of History and Philology," in *Journal of Asian Studies*, 18.1 (November 1958): 103-106.
95 可參見田中健夫對這一點的討論,《中世対外関係史》, pp. 11, 20。
96 有關日本的年號,可參見Herschel Webb and Marleigh G. Ryan, *Research in Japanese Sources: A Guide* (Columbia University Press, 1965), pp. 20-23.
97 《古事類苑》,全56卷(吉川弘文館,1969),26:840-886。其中只有收錄唐朝發出的國書,日期為元和一年一月二十八日(公元八〇六年)。
98 《善隣國寶記》, pp. 36之後。「年號」並非東亞特有的習慣,它也存在於西方。過去比較常明確標記「*Anno Domini*」(耶穌紀元/公元),現在則是隱含在我們的書寫中。在一九一七年的俄國革命之前,「基督教」世界並沒有普遍接受從儒略曆轉換成比較精確的公曆(格里曆,於一五八二年公布)。俄羅斯和希臘教會仍出於宗教原因而拒絕使用。流亡的猶太人除了依照基督教做法之外別無選擇,但是至少在二十世紀,許多猶太人拒絕使用「A.D.」和「B.C.」,他們不願意將耶穌誕生作為計算的起點,因此選擇使用「C.E.」(Common Era)和「B.C.E.」(before C.E.)。希伯來曆(西元一九八〇年等於希伯來曆五七四〇年)也依然在使用中,伊斯蘭也有用「希吉拉」(Hegira)作為起算時間的獨立曆法(譯者註:「希吉拉」是指公元六二二年伊斯蘭先知穆罕默德帶領信眾離開麥加的事件)。因此我們周遭其實有許多年號。
99 例如:《林羅山文集》, pp. 130, 134之後;《通航一覽》, 3:89, 92, 98;《外蕃通書》, pp. 113-122,各處。
100 《通航一覽》, 1:12-77,各處。
101 在這裡我省略了有關「朱印船」制度的詳細討論,在一六二〇年代,幕府以該制度為公海上的日本和外國商人提供了實質的安全保障,並讓他們可以在平戶到阿瑜陀耶(Ayuthia,即暹羅)之間的指定港口進行貿易。顯然德川想用提供這些保證的能力,以及這些保證能得到離日本四千英里外的商人和皇室的承認,來證明其正當性。關於權威的討論可參見岩生成一,《朱印船貿易史の研究》,該書至今仍是經典。也可參見Robert Innes, "The Door Ajar: Japan's Foreign Trade in the Seventeenth Century" (unpublished Ph.D. dissertation, University of Michigan, 1980), pp. 105-156, and Boxer, *The Christian Century*, pp. 261-267.
102 《通航一覽》, 3:576之後。
103 壬絖,《丙子日本日記》,收錄於《海行摠載》, 2:350-353。副使金世濂,《槎上錄》,收錄於《海行摠載》, 2:447-450;從事官黃㦿,《東槎錄》,收錄於《海行摠載》, 3:89之後。

年正是試圖用這樣的方式使用這個稱號。可參見John K. Fairbank, "A Preliminary Framework," in Fairbank, *The Chinese World Order*, pp. 1-14, and Benjamin I. Schwartz, "The Chinese Perception of World Order, Past and Present," in *ibid.*，pp. 276之後。

73 《通航一覽》，3:207，本多正純寫給朝鮮禮曹參判吳億齡之書信（一六〇七年五月），其中提到「奉國王鈞命」等。

74 李景稷，《扶桑錄》，收錄於《海行摠載》，2:156；《本光国師日記》，4:163，及其他。

75 《善隣國寶記》，pp. 36-38。

76 《仁祖朝實錄》，31:72b，收錄於《朝鮮王朝實錄》，34:618描述了以酊庵輪番制度下寫成的第一批國書，並觀察到日本「不用大明年號，因為日本非大明之臣」。

77 一七一一年的情況是一次例外。可參見我的文章 "Korean-Japanese Diplomacy in 1711." 有關琉球使用的稱號，可參見Mitsugu Matsuda, "The Government of the Kingdom of Ryukyu, 1609-1872," p. 36.

78 《日鮮関係史の研究》，3:482。這些信件收錄於《林羅山文集》，pp. 140之後。

79 《通航一覽》，3:102, 219之後。

80 《通文館志》，p. 87；《邊例集要》，1:301; 2:512之後。

81 這些信件收錄於《本邦朝鮮往復書》，卷1，及《日韓書契》，卷1。

82 《林羅山文集》，pp. 140之後。

83 壬絖，《丙子日本日記》，收錄於《海行摠載》，2:352。

84 不過我們可以看到這個稱號在日本國內也有使用，在朝鮮也被用作對皇室王子的稱呼。《經國大典》（學習院東洋文化研究所，1971），p. 36。

85 《日鮮関係史の研究》，3:464之後。

86 丸山真男，〈近代日本思想史における国家理性の問題 (1)〉，《展望》(January, 1949), pp. 4-15；植手通有，〈対外観の展開〉，橋川文三、松本三之助編，《近代日本政治思想史》，全2卷（有斐閣，1971），1:33-74。這個論點將在後面第五章中詳細檢視。

87 壬絖，《丙子日本日記》，收錄於《海行摠載》，2:351之後。

88 《仁祖朝實錄》，31:72b，收錄於《朝鮮王朝實錄》，34:618。

89 《通航一覽》，3:576-591。

90 《邊例集要》，2:512。對於朝鮮面臨的女真壓力之討論，可參見《日鮮関係史の研究》，3:500-536，三宅英利，《寛永十三年朝鮮信使考》，pp. 1-8。

91 有關濱田彌兵衛事件，可參見岩生成一，《鎖國》，pp. 262-268；辻善之助，《增訂海外交通史話》，pp. 552-572。

92 《平戸オランダ商館日記》，4:428之後（一六四〇年十一月九日）。

大名伊達政宗和御三家的德川義直為營救義成而奔走,因為他們覺得柳川調興對所有大名的地位都構成威脅。金世濂,《槎上錄》,收錄於《海行摠載》,2:471。

61 宗義成寫給東萊府使之書信,寬永十六年九月某日(一六三九年九月至十月),收錄於《本邦朝鮮往復書》,卷4。

62 《通航一覽》,1:328, 365;《對州編年略》(東京堂出版,1974),p. 256。

63 《寬政重修諸家譜》,8:260。

64 同前註;《通航一覽》,1:367之後列出了前六十三名受任命者。《日韓書契》(全8卷,史料編纂所所藏抄本)中有更詳細的資訊。一六三五到一八七一年之間以酊庵制度負責的外交書信收錄於《本邦朝鮮往復書》。

65 《寬永十三丙子年朝鮮信使記錄》(全3卷,史料編纂所所藏抄本),卷1有誓文全文。

66 同前註,寬永十一年十月十九日、二十九日;十一年十一月八日、十日、三十日;十一年十二月一日。

67 《寬政重修諸家譜》,8:260;《日鮮関係史の研究》,3:484。

68 《日鮮関係史の研究》,3:485,引用《東萊府接倭事目抄》。

69 《通航一覽》,3:51-54。朝鮮方面對柳川一件的討論可參見《承政院日記》,50:271-278。

70 《本邦朝鮮往復書》,卷1。宗義成寫給禮曹之書信,一六三五年舊曆五月。

71 《日鮮関係史の研究》,3:482,該文中指出日本在外交信函中第一次使用「大君」這個詞,是在一六三六年末,但是至少有三個比這更早的例子。早在一六一〇年,這個稱謂已經在日本國內的非正式場合中用來指稱德川的幕府將軍,例如本多忠勝的遺囑,《本多平八郎忠勝聞書》,收錄於奈良本辰也編,《近世政道論》(岩波書店,1976),p. 22。

72 例如:安南國王寫給日本國王之書信(一六〇五年五月六日),收錄於《外蕃通書》,p. 76;安南國王寫給日本國王之書信(一六一〇年二月二十日),出處同前書,p. 81。「國王」這個稱號在東亞發展出複雜且深遠的意義。在外交層面,從中國的觀點來看,外國統治者或兩位外國統治者之間適當地使用「國王」這個稱號,一方面表示這些統治者與中國皇帝之間的連結,另一方面也暗示他們透過天子建立起一種與天和宇宙秩序的連繫。「國王」臣屬於天子,其正當性也來自天子,就像是天子的正當性源自天的授權。如果將軍在書中署名為「日本國王」,就等於對東亞的世界秩序宣稱日本臣屬於中國,並承認將軍的正當性源自於外部。相反地,宣祖國王堅持這個慣例的行為可以理解為一方面想報答明朝在一五九〇年代提供軍事援助、幫助朝鮮對抗日本,另一方面也正好可以在以中國為中心的等級秩序中,將日本定位成與朝鮮相同的外交等級。如果不考慮中國,只根據孟子的倫理君主論,那麼的確可以主張將軍適合「國王」的稱號,新井白石在一七一一

51 朝鮮國王的名諱是禁忌，不會被讀出來。宣祖的真名是一個少見的漢字，不確定其讀法。同時代的日本文獻認為應該讀作「Yŏn」，不過我在這裡是依照現代韓文的讀法。在給將軍的國書中使用國王的名諱具有很重要的意義，因為除此之外，就只有在寫給中國皇帝的國書中才會使用朝鮮國王的真名。

52 有關這個問題在一六一七年的情況，可參見李景稷的日記《扶桑錄》，收錄於《海行摠載》，1:156；《異國日記》，卷2；《本光国師日記》，4:163；及〈方長老朝鮮物語 附柳川始末〉，《新訂增補史籍集覽》，28:455-470。我曾在我的文章 "Korean-Japanese Diplomacy in 1711: Sukchong's Court and the Shogun's Title" 中檢視在那年的短暫外交改革裡，將軍頭銜的外交意義。

53 關於這個事件沒有令人滿意的研究，不過下列文獻中有簡要提及：《日鮮関係史の研究》，3:483-486，及《長崎県史 藩政編》（吉川弘文館，1973），pp. 845-851。東京大學史料編纂所所藏宗家文書中有許多一手的史料文獻，包括《柳川調興公事之時方長老并松尾七右衛門江被成御尋請答の帳》，全1卷，《柳川調興公事記錄》，全3卷，以及同樣題為《柳川調興公事記錄》的書信集。其他史料可參見東京大學史料編纂所《大日本史料》的未出版稿本《史料稿本》，卷169-171，各處，與《通航一覽》，1:328之後。有關向朝鮮傳遞的情報，可參見《承政院日記》，50:273-278。

54 規伯玄方於一六二九年奉家光之命前往漢城調查一六二七年後金入侵朝鮮之事。有關玄方出使朝鮮的較完整討論，可參見後文的第四章，及田代和生，〈寬永六年（仁祖七年，一六二九年）対馬使節の朝鮮国「御上京之時毎日記」とその背景〉，《朝鮮學報》，96, 98, 101 (1980-1981)。

55 栗田元次，《江戶時代史》（內外書籍，1928），pp. 279-302；藤野保，《新訂幕藩体制史の研究》（吉川弘文館，1961），pp. 251-264。秀忠去世（一六三二年）後的幾年間是大名遭處置的高峰期。

56 關於這個決定，可參見《德川實紀》，2:674之後。

57 審判的座次示意圖可參見《公事對決御座配繪圖》（史料編纂所所藏宗家文書抄本）。

58 〈忠利譜〉，《細川家記》（寬永十二年三月十二日、十六日）；《伊達（貞山）治家記錄》（寬永十二年三月十二日）；《前田（金澤）家譜》；《小笠原忠真一代覚書》等，收錄於《史料稿本》，170.3。

59 永積洋子譯，《平戶オランダ商館日記》，3:205, 232。

60 宗義成雖然算是領地很小的大名，但是他有重要的親緣關係。他的岳父是朝廷的幕府代表（「武家傳奏」）日野資勝，他的長女是「公家」左大臣轉法輪公富的妻子（《寬政重修諸家譜》，8:262）。翌年來到日本的朝鮮使節團副使金世濂在報告中說

36 《林羅山文集》,p. 248。
37 小槻(壬生)孝亮,《孝亮宿祢日次記》,5,元和三年九月十八日(一六一七年十月十七日),轉引自《大日本史料》,此處也有使節團的紀錄。即使朝鮮使節團沒有在京都停留,必定還是讓朝廷留下了深刻的印象,因為他們「穿著官服走過城中」。《通文館志》,p. 91。
38 例如:《細川家記》,21(《忠利譜》,1),與《高山公藤堂高虎實錄》,42,收錄於《大日本史料》,12.27:885。對於謁見的最佳敘述,可參見李景稷,《扶桑錄》,收錄於《海行摠載》,2:149-153。
39 《林羅山文集》,p. 248。
40 宗義成寫給禮曹之書信,元和一年十一月某日(一六一五年十二月二十一日至一六一六年一月十八日),收錄於《外蕃通書》,p. 19。
41 三宅英利,〈元和朝鮮信使来聘理由への疑問〉對這點有充分的討論。
42 《仁祖朝實錄》,5:19a,收錄於《朝鮮王朝實錄》,33:598。
43 《仁祖朝實錄》,8:51a,收錄於《朝鮮王朝實錄》,33:692。
44 姜弘重,《東槎錄》,收錄於《海行摠載》,2:256。安藤重長是已故老中安藤重信的兒子。他日後成為第一任「寺社奉行」,且經常在將軍接待外國使者時掌管儀典。
45 五次《鎖國令》其實是指一六三三年、一六三四年、一六三五年、一六三六年和一六三九年頒布給長崎奉行的一連串備忘錄和命令,收錄於《德川禁令考 前集》6:375-379。即使是被廣泛引用的權威著作(如大久保利謙等編,《史料による日本の歩み 近世編》〔吉川弘文館,1955〕,pp. 127-131),也都將這些命令不加解釋地統稱為「鎖國令」。有關於近年對家光將幕府重新改組的分析,可參見辻達也,〈寬永期の幕府政治に関する若干の考察〉。對長崎奉行的最佳編年史可參見清水紘一,〈長崎奉行一覽表の再檢討〉,《京都外國語大學研究論叢》,40 (1974): 14-22。
46 朝尾直弘,《鎖國》,p. 259。
47 有關去世前之繼承,可參見Jack Goody, "Introduction," in Goody, ed., *Succession to High Office* (Cambridge University Press, 1966), esp. pp. 9-11. 配合選定繼承人的其他去世前繼承事例,可參見Andrew W. Lewis, "Anticipatory Association of the Heir in Early Capetian France," in *American Historical Review*, 83.4 (October 1978): 906-927. 卡佩王朝(Capetian)的案例在時機和目的上都與德川家的情況十分類似。
48 接下來的討論是根據中村榮孝,《日鮮関係史の研究》,3:267-269。
49 朝鮮使節黃秋浦的日記,《東槎錄:萬曆丙申秋冬通信使一行日本往還日記》(京都大學圖書館河合文庫所藏抄本,1596),九月的紀錄,及《日鮮関係史の研究》,3:266之後。
50 朝鮮副使慶暹的日記,《慶七星海槎錄》,收錄於《海行摠載》,2:1, 2:43。

22 《日鮮関係史の研究》,1:141-202。
23 《異國日記》,卷2;《外蕃通書》,p. 58;《通航一覽》,5:558。
24 《林羅山文集》,pp. 136之後;《外蕃通書》,pp. 58之後,及其他。
25 朝尾直弘,《鎖國》,pp. 359之後;朝尾直弘,〈将軍政治の権力構造〉,《岩波講座 日本歷史》,10 (1975): 5,及其他。
26 辻達也,〈寛永期の幕府政治に関する若干の考察〉,《橫浜市立大學論叢》,24.2/3 (1973): 31-35。可與 Totman, *Politics in the Tokugawa Bakuju*, pp. 38f相比較。
27 有關此次使節團的背景,可參見三宅英利,〈元和朝鮮信使来聘理由への疑問〉。關於使節本身,可參見《通航一覽》,1:381-384;2:303之後;3:90之後,209-213。朝鮮正使吳允謙的日記《東槎錄》,收錄於《海行摠載》,2:78-110;副使李景稷的日記《扶桑錄》,收錄於《海行摠載》,2:111-205。
28 《光海君日記》,112:9b,收錄於《朝鮮王朝實錄》,32:565;《通航一覽》,1:381-384。
29 《本光国師日記》,4:143;《大日本史料》,12.27:417-656。其中秀忠給荷蘭人的朱印狀可參見p. 606;他對葡萄牙人的接待可參見pp. 581-588。
30 《大日本史料》,12.27:308-360。對大名下達的命令可參見《本光国師日記》4:135。
31 Richard Cocks, *Diary Kept by the Head of the English Factory in Japan: Diary of Richard Cocks, 1615-1622*, 3 vols., ed., Historiographical Institute(東京大學出版會,1978-1980),2:156-157 (31 August 1617 [O.S.])。這個版本取代了村上版的 *Diary of Richard Cocks*, 2 vols. (Sankosha, 1899),不過讀者可以參考日期,在後者的版本中找到該段文字。
32 Cocks, *Diary*, 2:171 (21,22 September 1617 [O.S.])。
33 *Diary*, 2:170 (20 September 1617 [O.S.])。
34 *Diary*, 2:171 (22 September 1617 [O.S.])。雖然這些傳聞不符合朝鮮的真實想法,但是卻很流行。老中酒井忠勝在十八年後也說了一樣的話,他的紀錄中說一六二九年的漢城也流傳這樣的說法。酒井忠勝寫給宗義成之書信,日期為寬永十二年八月二十九日(一六三五年十月十日),收錄於東京大學史料編纂所所藏宗家文書(有花押之抄本)。根據酒井的說法,流言盛傳朝鮮想「成為日本的藩屬國」。
35 《義演准后日記》,12,元和三年八月二十六日(一六一七年九月二十五日),與元和三年九月十八日(一六一七年十月十七日),轉引自《大日本史料》,12.27:884;12.28:12。義演出生於一個上層的「公家」家庭,後來成為最後一代足利將軍的養子。他與豐臣家的關係密切,豐臣家出於互惠,也在財務上支持義演的寺廟(三寶院)。三寶院的住持在室町時代曾於天皇任命將軍的過程中擔任證明將軍正當性的禮儀人員,家康在一六〇三年便讓義演擔任這個職務。伊東多三郎,〈江戶幕府の成立と武家政治觀〉,p. 31。

12 這層關係還包括從日本不定期派遣使節到北京。完整的討論可參見Wang Yi-t'ung, *Official Relations between China and Japan, 1368-1549* (Harvard University Press, 1953)，及田中健夫，《倭寇と勘合貿易》(至文堂，1961)。
13 瑞溪周鳳，《善隣國寶記》，收錄於《改定史籍集覽》，全33卷（近藤出版部，1900-1902），21:37之後。
14 佐藤進一，〈室町幕府論〉，《岩波講座 日本歷史》，全23卷（岩波書店，1962-1964），7:48。
15 田中健夫，《中世対外関係史》，pp. 23之後有對「表」的解釋。
16 《林羅山文集》，p. 130。
17 《明史》，1:145。
18 本章註8。有關三代標準的精彩論述，可參見小島佑馬，《中國の革命思想》（筑摩書房，1967），pp. 25-28。
19 大部分通信收錄於《外蕃通書》，卷8-9，pp. 52-62。在一六二〇年之前寫給明朝的所有書信，都是以各種形式請求加入明朝的朝貢體系，並與中國直接貿易。這些書信反映出日本對於承認中國普遍正當性的矛盾心態，這種矛盾心態可見於本多正純寫給福建總督之書信（收錄於《林羅山文集》，p. 130）。不過在一六一九到一六二二年間的一系列事件（將於後面詳述）之後，日本便不再尋求與明朝的直接貿易。從那以後，日本與明朝的通信內容便專注於天主教議題，末次平藏寫給福建總督之書信可為代表，日期為一六二五年八月，收錄於《林羅山文集》，p. 136之後；《外蕃通書》，pp. 58之後。這兩封信都是由林羅山起草，因此可以推測它們反映了幕府將軍的政策。
20 「朱印狀」是幕府將軍核發的特許狀，上面加蓋了將軍的紅印，授權持有者可以進行特定的海外航行。家康最遲是在一六〇四年開始發放這類特許狀，發行朱印狀之前，幕府將軍曾去信遠至呂宋和暹羅的東亞諸國統治者，告知他們朱印狀可以證明持有者的真實性，請求諸國允許持有者在許可的目的地進行自由貿易；家康還說沒有這類朱印狀的日本船隻都應被視為海盜。例如可參見家康於一六〇一年春天寫給安南國王之書信，收錄於《外蕃通書》，p. 73。這一制度一直維持到一六三五年，中間幾經修改，在執行力最強的時候，它甚至可以確保船隻能在作戰地區的公海安全通過。相關的簡短討論可參見 Boxer, *The Christian Century in Japan*, pp. 261-267，及岩生成一，《朱印船貿易史の研究》之權威研究。
21 此事被以心崇傳記錄在《異國日記》，全4卷，史料編纂所所藏抄本，卷2，後又收錄於《通航一覽》，5:555-561，其中還有中國信件的原文。其他相關資料可參見崇傳的日記，《本光国師日記》，全7卷（続群書類従完成会，1970），5:103-117。後面的討論都是根據上述資料來源。

University Press, 1968), pp. 168-174. 有關幕府將軍正當性的討論，在近十年來發展迅速。尤其可參見 *Japan before Tokugawa: Political Consolidation and Economic Growth, 1500-1650*, ed. John W. Hall et al. (Princeton University Press, 1981) 中收錄之論文：Asao Naohiro, "Shogun and Tenno," Fujiki Hisashi, "The Political Posture of Oda Nobunaga," John Hall, "Hideyoshi's Domestic Policies," Katsumata Shizuo, "The Development of Sengoku Law," and Sasaki Junnosuke, "The Changing Rationale of Daimyo Control in the Emergence of the Bakuhan State."

4 Charles P. Korr, *Cromwell and the New Model Foreign Policy* (University of California Press, 1975), pp. 5, 7.

5 有關恢復外交關係過程的文獻史料和基本研究，可參見辻善之助，《增訂海外交通史話》，pp. 465-480；《外蕃通書》，pp. 9-21；《通航一覽》，1:241-328；中村榮孝，《日鮮関係史の研究》，3:234-336。

6 早在一六〇九年，家康就曾下令朝鮮「借道日本對明朝進貢」。魚叔權，《攷事撮要》（京城：京城帝國大學法文學部，1941），pp. 120 之後。《朝鮮通交大紀》，卷5 收錄的另一封信也提出了同樣要求。辻善之助，《增訂海外交通史話》，p. 473，及田中健夫，《中世対外関係史》，p. 54 也有提出相關證明，但辻善之助避開了「進貢」這個詞帶有的暗示。

7 可參見林鵞峰，〈朝鮮来往外集序〉，《鵞峰先生林学士文集》（目次、序言1、序言2，全120卷，於51分冊，1689），90:3b。

8 歐陽修，〈正統論〉，《歐陽文忠公文集》，四部叢刊本，59:5a-18a；蘇軾（蘇東坡），〈正統論〉，《經進東坡文集事略》，四部叢刊本，11:5b-11a；司馬光，《資治通鑑》，全11卷（北京：新華書店，1956），3:2185-2188。為方便閱讀，讀者可參照已加註標點的版本：諸橋轍次編，《大漢和辭典》，全13卷（大修館書店，1955-1956），6:673 之後。

9 本多正純寫給福建總督之書信，收錄於《林羅山文集》，p. 130。

10 《通航一覽》，1:9-39；《鹿兒島縣史》，全5卷（鹿兒島縣，1940-1943），4:660-679。有關家康試圖透過琉球與明朝取得聯繫，可參見木宮泰彥，《日支交通史》，全2卷（金刺芳流堂，1926-1928），1:459 之後。有關薩摩藩征服琉球的英文簡述，可參見 George H. Kerr, *Okinawa*, pp. 156-166; Robert K. Sakai, "The Ryukyu (Liu-ch'iu) Islands as a Fief of Satsuma," in John King Fairbank, ed., *The Chinese World Order* (Harvard University Press, 1968), pp. 115-118.

11 《明史》，全6卷（國防研究院，1962），1:145之後；6:3700。琉球與明朝之間的通信收錄於《歷代寶案》，引自宮田俊彥，〈近世初期の琉明貿易〉，《日本歷史》，340 (September 1976): 2-6。

86. Oliver Statler, *Shimoda Story* (Random House, 1969), p. 491. 史塔特勒對這段文字的引用有誤,但是《大日本古文書:幕末外國關係文書》,16:42(下田奉行寫給老中之書信,安政四年七月二十一日),以及16:158(海防掛大目付與目付寫給老中之書信,安政四年七月十六日)證明幕府高官在面臨重大外交危機時,會將日本與琉球和日本與朝鮮的關係都視為參考的先例。
87. 《德川禁令考 前集》,全6卷(創文社,1959),6:375-439;《御觸書寬保集成》(岩波書店,1934),pp. 1336-1356等均常做出這樣的分類。
88. Robert K. Sakai, "The Ryukyu Islands," pp. 112-115.
89. 武野要子,〈薩摩藩の琉球貿易と貿易商人石本家の関係〉,收錄於秀村選三編,《薩摩藩の基礎構造》(御茶の水書房,1970);武野要子,《藩貿易史の研究》(ミネルヴァ書房,1979),第五章、第九章。
90. 渡口真清,《近世の琉球》(法政大學出版局,1975),pp. 359-373。
91. 山本美越乃,〈誤れる植民政策の奇形兒 琉球〉,《經濟學論叢》,卷23 (1926)、24 (1927)、25 (1927)、28 (1928)。
92. 有關這些使節團和中國對琉球冊封的詳細討論,可參見Ch'en Ta-tuan, "Investiture of Liu-Ch'iu Kings in the Ch'ing Period," in Fairbank, *The Chinese World Order*, pp. 135-164.
93. Robert K. Sakai, "The Satsuma-Ryukyu Trade and the Tokugawa Seclusion Policy," in *Journal of Asian Studies*, 23.3 (1964): 391.
94. 同前註。
95. Tashiro Kazui, "Tsushima han's Korean Trade, 1684-1710," in *Acta Asiatica*, 30 (1976): 97.

第三章 認可的透鏡:幕府正當化過程中的外交

1. 伊東多三郎,〈江戶幕府の成立と武家政治觀〉,《歷史學研究》,131 (January 1948): 1-11; 132(February 1948): 29-47有較為精簡的討論。
2. Dolf Sternberger, "Legitimacy," in *International Encyclopedia of the Social Sciences* (1968), 9:244.
3. David Margarey Earl, *Emperor and Nation in Japan, Political Thinkers of the Tokugawa Period* (University of Washington Press, 1964), pp. 15ff; John Whitney Hall, *Government and Local Power in Japan, 500-1700, A Study Based on Bizen Province* (Princeton University Press, 1966), pp. 345-353; Conrad Totman, *Politics in the Tokugawa Bakufu, 1600-1843* (Harvard University Press, 1967), pp. 39f; Herschel Webb, *The Japanese Imperial Institution in the Tokugawa Period* (Columbia

72 禮曹的紀錄，日期為萬曆八年三月一日（一六一〇年三月二十五日），收錄於《朝鮮通交大紀》，卷5，pp. 180-183。
73 《朝鮮通交大紀》，卷5，pp. 199-200。
74 可參見後面第三章的討論。
75 三宅英利在下列一系列文章中討論了幕府和朝鮮政府對於派遣這些使節團的不同目標：〈德川政權初回の朝鮮信使〉、〈元和朝鮮信使来聘理由への疑問〉、〈寬永初回の朝鮮信使〉，《九州史學》，53-54 (1974): 63-78；〈寬永十三年朝鮮信使考〉，《北九州大学文学部紀要》，6 (1970): 1-20；〈鎖国直後の朝鮮通信使〉，《北九州大学文学部紀要》，51-52 (1971): 23-52；〈李氏孝宗朝日本通信使考〉，《北九州大学文学部紀要（B系列）》，3.1 (1969): 1-32；〈天和朝鮮通信使考〉，《史学論集 対外関係と政治文化》，全2卷（吉川弘文館，1974），1:163-192。
76 George H. Kerr, *Okinawa*, p. 155；新屋敷幸繁，《新講沖繩一千年史》，1:420。
77 有關於薩摩藩征服琉球和尚寧王派往江戶之使節團的文獻，收錄於《通航一覽》，1:5-291。英文的簡介可參見Kerr, *Okinawa*, pp. 151-166，Robert K. Sakai, "The Ryukyu (Liu-ch'iu) Islands as a Fief of Satsuma," in John K. Fairbank, ed., *The Chinese World Order* (Harvard University Press, 1968), pp. 115-118.
78 本多正純寫給島津家久之書信，慶長十四年七月十三日，同一天，本多正純寫給島津義久之書信，收錄於《大日本古文書 家わけ第十六 島津家文書》，全2卷（東京帝國大學，1942-1966），2:336之後。
79 相關討論可參見Sakai, "The Ryukyu Islands," pp. 118之後。
80 《人見竹洞全集》（手抄節本，全3卷，東京大學史料編纂所），卷3。在荻生徂徠的《琉球聘使記》（南葵文庫，東京大學圖書館所藏抄本）中，能夠清楚看出徂徠對一七一一年的琉球使節團的矛盾看法，他一方面明確地把琉球看作外國，但是又寫到「〔琉球〕其實為薩摩藩之附庸，其使節與〔薩摩藩的〕家老為同等位階」。
81 關於日本的接待如何彰顯出朝鮮和琉球的相對外交地位，我將在後面第五章中詳細討論。
82 《林羅山文集》，pp. 130-163。
83 林鵞峰編，《華夷變態》，全3卷，加補遺（東洋文庫，1958-1960），1:79-91各處。
84 Mitsugu Sakihara, "The Significance of Ryukyu in Satsuma Finances during the Tokugawa Period" (unpublished Ph.D. dissertation, University of Hawaii, 1971), p. 11，及《德川實紀》，5:403。
85 《承政院日記》，25:10ba，Ronald P. Toby, "Korean-Japanese Relations in 1711: Sukchong's Court and the Shogun's Title"，收錄於《朝鮮學報》，74 (1975): 10; 23，n. 40。

意思。其中有兩筆——〈朝鮮來貢記〉描述一六一七年的使節團,〈朝鮮信使來貢記〉則是寫一六二四年的使節團——是由林羅山所寫,因此具有半官方性質。林羅山在一六一一年為本多正純起草了一封寫給中國的國書,信中描述朝鮮會納貢給日本。本多正純寫給福建總督之書信,收錄於《林羅山文集》(大阪:弘文社,1930),p. 130。地方政府同樣認為朝鮮是來上貢的,例如:《朝鮮人来物ニ付村々宛之書上帳》(抄本,1710,筆者私人收藏)記錄為接待一七一一年的使節,而向東海道濱松附近各村徵收物品的明細。可參照中井竹山,《草茅危言》,收錄於《中井竹山と「草茅危言」》(大正洋行,1943),p. 165。

67　新井白石主張應該在對馬接待朝鮮使節,以補救這一狀況。《新井白石全集》,全6卷(國書刊行會,1905-1907),4:682。這個主張在七十五年後——一七八七年德川家齊繼任將軍之位時——由中井竹山提議,松平定信積極採納,最後在一八一一年得到執行。可參見田保橋潔,《近代日鮮關係の研究》,2:639-894。

68　李瀷(1682-1763)便十分有感於日本人的忠誠和盡責美德,可參見他的〈日本忠義〉,《星湖僿說》,全2卷(首爾,景仁書林,1967),1:602,日文引用可見於《日鮮關係史の研究》,3:314-315。李瀷曾經預測尊皇派會起義推翻將軍,使天皇重新取回原屬於他的權力地位,他提出的走向也與一百多年後實際發生的倒幕驚人地類似。李瀷設想的發展是他根據閱讀崎門派學者山崎闇齋(1618-1682)、山崎的弟子淺見絅齋(1652-1711),以及淺見的弟子若林強齋(1676-1732)得來的,這剛好顯示十八世紀初的朝鮮可以讀到日本學者的著作。反過來說,山崎闇齋也很崇敬朝鮮的儒學思想家李滉(退溪,1501-1570),山崎亦在其〈教育原則〉承認這件事,可見於 Ryusaku Tsunoda et al., comp., *Sources of Japanese Tradition* (Columbia University Press, 1958), p. 356. 林羅山熱切地向朝鮮使節詢問朱子理學的相關問題,進一步體現了這種崇敬,同前註,pp.350之後。

69　例如田代和生,〈17、18世紀日朝貿易の推移と朝鮮渡航船〉,《朝鮮學報》,79 (April 1976): 14。

70　McCune, "Korean Relations," pp. 156f.

71　可以比較李鉉淙,〈己酉條約 內容의 史書別 綜覽檢討〉,pp. 291-295中之文字、李鉉淙在 p. 297後整理的不同版本,《通文館志》,pp. 82之後,《增正交隣志》,pp. 12-17中之文字。尤其是馬科恩將後者史料中的一部分註釋(p. 14)解釋成「〔上述日本官方貿易船隻的類型〕應當分門別類。它們不被允許前往漢城,只應當在釜山的倭館受到接待」,馬科恩認為這是《己酉條約》(他將其視為條約)的一部分。我認為這是註釋和既有禮儀的一部分,這個看法與李鉉淙的分析相同,也符合以下文章的見解:中村榮孝,〈己酉約条再考〉,《朝鮮學報》,101 (October 1981): 49-50。

58 《攷事撮要》，p. 120。
59 《朝鮮通交大紀》，卷3，p. 127。
60 一四四三年、一五一二年和一六〇九年的條約內容收錄於《通文館志》，pp. 81之後，《增正交隣志》，pp. 171之後。一四四三年的條約可參見瀨野馬熊，〈正統癸亥条約について〉，《史學雜誌》，26.9 (1926): 103-123；《朝鮮通交大紀》，卷1；《世宗大王實錄》，卷100-104各處。有關一五一二年的條約，可參見《日鮮関係史の研究》，3:9-12，及李鉉淙，《朝鮮前期對日交涉史研究》（首爾：韓國研究院，1964），pp. 278-293；有關一五四七年的條約，可參見《日鮮関係史の研究》，3:170-183，及李鉉淙，《朝鮮前期對日交涉史研究》，pp. 294-299。有關一六〇九年的條約，可參見《日鮮関係史の研究》，3:282-300，及李鉉淙，〈己酉條約成立始末과 歲遣船數에 대하여〉，《港都釜山》，4 (1964): 229-312。李鉉淙，〈己酉條約內容의 史書別 綜覽檢討〉，《大邱史學》，7-8 (1973): 281-300，其中收錄了一六〇九年條約的所有現存版本，從《通文館志》，卷5；《增正交隣志》，卷4；《邊例集要》，全2冊（首爾：探求堂，1973），卷5；《攷事撮要》，卷2；《接待倭人事例》，卷1，以及首爾國史編纂委員會所藏宗家文書。李鉉淙在〈己酉條約內容〉，pp. 279之後提出了不同版本的內容。
61 根據外交禮儀，朝鮮應該為前來朝鮮的日本使節提供食物，日本也應該為朝鮮使節提供食物。
62 田代和生，〈近世対馬藩における日鮮貿易の一考察〉，《日本歷史》，268 (1970): 88-114。
63 McCune, "Korean Relations with China and Japan, 1800-1864" (unpublished Ph.D. dissertation, University of California, Berkeley, 1941), p. 12. James B. Palais, "Korea on the Eve of the Kanghwa Treaty, 1873-1876" (unpublished Ph.D. dissertation, Harvard University, 1967), p. 537也認為該「條約」決定了一八七六年之前的日朝關係模式。Key-Hiuk Kirn, *The Last Phase of the East Asian World Order*, pp. 15-16也採取相同立場。雖然漢城與江戶之間的交易並不規律，但是它們構成了兩國關係的基礎。
64 McCune, "Korean Relations," p. 12. 可參照 Key-Hiuk Kim, *The Last Phase of the East Asian World Order*, p. 23.
65 《承政院日記》，全115卷（首爾：國史編纂委員會，1961- ），25:10ba，及我的文章 "Korean-Japanese Relations in 1711: Sukchong's Court and the Shogun's Title"，《朝鮮學報》，74 (January 1975), pp. 10, 23, n. 40.
66 《國書總目錄》，5:694-698列出了五十餘冊與江戶時代的朝鮮使節團有關的當代文獻，當中都稱呼使節團是「來朝」或「來貢」，而這兩個詞都含有臣屬或朝貢的

英利,〈德川政權初回の朝鮮信使〉,pp. 119之後;p. 130,註85。

36 《孝亮宿祢日次記》,慶長十二年四月八日,轉引自《大日本史料》,12.4:785。
37 《鹿苑日錄別錄》,慶長十二年四月八日,轉引自《大日本史料》,12.4:785。
38 〈方長老朝鮮物語 附柳川始末〉,《新訂增補史籍集覽》,卷28,p. 456。
39 《慶長日記》,轉引自《通航一覽》,1:318。朝鮮與日本對一六〇七年朝鮮使節團是何種性質的分歧看法,在下列文章中有詳細討論:三宅英利,〈德川政權初回の朝鮮信使〉,pp. 110-113。
40 《外蕃通書》,pp. 9-15。負責編纂《外蕃通書》的近藤守重在德川家齊手下擔任研究和檔案管理之職(包括「書物奉行」一職),他是日本第一個發現一六〇六到一六〇七年的偽造國書的人。這封信原本收藏在《朝鮮通交大紀》,卷5,pp. 173-174,還加註不應該讓幕府將軍看到此信,以及「柳川景直偽造了此時的兩封國書」之評註。
41 在江戶城的謁見被詳細記錄於以下書籍中:慶暹,《海槎錄》,收錄於《海行摠載》,2:48-50。
42 《朝鮮通交大紀》,卷5,p. 176及《通航一覽》,3:87收錄了吳億齡的書信內容。慶暹,《海槎錄》,收錄於《海行摠載》,2:48記錄了遞交過程。
43 三宅英利,〈德川政權初回の朝鮮信使〉,p. 113。
44 慶暹,《海槎錄》,收錄於《海行摠載》,2:65。
45 同前註,p. 49。
46 《通航一覽》,3:88之後。
47 這兩個問題的意義留待後文第三章討論。
48 慶暹,《海槎錄》,收錄於《海行摠載》,2:55。
49 同前註,p. 54。
50 同前註,p. 49引用了對馬顧問僧規伯玄方的話來強調這一點。
51 三宅英利有幾篇文章討論了這一認識的分歧,例如:〈元和朝鮮信使来聘理由への疑問〉,《九州史學》,52 (1973): 31-42。
52 這一偵察使將在第四章做進一步討論。
53 《本邦朝鮮往復書》,各處,《朝鮮通交大紀》,各處。
54 這一點將在第五章做進一步討論。
55 《通航一覽》,3:403。
56 《宣祖大王實錄》,221:4a(收錄於《朝鮮王朝實錄》,25:395;宣祖四十一年二月一日)。
57 《通文館志》(京城:朝鮮總督府,1944;首爾:景仁文化社,1973年再版),p. 81;《增正交隣志》(首爾:亞細亞文化社,1974),p. 158。

23 《朝鮮通交大紀》,卷4。成以文寫給對馬守之書信,日期為萬曆三十二年舊曆四月(一六〇四年七月二十七日至八月二十四日),也可見於《通航一覽》,1:315。辻善之助,《增訂海外交通史話》(內外書籍,1930),pp. 466之後寫到「朝鮮在一六〇四年接受對馬宗氏的請求,允許對馬的人到釜山進行貿易」,成以文的信中也的確提到「我們將暫且允許〔日本人〕以貨物進行貿易」,但是我並沒有看到證據顯示在一六一一年之前,除了外交使節團附帶的貿易之外,另有定期的貿易存在。或許是這一句「日本若能進一步表現善意」有給出這個提議。

24 《朝鮮通交大紀》,卷4;《通航一覽》,1:317-322;〈方長老朝鮮物語 附柳川始末〉,《新訂增補史籍集覽》(全41卷,京都:臨川書店,1967),28:455;《寬政重修諸家譜》,全22卷,附索引4卷(群書類從完成会,1964-1968),8:255;辻善之助,《增訂海外交通史話》,pp. 466之後。

25 《鹿苑日錄》中有關慶長十年二月二十八日(一六〇五年四月十六日)的紀錄,收錄於《大日本史料》,全293卷直至今日,分成12套(史料編纂所,1901-),12.2:989之後。

26 《攷事撮要》(京城:京城帝國大學法文學部,1941),p. 112。

27 《通航一覽》,1:317-322。

28 《朝鮮通交大紀》,卷4,pp. 173-174。

29 指中宗(於一五〇六至一五四四年間在位)之墓和成宗(於一四六九至一四九四年間在位)的嬪妃陵墓。《日鮮関係史の研究》,3:265。

30 辻善之助,《增訂海外交通史話》,p. 467。

31 《日鮮関係史の研究》,3:264之後。偽造的家康國書記錄於《宣祖大王實錄》,205:10a(收錄於《朝鮮王朝實錄》,25:284,宣祖三十九年十一月十二日)。朝鮮將該國書呈給明朝廷,並收錄在《皇明實錄》,轉引自近藤守重編,《外蕃通書》(可見於《近藤正齋全集》,全3卷〔國書刊行會,1906〕,卷3)。在該全集中,近藤的著作都是獨立編頁。《外蕃通書》,p. 15。

32 《日鮮関係史の研究》,3:264之後;《宣祖大王實錄》,205:14a-14b(收錄於《朝鮮王朝實錄》,25:286)。副使慶暹一看到德川秀忠在一六〇七年對宣祖信件的回覆,立刻確信一六〇六年的那封信是偽造的。慶暹,《慶七星海槎錄》,收錄於《海行摠載》,全4卷(京城:朝鮮古書刊行會,1914),2:49。

33 三宅英利,〈德川政權初回の朝鮮信使〉,《朝鮮学報》,82 (January 1977): 109。

34 《宣祖大王實錄》,185:10a,收錄於《朝鮮王朝實錄》,25:63;《宣祖大王實錄》,187:3a,收錄於《朝鮮王朝實錄》,25:63;及其他。

35 慶暹,《慶七星海槎錄》,收錄於《海行摠載》,2:1, 43。朝鮮曆五月算起來相當於日本慶長十二年閏四月。不同史料對使節團的正確人數有不同記載。可參見三宅

全5卷（北京：中華書局，1971），其翻譯可見以下書籍：L. Carrington Goodrich and Ryusaku Tsunoda, *Japan in the Chinese Chronicles* (Pasadena: Perkins Oriental Books, 1968), p. 9.

11 中村榮孝，《日鮮関係史の研究》，3:257。
12 《通航一覽》，1:303，引用自《朝鮮通交大紀》，卷4，pp. 148-150。
13 同前註。
14 同前註。詳情可參見內藤雋輔對戰俘遣返的詳細研究，《文禄・慶長役における被擄人の研究》（東京大學出版會，1976）。也可參見例如：《宣祖大王實錄》，136:2b，收錄於《朝鮮王朝實錄》，24:228記錄了慶尚左道兵使金太虛在一六〇一年的報告中指出，他從一群歸國的俘虜口中得知小西行長死於「一場戰役」（其實他是被處決）。在一六〇一年五月二十六日，有一名叫作姜士俊的被遣返者呈上一份紀錄，其中詳細回顧了秀吉死後到關原之戰期間的政治發展。他的結論是「現在所有〔日本人〕都想要和平」。姜士俊也回報說，對馬的和平方案有得到德川家康的支持。《宣祖大王實錄》，136:21b-23b，收錄於《朝鮮王朝實錄》，24:237之後。
15 《日鮮関係史の研究》，3:257。
16 《日鮮関係史の研究》，3：260。李德馨的上書可參見《宣祖大王實錄》，144:19b-20a（收錄於《朝鮮王朝實錄》，24:330）；《宣祖大王實錄》，145:8a-9b（收錄於《朝鮮王朝實錄》，24:335之後）及其他。李德馨在一六〇二年三月二十六日（宣祖二十四年十二月三日）被擢升為領議政，《宣祖大王實錄》，147:3a，收錄於《朝鮮王朝實錄》，24:350。
17 《通航一覽》，1:308之後。
18 《宣祖大王實錄》，171:19b-20a，收錄於《朝鮮王朝實錄》，24:572之後；《宣祖大王實錄》，171:22a-24a，收錄於《朝鮮王朝實錄》，24:575之後。可參見中村榮孝對金光的研究，〈朝鮮役の俘虜金光の送還〉，收錄於《日鮮関係史の研究》，2:477-496。金光與宗義智的外交顧問禪僧景轍玄蘇的對話似乎發揮了關鍵作用。兩人的談話可見於《日鮮関係史の研究》，2:479之後。如果要較完整的理解玄蘇及禪僧在日本外交中扮演的角色，可參見長正統，〈景轍玄蘇について——外交僧の出自と法系〉，《朝鮮學報》29 (1963): 135-147。
19 《通航一覽》，1:308-313。
20 《通航一覽》，1:314-327，其中有關於松雲使節團的資料。有關松雲和加藤清正，可參見李元植，〈壬乱僧将松雲大師墨跡の発見に寄せて——加藤清正陣営への往返を中心に——〉，收錄於《韓》5.5-6 (1976): 218-234。
21 《宣祖大王實錄》，174:9b，收錄於《朝鮮王朝實錄》，24:611。遼東御史的書信。
22 《宣祖大王實錄》，175:7b，收錄於《朝鮮王朝實錄》，24:617；《通航一覽》，1:314。

Rapoport (The Macmillan Company, 1967), pp. 215-228.
54 Stephen Peter Rosen, "Alexander Hamilton and the Domestic Uses of International Law," in *Diplomatic History*, 5.3 (Summer 1981): 183-202.

第二章　後豐臣秀吉時代的外交正常化

1 德川家康在五大老中地位居首一事，體現在豐臣秀吉的遺言中，可見於《大日本古文書 家わけ第二（浅野家文書）》（東京帝國大學，1906），pp. 135-138。
2 德川家康獨自處理對外事務的其中一例可以參見他在一五九八年（慶長三年十一月十五日）寫給淺野長政的書信，同前註，pp. 119之後；另可參照中村孝也編纂，《德川家康文書の研究》（全4卷，日本學術振興會，1958-1961），2:357，與德川家康寫給藤堂高虎之書信，慶長三年十一月四日，同前書，p. 356。
3 中村榮孝，《日鮮関係史の研究》，1:141-302對豐臣秀吉之前的日朝關係做了全面回顧。也可參見田中健夫，《中世対外関係史》（東京大學出版會，1975），pp. 53-94。
4 George H. Kerr, *Okinawa, The History of an Island People* (Charles E. Tuttle Company, 1958), pp. 151-156；新屋敷幸繁，《新講沖繩一千年史》，全2卷（雄山閣，1961），2:420。
5 《大日本古文書 家わけ第二（浅野家文書）》，pp. 117-120；中村榮孝，《日鮮関係史の研究》，3:253。
6 中村榮孝，《日鮮関係史の研究》，3:254。
7 有關日本侵略朝鮮的最後一場戰役，在下列書中有簡要的敘述：李丙燾等，《韓國史》，全7卷（首爾：乙酉文化社，1959-1965），3:657-669。
8 《朝鮮通交大紀》，全10卷（對馬萬松院所藏宗家文書抄本），卷4；可參照近年出版的版本，由田中健夫、田代和生編輯（名著出版，1978），p. 147。為了方便讀者閱讀，之後在引用《朝鮮通交大紀》抄本時，也會交互參照近年出版的這個版本。本書的抄本都會標記出呈給幕府時被刪掉的部分。由於對馬藩必須持續記錄實際發生的事，因此這個抄本可以說是真實反應出對馬藩的所知所聞，以及對馬藩如何理解幕府所記錄之事。田中健夫，《中世対外関係史》，pp. 249, 261及田代和生，《近世日朝通交貿易史の研究》（創文社，1981），p. 37則對對馬藩聲稱得到家康授權的真實性提出質疑。
9 《宣祖大王實錄》，107:20a-21b，收錄於《朝鮮王朝實錄》，全48卷與索引（首爾：國史編纂委員會，1955-1963），23:547之後。
10 《日鮮関係史の研究》，1:311-338，〈ツシマの歴史的位置〉。有關對馬在歷史上農業凋敝的生動說明，可參見三世紀的《三國志》中《魏書》之描述，陳壽編，

1975），pp. 279-325，朝尾直弘仔細考慮了大名的嚴酷統治和基督徒的激情兩方面的重要性。有關該次叛亂與對外政策之間的關係，在以下著作中有提出一項觀點：中村質，〈島原の乱と鎖国〉，《岩波講座日本歷史》，2 (1975): 227-262。

32 《大日本古文書：幕末外國關係文書》，2:255，日期為嘉永六年八月二日（一八五三年九月四日）。

33 《稿本国史眼》（史學會，改訂版，1908），pp. 436之後。

34 同前註，p. 451。

35 同前註，p. 463。

36 同前註，pp. 396之後。

37 中村孝也，《江戶幕府鎖國史論》（奉公社，1914）。

38 同前註，p. 1。

39 同前註，pp. 5之後。

40 同前註，pp. 6-14。

41 同前註，pp. 290-310。中村的討論集中在日歐關係，唯一的例外是他簡短審視了鄭芝龍向日本提出助其復興明朝的要求，pp. 358-365。中村認為幕府是因為「鎖國」之故而拒絕鄭芝龍的要求，但是中村忽略了他自己也認為鎖國對於對外關係的影響有限，而且我認為他也誤解了幕府拒絕該請求的依據，以及做出此決定的其他因素。可參見後文第四章。

42 中村榮孝，《日鮮関係史の研究》，全3卷（吉川弘文館，1965-1969），3:245-336, 465-563。

43 James Murdoch, *A History of Japan*, 3 vols. (Kobe, 1903, 1910; London, 1926), vol. 2.

44 同前註，3:259-312。

45 同前註，p. 252。

46 C. R. Boxer, *The Christian Century in Japan*.

47 同前註，pp. 362-387。

48 同前註，pp. 362。

49 George Elison, *Deus Destroyed*, p. 3.

50 同前註，p. 2。

51 Eijiro Honjo, *Economic Theory and History of Japan in the Tokugawa Period* (Russell & Russell, Inc., 1965), p. 215.

52 W. G. Beasley, *The Modern History of Japan* (Frederick A. Praeger, Inc., Publishers, 1963), p. 2.

53 William A. Williams, "The Legend of Isolationism in the 19205," in *Science & Society*, 18 (Winter 1954): 1-20，重印於 *Issues in American Diplomacy*, ed. Armin

始文獻可參照永積洋子譯,《平戶オランダ商館の日記》, 3:331-333, 348; 4:208-218。並參照永積洋子,〈オランダ人の保護者としての井上筑後守政重〉, p. 10。

21 出自《少年必讀日本文庫》,全12卷(博文館,1891-1892),卷5。板澤武雄是第一位指出「鎖國」一詞是由志筑忠雄發明的人,可參見板澤武雄,《昔の南洋と日本》(日本放送出版協會,1940), p. 145。

22 關於這個論點的討論,可參見井野邊茂雄,《維新前史の研究》(中文館,1935), pp. 275-295。

23 Engelbert Kaempfer, *The History of Japan*, 3:301.

24 Engelbert Kaempfer, *Geschichte und Beschreibung yon Japan*, 2 vols. (Stuttgart: F. A. Brockhaus Komm., 1964), 2:385. 關於這些誤譯的討論見小堀桂一郎,《鎖国の思想》(中央公論社,1974), pp. 58之後。

25 《歸來號》事件在下列書籍中有簡短的說明:岩生成一,《鎖國》(中央公論社,1966), pp. 431-434。相關文書收錄於林煌等編,《通航一覽》,全8卷(國書刊行會,1913), 6:352-398。

26 Iwao Seiichi, "Reopening of the Diplomatic Relations between Japan and Siam during Tokugawa Days," in *Acta Asiatica*, 4 (1963): 1-31.

27 某些日本史學家還是認為這樣的分類是一六三〇年代政策的一部分,因此它常被當作分析十七世紀對外關係的前提,而不是一七九〇年代和一八〇〇年代初才出現的用語。可參見荒野泰典,〈幕藩制国家と外交—対馬越を素材として〉,《1978年度歷史學研究大會報告》, p. 95。

28 《通航一覽》,7:94之後;松平定信,《宇下人言・修行錄》(岩波書店,1942), p. 164。也可參見 Herman Ooms, *Charismatic Bureaucrat: A Political Biography of Matsudaira Sadanobu 1158-1829* (University of Chicago Press, 1975), pp. 119-121.

29 《通航一覽》, 7:192-193。

30 《通航一覽》, 1:1。林煌是受將軍之命編纂這本書,該書收集了德川幕府在一八二五年之前的外交先例。續篇為《通航一覽續輯》,全5卷(大阪:清文堂出版,1967-1973),其內容涵蓋了一八二五年到一八五〇年代的事。

31 《大日本古文書:幕末外國關係文書》,全44卷(史料編纂所,1910-), 16:549-552,日期為安政四年六月某日(一八五七年七月到八月)。一六三七到一六三八年的島原之亂是在西九州發生的大規模農民起義,其中的許多反叛者是日本基督徒。關於這場叛亂的起因,現代學者認為是基督徒的反抗和野心勃勃的地方大名過度剝削兩個原因,但是幕府似乎把它看作是一場基督徒的暴動,並依此加以處理。有關於這場叛亂的整體狀況,可參見 Boxer, *The Christian Century in Japan*, pp. 375-383; Elison, *Deus Destroyed*, pp. 217-222;朝尾直弘,《鎖國》(小學館,

"The Significance of Ryukyu in Satsuma Finances during the Tokugawa Period" (unpublished Ph.D. dissertation, University of Hawaii, 1971)，其中有大量討論；Robert Sakai, "The Satsuma-Ryukyu Trade and the Tokugawa Seclusion Policy," *Journal of Asian Studies*, 23.3 (May 1964): 391-403，該文較集中於對薩摩與琉球貿易的討論。

9 岡田信子，〈近世異国漂着船について：特に唐・朝鮮船の処遇〉，《法政史学》26 (March 1973): 39-49。有關於對德川政府協助受難船員做法的完整討論，可參見金指正三，《近世海難救助制度の研究》（吉川弘文館，1968），特別是第二部第一章第六節的「外国船救助義務」。

10 永積洋子譯，《平戸オランダ商館の日記》，全四冊（岩波書店，1969-1970），4:208-218；另可參照永積洋子，〈オランダ人の保護者としての井上筑後守政重〉，《日本歷史》，327 (August 1975): 2。

11 《德川實紀》，全10卷（吉川弘文館，1964），3:164。

12 宗義成寫給東萊府使之書信，寬永十六年九月某日（一六三九年九月二十七日至十月二十六日），《本邦朝鮮往復書》，卷4。

13 幕府對中國內戰的策略回應將在第四章中詳細討論。

14 阿部重次、阿部忠秋與松平信綱寫給島津光久之書信，正保三年六月十一日，收錄於《鹿兒島縣史料旧記雑録追録》，全8卷（鹿兒島縣，1971-1978），1:45。

15 曾〔根〕源左衛門吉次（花押）、村〔越〕治左衛門吉勝（花押）與伊〔丹〕蔵人〔勝長〕（由於不在江戶城內，因此沒有他的花押）寫給平野次郎、角倉与一與末吉八郎右衛門之文書，日期為三月一日（附花押之信件抄本，京都市史編纂所所藏角倉家文書）。我要感謝京都市史編纂所與林屋辰三郎教授和川嶋將生先生為我提供這封信，以及同時發現的其他五封信的照片。川嶋將生在〈鎖国後の朱印船貿易家〉（收錄於《京都市史編纂所通信》143〔April 1981〕）一文中介紹了這些信件，文中認為信件的作者是幕府勘定奉行，並翻印了這封信和其他兩封書信。川嶋根據內部證據認為這封信的日期是介於一六五二年和一六五九年之間，目前無法得知更精確的日期。

16 林屋辰三郎的這席話引用自《朝日新聞》，一九八〇年十一月二十三日。

17 當時的用詞包括「海禁」（明朝用語）和「御禁制」、「御嚴禁」或只有「御禁」，這些都是「禁止」的意思。

18 石井良助編，《德川禁令考前集》，全6卷（創文社，1959），6:375-379。

19 《國書總目錄》，全8卷及索引（岩波書店，1964-1976），3:692。

20 根據平戶的荷蘭商館在一六三九年夏天（驅逐葡萄牙人的幾週之前）的官方紀錄，幕府在驅逐葡萄牙人之前，曾經仔細確認過這不會阻礙到日本與荷蘭的貿易。原

註釋

第一章　導論

1. 這段話引用自 Engelbert Kaempfer, *The History of Japan together with a Description of the Kingdom of Siam 1690-1692*, tr. J. G. Scheuchzer, 3 vols. (James MacLehose and Sons, 1906), 3:301. 該書附錄的文章標題與關於德川早期對外關係的討論特別有關，因為它正是德川日本鎖國論觀點的由來。

2. C. R. Boxer, *The Christian Century in Japan, 1549-1650* (University of California Press, 1951), p. 362.

3. 例如 Howard Hibbett, *The Floating World in Japanese Fiction* (Charles E. Tuttle Company, 1975), p. 8; Thomas C. Smith, "Pre-Modern Economic Growth: Japan and the West," in *Past and Present*, 60 (1973): 146-150. 另可參照 George Elison, *Deus Destroyed: The Image of Christianity in Early Modern Japan* (Harvard University Press, 1973), pp. 1-3.

4. 例如岩生成一，《朱印船貿易史の研究》(弘文館，1958)，pp. 1, 369之後。

5. 例如三鬼清一郎，〈朝鮮役における国際条件について〉，《名古屋大学文学部研究紀要》62 (1974): 15; John W. Hall, "Tokugawa Japan: 1800-1853," in James B. Crowley, ed., *Modern East Asia: Essays in Interpretation* (Harcourt, Brace & World, Inc., 1970), p. 64.

6. 宗義成寫給東萊府使之書信，寬永十六年九月某日，收錄於《本邦朝鮮往復書》，全120卷，東京大學史料編纂所所藏抄本，卷4。(這個時期的信件通常不會標註具體日期，因此我在這裡以「某日」代替。)

7. 小田省吾，《朝鮮陶磁史文献考 附釜山倭館考》(学芸書院，1936)，pp. 117-163。「倭館」是韓語的「Waegwan」和日文的「Wakan」，我是參照下列文獻將其翻譯為「Japan House」：Martina Deuchler, *Confucian Gentlemen and Barbarian Envoys: The Opening of Korea, 1815-1885* (University of Washington Press, 1977), p. 4，與 Key-Hiuk Kirn, *The Last Phase of the East Asian World Order: Korea, Japan, and the Chinese Empire, 1860-1882* (University of California Press, 1980), p. 19, *et passim*.

8. 可參見 Mitsugu Matsuda, "The Government of the Kingdom of Ryukyu, 1609-1872" (unpublished Ph.D. dissertation, University of Hawaii, 1967)，與 Mitsugu Sakihara,

山口縣教育會. 10 vols., Iwanami Shoten, 1935, repr. 12 vols., Iwanami Shoten, 1938–1940.
Yoshizane-kō go-kafu 義眞公御家譜. anon. MS, n.d. Sō Collection, Banshōin, Tsushima.
Zuikei Shūhō 瑞溪周鳳. Zenrin Kokuhō ki 善隣國寶記 in Kaitei shiseki shūran, 33 vols. Sumiya Shobō, 1968, 21: 3–82.

Yanagawa kuji kiroku 柳川公事記録. 3 vols. MS copy, collection Historiographical Institute, Tokyo University.
Yanagawa kuji kiroku. MS, 1 packet of letters, diagrams. Collection Historiographical Institute, Tokyo University.
Yanagawa Shigeoki kuji no toki Hō Chōrō narabini Matsuo Shichiemon e otazune nararu seitō no chō 柳川調興公事之時方長老并松尾七右衛門に被成御尋請答の帳. MS, n.d., 1634 or 1635?, in Sō Collection, Historiographical Institute, Tokyo University.
Yano Jin'ichi 矢野仁一. *Nagasaki shishi Tsūkō bōeki hen Tōyō shokoku* 長崎市史通交貿易編東洋諸國. Nagasaki: Nagasaki Shiyakusho 長崎市役所, 1938.
Yi Hyŏnjong 李鉉淙. *Chosŏn chŏn'gi tae'Il kyosŏp-sa yŏn'gu* 朝鮮前期對日交渉史研究. Seoul: Han'guk Yŏn'guwŏn 韓國研究院, 1964.
———, "Kiyu choyak naeyong ŭi sasŏ-byŏl ch'ongnam kŏmt'o" 己酉條約內容의史書別綜覧檢討, in *Taegu sahak* 大丘史學, 7-8 (December 1973): 281-300.
———. "Kiyu choyak sŏngnip simal kwa segyŏnsŏnsu e taehayŏ" 己酉條約成立始末과歲遣船數에對하여, in *Hangdo Pusan* 港都釜山, 4 (1964): 229-312.
Yi Ik 李瀷. *Sŏngho saesŏl* 星湖僿說. 2 vols., Seoul: Kyŏng'in Sŏrim 景仁書林, 1967.
Yi Kyŏngjik 李景稷. *Pusangnok* 扶桑錄, in *Kaikō sōsai*, 2: 111-205.
Yi Pyŏngdo 李丙燾, et al. *Han'guksa* 韓國史. 7 vols. Seoul: Ŭryu Munhwasa 乙酉文化社, 1959-1965.
Yi Wŏnsik 李元植. "Chōsen Shunso shinmi Tsushima no hōnichi ni tsuite—Tsushima ni okeru Nikkan bunka kōryū o chūshin ni" 朝鮮純祖辛未対馬の訪日について一対馬における日韓文化交流を中心に, in *Chōsen gakuhō*, 72 (1974): 1-50.
———, "Jinran sōshō Shōun Taishi bokuseki no hakken ni yosete—Katō Kiyomasa jin'ei e no ōhen o chūshin ni" 壬乱僧将松雲大師墨跡の発見に寄せて―加藤清正陣営への往返を中心に, in *Kan* 韓 (*The Han*), 5.5-6 (May 1976): 218-224.
———, "Tennado (1682) Chōsen shinshi hishō Kō Seitai to Nihon bunshi no hitsudan shōshū ni tsuite" 天和度(1682)朝鮮信使裨将洪世泰と日本文士の筆談唱酬について, in *Chōsen gakuhō*, no. 98 (January 1981), pp. 1-62.
Yokoi Shōnan 横井小楠. comp. Yamazaki Seitō 山崎正董. 2 vols. Meiji Shoin 明治書院, 1938.
Yoshida Shōin zenshū 吉田松陰全集. comp., Yamaguchiken Kyōiku Kai

Webb, Herschel. *The Japanese Imperial Institution in the Tokugawa Period*. New York: Columbia University Press, 1968.

———, and Ryan, Marleigh. *Research in Japanese Sources: A Guide*. New York: Columbia University Press, 1965.

Webster, C. K. *The Congress of Vienna, 1814-1815*. London: Oxford University Press, n.d.

Wen-hsien t'sung-pien 文獻叢編. 2 vols. Taipei: Kuo-feng Ch'u-pan-she 國風出版社, 1964.

Williams, William A., "The Legend of Isolationism in the 1920s," in *Science & Society*, XVIII (Winter 1954), pp. 1-20; reprinted in *Essays in American Diplomacy*, ed., Armin Rappaport, London: The Macmillan Company, 1967. pp. 215-228.

Wills, John E., Jr., "Maritime China from Wang Chih to Shih Lang— Themes in Peripheral History," in Jonathan D. Spence and John E. Wills, Jr., eds., *From Ming to Ch'ing: Conquest, Region, and Continuity in Seventeenth-Century China*. New Haven: Yale University Press, 1979. pp. 201-238.

———. *Pepper, Guns and Parleys: The Dutch East India Company and China, 1622-1681*. Cambridge, Massachusetts: Harvard University Press, 1974.

Wright, Mary C., "What's in a Reign Name: The Uses of History and Philology," in *Journal of Asian Studies*, 18.1 (November 1958): 103-106.

Wu, Silas. *Passage to Power: K'ang-hsi and His Heir Apparent, 1661-1722*. Cambridge, Massachusetts: Harvard University Press, 1979.

Yamaga Sokō 山鹿素行. ed., Tahara Tsuguo 田原嗣郎 and Morimoto Jun'ichirō 守本順一郎. *Nihon Shisō Taikei*, vol. 32. Iwanami Shoten, 1970.

Yamaguchi Keiji 山口啓二. *Bakuhansei seiritsuy shi no kenkyū* 幕藩制成立史の研究. Azekura Shobō 校倉書房, 1974.

Yamamoto Mieno 山本美越乃, "Ayamareru shokumin seisaku no kikeiji: Ryūkyū" 誤まれる殖民政策の奇形兒—琉球, in *Keizaigaku ronsō* 經濟學論叢. 23 (1926), 24 (1927), 25 (1927), 26 (1928).

Yamawaki Teijirō 山脇悌二郎. *Kinsei Nitchū bōeki shi no kenkyū* 近世日中貿易史の研究. Yoshikawa Kōbunkan, 1960.

———. *Nagasaki no Tōjin bōeki* 長崎の唐人貿易. Yoshikawa Kōbunkan, 1964.

Yamazaki Ansai gakuha 山崎闇齋學派. Comp. Nishi Junzō 西順藏, Abe Kōichi 阿部隆一, and Maruyama Masao 丸山真男. *Nihon Shisō Taikei*, vol. 31. Iwanami Shoten, 1980.

Tsuji Zennosuke 辻善之助. *Zōtei kaigai kōtsū shiwa* 増訂海外交通史話. Naigai Shoseki 内外書籍, 1930.

Tsukahira, Toshio G. *Feudal Control in Tokugawa Japan: The Sankin Kōtai System*. Cambridge, Massachusetts: The East Asian Research Center, Harvard University, 1966.

Tsukamoto Manabu 塚本学. "Edo jidai ni okeru 'i' kannen ni tsuite" 江戸時代における「夷」観念について, in *Nihon rekishi*, no. 371 (April 1979), pp. 1–18.

Tsūkō ichiran zokushū 通航一覧續輯. Yanai Kenji 箭内健次, ed., 5 vols. Osaka: Seibundō Shuppan 清文堂出版, 1967–1973.

Tsunoda, Ryusaku, et al., comp. *Sources of Japanese Tradition*. New York: Columbia University Press, 1958.

Uchida Ginzō 内田銀藏. *Kinsei no Nihon; Nihon kinseishi* 近世の日本・日本近世史. ed. Miyazaki Michio 宮崎道生. Tōyō Bunko 東洋文庫 series, no. 279. Heibonsha, 1975.

―――. *Kokushi sōron oyobi Nihon kinseishi* 國史總論及日本近世史. Dōbunkan 同文館, 1921. (*Uchida Ginzō ikō zenshū* 内田銀藏遺稿全集, v. 3).

Uete Michiari 植手通有. *Nihon kindai shisō no keisei* 日本近代思想の形成. Iwanami Shoten, 1974.

―――, "Taigai-kan no tenkai" 対外観の展開, in Hashikawa Bunsō 橋川文三 and Matsumoto Sannosuke 松本三之介, eds., *Kindai Nihon seiji shisō shi* 近代日本政治思想史 2 vols., Yūhikaku 有斐閣, 1971, 1:33–74.

Ura Yasukazu 浦簾一, "Minmatsu Shinsho Senman kankei shijō ni okeru Nihon no chi'i" 明末清初鮮滿關係に於ける日本の地位, in *Shirin* 史林, vol. 19, no. 2 (April 1934), pp. 24–48; vol. 19, no. 3 (July 1934), pp. 122–146.

―――, "Tōsen fūsetsugaki no kenkyū" 唐船風説書の研究, in *Ka'i hentai*, (q.v.), pp. 1–78.

Varley, H. Paul, tr. *A Chronicle of God and Sovereigns: Jinnō Shōtōki of Kitabatake Chikafusa*. New York: Columbia University Press, 1980.

Wagner, Edward Willett. *The Literati Purges: Political Conflict in Early Yi Korea*. Cambridge, Massachusetts: East Asian Research Center, Harvard University, 1974.

Walker, Hugh Dyson, "The Yi-Ming *Rapprochement*: Sino-Korean Foreign Relations, 1392–1592." Unpublished Ph.D. dissertation, University of California, Los Angeles, 1971.

Wang Yi-t'ung. *Official Relations between China and Japan, 1368–1549*. Cambridge, Massachusetts: Harvard University Press, 1953. (Harvard-Yenching Institute Studies, IX).

Tenna jinjutsu shinshi kiroku 天和壬戌信使記録. 68 vols., MS, 1682. Sō Collection, Keio University Library.

Tenryūin kō jitsuroku 天龍院公實錄. comp. Amenomori Hōshū 雨森芳洲. 2 vols., MS, 1675. Sō Collection, Banshōin, Tsushima.

Tō sen hyōchaku teishiki 唐船漂着定式. MS, ca. 1688. Sō Collection, National History Compilation Committee, Seoul.

Tō tsūji kaisho nichiroku 唐通事會所日録. comp. Tōkyō Daigaku Shiryō Hensanjo 東京大学史料編纂所. 7 vols. (*Dainihon kinsei shiryō* 大日本近世史料 series, part 3). Tōkyō Daigaku Shuppankai, 1955–1968.

Toby, Ronald, "Korean-Japanese Diplomacy in 1711: Sukchong's Court and the Shogun's Title," in *Chōsen gakuhō* 朝鮮学報, 74 (1975): 1–26.

Toguchi Masakiyo 渡口真清. *Kinsei no Ryūkyū* 近世の琉球. Hōsei Daigaku Shuppankyoku 法政大学出版局, 1975.

Tōheiran fūsetsu kōgi e ōseagerare sōrō hikae narabini Chōsen koku sanzoku totō goannai ōseagerare sōrō hikae 唐兵亂風説公儀に被仰上候控幷朝鮮國山賊徒黨御案內被仰上候控. MS, ca. 1734. Sō Collection, Keio University Library.

Tokugawa jikki 德川實記. 10 vols., Yoshikawa Kōbunkan, 1964. (vols. 38–47 in *Shintei zōho kokushi taikei* 新訂增補國史大系).

Told Round a Brushwood Fire: The Autobiography of Arai Hakuseki. tr., Joyce Ackroyd. Princeton and Tokyo: Princeton University Press and The University of Tokyo Press, 1979.

T'ongmun'gwanji 通文館志. Chōsen Sōtokufu 朝鮮總督府, 1944; reprint, Kyŏng'in Munhwasa 景仁文化社, 1973.

Totman, Conrad, "From *Sakoku* to *Kaikoku*: The Transformation of Foreign Policy Attitudes, 1853–1868," in *Monumenta Nipponica*, vol. XXXV, no. 1 (Spring 1980), pp. 1–19.

―――. *Politics in the Tokugawa Bakufu, 1600–1843*. Cambridge, Mass.: Harvard University Press, 1967.

Trachtenberg, Marc, "The Social Interpretation of Foreign Policy," in *Review of Politics*," vol. 40, no. 3 (July 1978), pp. 328–350.

Tsao, Kai-fu, "The Rebellion of the Three Feudatories against the Manchu Throne in China, 1673–1681: Its Setting and Significance." Unpublished Ph.D. dissertation, Columbia University, 1965.

Tsuji Tatsuya 辻達也. *Edo kaifu* 江戸開府. Chūō Kōron Sha, 1966.

―――. "Kan'ei-ki no bakufu seiji ni kan suru jakkan no kōsatsu" 寛永期の幕府政治に関する若干の考察. in *Yokohama Shiritsu Daigaku ronsō* 横浜市立大学論叢, 24.2–3 (1973): 31–60.

ke no kankei" 薩摩藩の琉球貿易と貿易商人住本家の関係, in Hidemura Senzō 秀村選三, ed. *Satsuma han no kiso kōzō* 薩摩藩の基礎構造. Ochanomizu Shobō お茶の水書房, 1970, pp. 465–491.

Tanaka Takeo 田中健夫, "*Chōsen tsūkō taiki* zakkō" 『朝鮮通交大紀』雑考, in *Chōsen gakuhō* 朝鮮学報, 79 (1976): 47–76.

———. *Chūsei kaigai kōshōshi no kenkyū* 中世海外交渉史の研究. Tōkyō Daigaku Shuppankai, 1959.

———. *Chūsei taigai kankei shi* 中世対外関係史. Tōkyō Daigaku Shuppankai, 1975.

———, "Kangō-fu, kangō-in, kangō bōeki" 勘合符・勘合印・勘合貿易, in *Nihon rekishi*, no. 392 (January 1981), pp. 1–21.

———, "Sakoku seiritsu ki Nissen kankei no seikaku" 鎖国成立期日鮮関係の性格, in *Chōsen gakuhō*, no. 34 (January 1965), pp. 29–62.

———. *Wakō to kangō bōeki* 倭寇と勘合貿易. Shibundō 至文堂, 1961.

Tashiro Kazui 田代和生, "Jūshichi jūhachi seiki Nissen bōeki no suii to Chōsen tokō sen" 十七・十八世紀日鮮貿易の推移と朝鮮渡航船, in *Chōsen gakuhō* 朝鮮学報, 79 (April 1976): 13–46.

———, "Kan'ei 6 nen (Jinso 7; 1629) Tsushima shisetsu no Chōsen-koku 'Go-jōkyō no toki mainikki' to sono haikei" 寛永6年(仁祖7; 1629)対馬使節の朝鮮国「御上京之時毎日記」とその背景, in *Chōsen gakuhō* 朝鮮学報, nos. 96 (July 1980), 98 (January 1981), 101 (October 1981).

———. *Kinsei Nitchō tsūkō bōeki shi no kenkyū* 近世日朝通交貿易史の研究. Sōbunsha 創文社, 1981.

———, "Kinsei Tsushima han ni okeru Nissen bōeki no ichi kōsatsu" 近世対馬藩における日鮮貿易の一考察, in *Nihon rekishi*, 268 (1970): 88–114.

———, "Tsushima han's Korean Trade, 1684–1710," in *Acta Asiatica*, 30 (1970): 85–105.

Teihon Oritaku shiba no ki shakugi 定本折りたく柴の記釈義, ed., Miyazaki Michio 宮崎道生. Shibundō 至文堂, 1964.

Tenkai 天海. *Tōshōgū Daigongen engi* 東照宮大権現縁起, in *Zokuzoku Gunsho ruijū* 続々群書類従, vol. 1, pp. 691–705. Zoku Gunsho Ruijū Kanseikai, 1971.

"Tenna jinjutsu hachigatsu nijūshichinichi Chōsenjin tojō no setsu" 天和壬戌八月廿七日朝鮮人登城之節 MS chart, 1682. Collection Kankoku Kenkyūin 韓国研究院, Tokyo.

Sō-ke Bunko shiryō mokuroku (nikkirui) 宗家文庫史料目錄(日記類). comp. Sō-ke Bunko Chōsa Iinkai 宗家文庫調查委員会. Izuhara 嚴原: Izuhara-chō Kyōiku Iinkai 嚴原町教育委員会, 1978.

Sŏnjong taewang sillok 宣宗大王實錄. 221 kwŏn, in Chosŏn wangjo sillok, vols. 21–25.

Spence, Jonathan D. *Ts'ao Yin and the K'ang-hsi Emperor, Bondservant and Master.* New Haven: Yale University Press, 1966.

―――, and John E. Wills, Jr., eds. *From Ming to Ch'ing: Conquest, Region, and Continuity in Seventeenth-Century China.* New Haven: Yale University Press, 1979.

Ssu-ma Kuang 司馬光. *Tzu-chih t'ung-chien* 資治通鑑. 10 vols. Peking: Hsin-hua Shu-tien 新華書店, 1956.

Statler, Oliver. *Shimoda Story.* New York: Random House, 1969.

Sternberger, Dolf, "Legitimacy," in *International Encyclopedia of the Social Sciences* (1968), 9:244ff.

Strayer, Joseph R. *On the Medieval Origins of the Modern State.* Princeton: Princeton University Press, 1970.

―――, "The Tokugawa Period and Japanese Feudalism," in John W. Hall and Marius B. Jansen, eds., *Studies in the Institutional History of Early Modern Japan.* Princeton: Princeton University Press, 1968, pp. 3–14.

Su Shih (Tung-p'o) 蘇軾(東坡). *Ching-chin Tung-p'o wen-chi shih-lüeh* 經進東坡文集事略. 60 chüan in 5 ts'e 冊, (Ssu-pu ts'ung-k'an 四部總刊 ed.), Shanghai, 1920.

Sugimoto, Masayoshi, and David L. Swain. *Science and Culture in Traditional Japan, 600–1854.* Cambridge, Massachusetts: The MIT Press, 1978.

Sukchong taewang sillok 肅宗大王實錄. 65 kwŏn, in Chosŏn wangjo sillok, vols. 31–33.

Sŭngjŏngwŏn ilgi 承政院日記. 141 vols. Seoul: National History Compilation Committee, 1961–1977.

Tabohashi Kiyoshi 田保橋潔. *Kindai Nissen kankei no kenkyū* 近代日鮮關係の研究. 2 vols. Keijo: Chōsen Sōtokufu Chūsūin 朝鮮總督府中樞院, 1940. Reprint, Munetaka Shobō 宗高書房, 1972.

Taishū hennen ryaku 對州編年略. Tōkyōdō Shuppan 東京堂出版, 1974.

Takekoshi, Yosaburo. *The Economic Aspects of the History of Japan.* 3 vols. New York: The Macmillan Company, 1930.

Takeno Yōko 武野要子. *Han bōeki shi no kenkyū* 藩貿易史の研究. Mineruva Shobō ミネルヴァ書房, 1979.

―――, "Satsuma han no Ryūkyū bōeki to bōeki shōnin Ishimoto-

Present," in John K. Fairbank, ed., *The Chinese World Order*, pp. 276–288.

Sejong taewang sillok 世宗大王實録. 163 kwŏn, in *Chosŏn wangjo sillok*, vols. 2–5.

Seno Bayū, 瀬野馬熊, "Seitō kigai jōyaku ni tsuite" 正統癸亥條約に就いて, in *Shigaku zasshi* 史學雜誌, vol. 26, no. 9 (September 1915): 103–123.

Shigeno Yasutsugu 重野安繹, Kume Kunitake 久米邦武, and Hoshino Hisashi 星野恒. *Kōhon kokushigan* 稿本國史眼. Shigakkai 史學會, 1980, rev. ed., 1908.

Shimazu kokushi 島津國史. comp. Yamamoto Masayoshi 山本正誼. prefaces and 25 *satsu* 冊. 1800. MS copy, collection Historiographical Institute, Tokyo University.

Shimizu Hirokazu 清水紘一, "Nagasaki bugyō ichiranhyō no saikentō" 長崎奉行一覽表の再検討, in [*Kyōto Gaikokugo Daigaku*] *Kenkyū ronsō* [京都外国語大学] 研究論叢, 15 (1974): 1–24.

"Shin Ise monogatari" 新伊勢物語, in *Kyū bakufu* 舊幕府, 4.6, 7 (1900).

Shinpojiumu Nihon rekishi 11 bakuhan taisei ron シンポジウム日本歴史 11 幕藩体制論. Gakuseisha 学生社, 1974.

Shinshi kiroku 信使記録. MS, 425 vols. Sō Collection, Keio University Library.

Shintei zōho Sansei sōran 新訂増補三正綜覧. Kamakura: Geirinsha 藝林舎, 1973.

Shin'yashiki Yukishige 新屋敷幸繁. *Shinkō Okinawa issennen shi* 新講沖縄一千年史. 2 vols. Yūzankaku 雄山閣, 1961.

Shiryō kōhon 史料稿本 (also called *Hennen shiryō* 編年史料). MS drafts of published and unpublished portions of the *Dai Nihon shiryō*, q.v., prepared by, and held in the archives of the Historiographical Institute, Tokyo University.

Shizuki Tadao 志筑忠雄, tr., "Sakoku ron" 鎖國論 (by Engelbert Kaempfer), in *Shōnen hitsudoku Nihon bunko* 少年必讀日本文庫. 12 vols. Hakubunsha 博文社, 1891–1892. vol. 5.

Shōtoku Chōsen shinshi tojō gyōretsu zu 正徳朝鮮信使行列圖. Collection National History Compilation Committee, Seoul. Facsimile edition, *Chōsen shiryō sōkan* 朝鮮史料叢刊, vol. 20. Keijo: Chōsen Sōtokufu 朝鮮總督府, 1938.

Smith, Thomas C., "Pre-modern Economic Growth: Japan and the West," *Past and Present*, 60 (August 1973): 128–160.

So, Kwan-wai. *Japanese Piracy in Ming China During the Sixteenth Century*. East Lansing: Michigan State University Press, 1975.

Ritsuryō 律令. ed. Inoue Mitusada 井上光貞, *et al*. Iwanami Shoten, 1976. (*Nihon shisō taikei* 日本思想大系, vol. 3).

Roosen, William, "Early Modern Diplomatic Ceremonial: A Systems Approach," in *Journal of Modern History*, vol. 52, no. 3 (September 1980), pp. 452-476.

———. *The Age of Louis XIV: The Rise of Modern Diplomacy*. Cambridge, Massachussetts: Schenkman Publishing Company, 1976.

Rosen, Stephen Peter, "Alexander Hamilton and the Domestic Uses of International Law," in *Diplomatic History*, vol. 5, no. 3 (Summer 1981), pp. 183-202.

Ryūkyūjin gyōretsu ki 琉球人行列記. Fushimi: Tanbaya Shinzaemon 丹波屋新左衛門, *et al*., 1832.

Sakai, Robert K., "The Ryukyu (Liu-ch'iu) Islands as a Fief of Satsuma," in John K. Fairbank, ed., *The Chinese World Order*, pp. 112-134.

———, "The Satsuma-Ryukyu Trade and the Tokugawa Seclusion Policy," in *Journal of Asian Studies*, vol. 23, no. 3 (May 1964), pp. 391-403.

Sakamaki, Shunzo, ed. *Ryukyuan Names: Monographs on and Lists of Personal and Place Names in the Ryukyus*. Honolulu: East-West Center Press, 1964.

———. *Ryukyu: A Bibliographic Guide to Okinawan Studies*. Honolulu: University of Hawaii Press, 1963.

Sakihara, Mitsugu, "The Significance of Ryukyu in Satsuma Finances during the Tokugawa Period." Unpublished Ph.D. dissertation, University of Hawaii, 1971.

San-kuo-chih 三國志. Ch'en Shou 陳壽, ed., 5 vols. Peking: Chung-hua Shu-chü 中華書局, 1971.

Sansom, G. B. *The Western World and Japan, A Study of European and Asiatic Culture*. New York: Alfred A. Knopf, 1950.

Sasaki Junnosuke 佐々木潤之介, "Sakoku to Sakokusei" 鎖国と鎖国制, in *Rekishi kōron* 歴史公論 (Spring 1976), pp. 34-44.

Sasama Yoshihiko 笹間良彦. *Edo bakufu yakushoku shūsei* (*zōho ban*) 江戸幕府役職集成(増補版). Yūzankaku 雄山閣, 1974.

Satō Shin'ichi 佐藤進一, "Muromachi bakufu ron" 室町幕府論, in *Iwanami kōza Nihon rekishi* 岩波講座日本歴史. 23 vols. Iwanami Shoten, 1962-1964, 7:1-48.

Satow, Sir Ernest. *A Guide to Diplomatic Practice*. 2 vols. London: Longmans, Green and Co., 1917.

Schwartz, Benjamin I., "The Chinese Perception of World Order, Past and

Ōkubo Toshikane 大久保利謙, et. al., ed. *Shiryō ni yoru Nihon no ayumi, kinsei hen* 史料による日本の歩み, 近世編. Yoshikawa Kōbunkan, 1955.

Ooms, Herman. *Charismatic Bureaucrat: A Political Biography of Matsudaira Sadanobu, 1758-1829.* Chicago: University of Chicago Press, 1975.

Osa Masanori 長正統, "Keitetsu Genso ni tsuite—ichi gaikō sō no shutsuji to hōkei" 景徹玄蘇について——外交僧の出自と法系, in *Chōsen gakuhō*, 29 (1963): 135-147.

———, "Nissen kankei ni okeru kiroku no jidai" 日鮮関係における記録の時代, in *Tōyō gakuhō*, 50.4 (March 1968): 70-124.

Ōshima Nobujirō 大島延次郎, "Ryūkyū shisetsu no Edo sanrei," 琉球使節の江戸参礼, in *Rekishi chiri* 歴史地理, 61.3 (March 1933): 48-56; 61.4 (April 1933): 35-42.

Ostrower, Alexander. *Language, Law, and Diplomacy: A Study of Linguistic Diversity in Official International Relations and International Law.* 2 vols. University of Pennsylvania Press, 1965.

Ōtaki Haruko 大瀧晴子, "Nikkō to Chōsen tsūshinshi" 日光と朝鮮通信使, in *Edo jidai no Chōsen tsūshinshi*, q.v., pp. 155-182.

Ou-yang Hsiu 歐陽修. *Ou-yang Wen-chung-kung chi* 歐陽文忠公集. (Ssu-pu ts'ung-k'an 四部叢刊 ed.). Shanghai, 1920.

Pak Ch'ungsŏk 朴忠錫, "Richō kōki ni okeru seiji shisō no tenkai—toku ni kinsei jitsugakuha no shi'i hōhō o chūshin ni" 李朝後期における政治思想の展開—特に近世実学派の思惟方法を中心に, in *Kokka Gakkai zasshi* 国家学会雑誌, vol. 88, nos. 9-10 (September 1975), pp. 1-49; 88.11-12 (November 1975): 1-65; 89.1-2 (January 1976): 1-55.

Palais, James B., "Korea on the Eve of the Kanghwa Treaty, 1873-1876." Unpublished Ph.D. dissertation, Harvard University, 1967.

———. *Politics and Policy in Traditional Korea.* Cambridge, Massachusetts: Harvard University Press, 1975.

Pibyŏnsa tŭngnok 備邊司謄録, 28 vols. Seoul: National History Compilation Committee, 1959-1960.

Pirsig, Robert M. *Zen and the Art of Motorcycle Maintenance, An Inquiry into Values.* New York: William Morrow, 1974; repr. Bantam Books, 1975.

Pyŏllye chibyo 邊例集要. 2 vols. Seoul: Tamgudang 探求堂, 1973.

Rakuchū rakugai zu 洛中洛外図. ed. Kyōto Kokuritsu Hakubutsukan 京都国立博物館. Kadokawa Shoten 角川書店, 1966.

Ri Jinhi (Yi Chinhŭi) 李進熙. *Richō no tsūshinshi* 李朝の通信使. Kōdansha 講談社, 1976.

Nakamura Kōya 中村孝也. *Edo bakufu sakoku shiron* 江戸幕府鎖國史論. Hōkōkai 奉公會, 1914.

———, comp., *Tokugawa Ieyasu monjo no kenkyū* 徳川家康文書の研究. 4 vols. Gakujutsu Shinkōkai 学術振興会, 1958–1961.

Nakamura (Nakayama) Kyūshirō 中村(中山)久四郎, "Minmatsu no Nihon kisshi oyobi kisshi" 明末の日本乞師及び乞資, in *Shigaku zasshi* 史學雜誌, 26.5–6 (1915).

Nakamura Tadashi 中村質, "Shimabara no ran to sakoku" 島原の乱と鎖国, in *Iwanami kōza Nihon rekishi* 岩波講座日本歴史, 26 vols., Iwanami Shoten, 1975–1977, 9:227–262.

Nam Kon'gok 南壺谷. *Pusangnok* 扶桑録. in *Kaikō sōsai*, vol. 3, pp. 250–413.

Nihon shoki 日本書紀. ed. Sakamoto Tarō 坂本太郎, Ienaga Saburō 家永三郎, Inoue Mitsusada 井上光貞, Ōno Susumu 大野晋. 2 vols. Iwanami Shoten, 1965–1967. (*Nihon Koten Bungaku Taikei*, vols. 67, 68).

Nikki 日記. MS. Daily logbooks of Edo Castle; titles vary, also known as *Onikki* 御日記, *Ryūei hinamiki* 柳營日並記, etc. Collection Naikaku Bunko 内閣文庫, Tokyo.

Nikkan shokei 日韓書契. comp. Ungai Dōtai 雲涯道佁. 8 vols., MS copy. pref. dated 1726, collection Historiographical Institute, Tokyo University.

Notehelfer, Fred G., "Notes on Kyōhō Smuggling," in *Princeton Papers in East Asian Studies*, I. Japan no. 1 (August 1972), pp. 1–32.

Ō Sukkwŏn 魚叔權, comp., *Kosa ch'waryo* 攷事撮要. Keijo: Keijō Teikoku Daigaku Hōbungakubu 京城帝國大學法文學部, 1941.

O Yun'gyŏm 吳允謙. *Tongsasang illok* 東槎上日録, in *Kaikō sōsai*, 2:78–110.

Ofuregaki Kanpō shūsei 御觸書寛保集成. Iwanami Shoten, 1934.

Ogyū Sorai 荻生徂徠. *Ryūkyū heishi ki* 琉球聘使記. MS copy in Nanki Bunko 南葵文庫, Tokyo University Library.

Ogyū Sorai 荻生徂徠. ed., Yoshikawa Kōjirō 吉川幸次郎, Maruyama Masao 丸山真男, Nishida Tai ichirō 西田太一郎, Tsuji Tatsuya 辻達也. *Nihon Shisō Taikei*, vol. 36. Iwanami Shoten, 1973.

Ojima Sukema 小島祐馬. *Chūgoku no kakumei shisō* 中国の革命思想. Chikuma Shobō 筑摩書房, 1967.

Okada Nobuko 岡田信子, "Kinsei ikoku hyōchakusen ni tsuite—toku ni Tō Chōsen sen no shogū" 近世異国漂着船について特に唐朝鮮船の処遇, *Hōsei shigaku* 法政史学, 26 (March 1974): 39–49.

書翰集・増訂異国日記抄. Yūshōdō Shoten 雄松堂書店, 1966. (*Ikoku sōsho* 異国叢書, vol. 11).

―――, tr. *Nagasaki Oranda Shōkan no nikki* 長崎オランダ商館の日記. 3 vols. Iwanami Shoten, 1956–1958.

Nagasaki kenshi, hansei hen 長崎県史藩政編. Yoshikawa Kōbunkan, 1973.

Nagazumi Yōko 永積洋子, tr. *Hirado Oranda shōkan no nikki* 平戸オランダ商館の日記. 4 vols. Iwanami Shoten, 1969–1970.

―――, "Japan's Isolationist Policy as Seen through Dutch Source Materials," *Acta Asiatica*, 22 (1972), pp. 18–35.

―――, "Orandajin no hogosha to shite no Inoue Chikugo no kami Masashige" オランダ人の保護者としての井上筑後守政重, in *Nihon rekishi*, no. 327 (1975): 1–17.

Nagura Tetsuzō 奈倉哲三, "Hideyoshi no Chōsen shinryaku to 'shinkoku'" 秀吉の朝鮮侵略と「神国」, in *Rekishi hyōron* 歴史評論, no. 314 (June 1976), pp. 29–35.

Naitō Shunpo 内藤雋輔. *Bunroku Keichō no eki ni okeru hiryonin no kenkyū* 文禄慶長の役における被擄人の研究. Tōkyō Daigaku Shuppankai, 1976.

Najita, Tetsuo, "Method and Analysis in the Conceptual Portrayal of Tokugawa Intellectual History," in Najita and Irwin Scheiner, eds., *Japanese Thought in the Tokugawa Period*. University of Chicago Press, 1978. pp. 3–38.

Nakada Yasunao 中田易直, "Shuin seido sōsetsu ni kansuru shomondai" 朱印制度創設に関する諸問題, in *Chūō Daigaku Bungakubu kiyō* 中央大学文学部紀要, no. 55 (1969): 1–42; no. 61 (1971): 18–62.

Nakai Chikuzan to sōbō kigen 中井竹山と草茅危言. Taishō Yōkō 大正洋行, 1943.

Nakai, Kate Wildman. *Arai Hakuseki and Confucian Governance in Tokugawa Japan*. Forthcoming. Harvard University Press.

―――, "The Naturalization of Confucianism in Tokugawa Japan: The Problem of Sinocentrism," in *Harvard Journal of Asiatic Studies*, 40, 1 (June 1980), pp. 157–199.

Nakamura Hidetaka 中村栄孝, "Kiyū yakujō saikō" 己酉約条再考, in *Chōsen gakuhō*, 101 (October 1981): 39–50.

―――, "Nikkōzan Tokugawa Ieyasu byōshadō hengaku no mohon ni tuite" 日光山徳川家康廟社堂扁額の模本について, in *Chōsen gakuhō* 朝鮮学報, 49 (1968): 241–257.

―――. *Nissen kankei shi no kenkyū* 日鮮関係史の研究. 3 vols. Yoshikawa Kōbunkan, 1965–1969.

朝鮮役における国際条件について, in *Nagoya Daigaku Bungakubu kenkyū kiyō* 名古屋大学文学部研究紀要, 62 (1974): 1-16.
Minamoto Ryōen 源了円. *Tokugawa shisō shōshi* 德川思想小史. Chūō Kōron Sha, 1973.
Ming-shih 明史. 6 vols. Taipei: Kuo-fang Yen-chiu Yuan 國防研究院, 1962.
Mitogaku 水戸学. Ed., Imai Usaburō 今井宇三郎, et al. Iwanami Shoten, 1973. (*Nihon Shisō Taikei*, vol. 53).
Miyake Hidetoshi 三宅英利, "Genna Chōsen shinshi raihei riyū e no gimon" 元和朝鮮信使来聘理由への疑問, in *Kyūshū shigaku* 九州史学, 52 (1973): 31-42.
———, "Kan'ei jūsannen Chōsen shinshi kō" 寛永十三年朝鮮信使考, in *Kitakyūshū Daigaku Bungakubu kiyō* 北九州大学文学部紀要, 6 (1970): 1-20.
———, "Kan'ei shokai no Chōsen shinshi," 寛永初回の朝鮮信使, *Kyūshū shigaku* 九州史学, 53-54 (1974): 63-78.
———, "Rishi Kōsō-chō Nihon tsūshinshi kō" 李氏孝宗朝日本通信使考, in *Kitakyūshū Daigaku Bungakubu kiyō B keiretsu* 北九州大学文学部紀要 B 系列, 3.1 (1969): 1-32.
———, "Sakoku chokugo no Chōsen tsūshinshi" 鎖国直後の朝鮮通信使, in *Kitakyūshū Daigaku Bungakubu kiyō* 北九州大学文学部紀要, 5.1-2 (1961): 23-52.
———, "Tenna Chōsen shinshi kō" 天和朝鮮信使考, in *Shigaku ronshū—taigai kankei to seiji bunka* 史学論集対外関係と政治文化. 2 vols. Yoshikawa Kōbunkan, 1974. 1: 163-192.
———, "Tokugawa seiken shokai no Chōsen shinshi" 徳川政権初回の朝鮮信使. in *Chōsen gakuhō* 朝鮮学報, 82 (January 1977): 101-132.
Miyata Toshihiko 宮田俊彦, "Kinsei shoki no Ryūmin bōeki" 近世初期の琉明貿易, in *Nihon rekishi* 日本歴史, no. 340 (September 1976): 1-19.
Morgenthau, Hans J. *Politics among Nations.* (third edition) New York: Alfred A. Knopf, Inc., 1960.
Morohashi Tetsuji 諸橋哲次, comp. *Daikanwa jiten* 大漢和辞典. 13 vols., Taishūkan 大衆館, 1955-1960.
Murai Masuo 村井益男, "Edo zu byōbu no rekishiteki haikei" 江戸図屏風の歴史的背景, in *Edo zu byōbu,* q.v., pp. 22-46.
Murakami Naojirō 村上直次郎, tr. *Dejima Rankan nisshi* 出島蘭館日志. 3 vols., Bunmei Kyōkai 文明協會, 1938-1939.
———, ed. *Ikoku ōfuku shokan shū/Zōtei Ikaku nikki shō* 異国往復

Matsumoto Sannosuke 松本三之介, "Kinsei ni okeru rekishi jojutsu to sono shisō" 近世における歴史叙述とその思想, in Matsumoto Sannosuke and Ogura Yoshihiko 小倉芳彦, ed., *Kinsei shiron shū* 近世史論集. Iwanami Shoten, 1974, pp. 578–615. (*Nihon Shisō Taikei*, vol. 48)

Matsushita Kenrin 松下見林 comp. *Ishō Nihon den* 異稱日本傳. In *Kaitei shiseki shūran*. vol. 20. Sumiya Shobō, 1968.

Matsuura Akira 松浦章, "Kōshū shikizō U-rin-tatsu Bo-ji-shin no Nagasaki raikō to sono shokumei ni tsuite—Kōki jidai no Nisshin kōshō no ichi sokumen" 杭州織造烏林達莫爾森の長崎来航とその職名について―康熙時代の日清交渉の一側面, in *Tōhōgaku* 東方學, no. 55 (January 1978), pp. 62–75.

Mattingly, Garrett. *Renaissance Diplomacy*. Sentry Edition. Boston: Houghton-Mifflin Company, 1971.

McClain, James L., "Castle Towns and Daimyo Authority: Kanazawa in the Years 1583–1630," in *Journal of Japanese Studies*, vol. 6, no. 2 (Summer 1980), pp. 267–299.

McCune, George McAfee, "Korean Relations with China and Japan, 1800–1864," Unpublished Ph.D. dissertation, University of California, Berkeley, 1941.

―――, and E. O. Reischauer, "The Romanization of the Korean Language, Based on its Phonetic Structure," in *Transactions of the Korea Branch of the Royal Asiatic Society*, vol. XXXIX (1939).

McMullen, Ian James, "Kumazawa Banzan and 'Jitsugaku': Toward Pragmatic Action," in *Principle and Practicality: Essays in Neo-Confucianism and Practical Learning*, ed. Wm. Theodore de Bary and Irene Bloom. New York: Columbia University Press, 1979, pp. 337–374.

―――, "Non-Agnatic Adoption: A Confucian Controversy in Seventeenth- and Eighteenth-Century Japan," in *Harvard Journal of Asiatic Studies*, vol. 35 (1975), pp. 133–189.

McMorran, Ian, "The Patriot and the Partisans: Wang Fu-chih's Involvement in the Politics of the Yung-li Court," in Spence and Wills, ed., *From Ming to Ch'ing: Conquest, Region, and Continuity in Seventeenth-Century China*, pp. 133–166.

Medieval Japan: Essays in Institutional History. ed. John W. Hall and Jeffrey P. Mass. New Haven: Yale University Press, 1974.

Meng, S. M. *The Tsungli Yamen: Its Organization and Functions*. Cambridge, Massachusetts: The East Asian Research Center, Harvard University, distr. by Harvard University Press, 1962.

Miki Seiichirō 三鬼清一郎, "Chōsen eki ni okeru kokusai jōken ni tsuite"

Capetian France," in *American Historical Review*, vol. 83, no. 4 (October 1978), pp. 906–927.

Liang Ch'i-Ch'ao 梁啓超. *Yin-ping-shih ch'üan-chi* 飲冰室全集. Taipei: Wen-Hua T'u-shu Kung-szu 文化圖書公司, 1968.

Mainikki (Edo) 每日記. (Daily logbooks of the Tsushima domain residence in Edo; volume titles vary, e.g., *Nichinichiki* 日日記, *Hinamiki* 日並記, etc. Grouped together here for convenience as *Mainikki*.) 1077 MS volumes. Sō Collection, Historiographical Institute, Tokyo University.

Mainikki (Izuhara) 每日記(厳原). (Daily logbooks of the *Omoteshosatsukata* 表書札方 in the Tsushima domain headquarters in Izuhara. Titles vary from volume to volume, and are grouped here for convenience under *Mainikki* (Izuhara). MS, 2053 volumes. Sō Collection, Banshoin Temple, Izuhara, Tsushima.

Mainikki issatsu Edo go-rōjū narabini katagata e tsukawasu gojō hikae issatsu nisatsu gatchō 每日記一冊江戸御老中并二方々に遣ス御状控一冊二冊合帳. MS, 1646. Sō Archives, Banshoin Temple, Izuhara, Tsushima.

Mancall, Mark, "The Ch'ing Tribute System: An Interpretive Essay," in Fairbank, ed., *The Chinese World Order*, pp. 63–89.

Manzai 満濟. *Manzai Jugō nikki* 満濟准后日記. 2 vols. *Zoku gunsho ruijū hoi* 續群書類從補遺, vol. 1, parts 1, 2. Zoku Gunsho Ruijū Kanseikai 完成会, 1958.

Maruyama Masao 丸山眞男, "Kindai Nihon shisōshi ni okeru kokka risei no mondai (1)" 近代日本思想史における國家理性の問題," in *Tenbō* 展望. (January 1949): 4–15.

Masui Tsuneo 増井経夫. *Shin teikoku* 清帝国. Kōdansha 講談社, 1974.

Matsuda Kinoe 松田甲, "Richō Jinso yori kizō seru Nikkō Tōshōgū no hengaku to kane, tsuketari, Daiyūbyō no Chōsen tōrō" 李朝仁祖より寄贈せる日光東照宮の扁額と鐘附大猷廟の朝鮮燈籠 in *Nissen shiwa* 日鮮史話, 2 (1926): 48–77.

Matsuda, Mitsugu, "The Ryukyuan Government Scholarship Students to China, 1392–1868, based on a short essay by Nakahara Zenchu, 1962," in *Monumenta Nipponica*, 21.3–4 (1966): 273–304.

——, "The Government of the Kingdom of Ryukyu, 1609–1872." Unpublished Ph.D. dissertation, University of Hawaii, 1967.

Matsudaira Sadanobu 松平定信. *Uge no hitokoto, Shugyōroku* 宇下の人言, 修行録. Iwanami Shoten, 1942.

Matsudaira Tarō 松平太郎. *Edo jidai seido no kenkyū* (1) 江戸時代制度の研究上巻. Buke Seido Kenkyūkai 武家制度研究會, 1919.

Korr, Charles P. *Cromwell and the New Model Foreign Policy.* Berkeley: University of California Press, 1975.
Kosa ch'waryo 攷事撮要. comp. Ŏ Sukkwŏn 魚叔權. Keijo: Keijō Teikoku Daigaku Hōbungakka 京城帝國大學法文學科, 1941. (Keishōkaku sōsho [Kyujanggak ch'ongsŏ], 奎章閣叢書, vol. 7).
Kōun zuihitsu 江雲隨筆. MS copy, coll. Historiographical Institute, Tokyo University. Original in coll. Kenninji 建仁寺 Temple, Kyoto. Copy dated 1887.
"Kuji taiketsu goza-kubari ezu" 公事對決御座配繪圖. MS, 1635, Sō Collection, Historiographical Institute, Tokyo University.
Kujō Michifusa 九條道房. *Michifusa kō ki* 道房公記. 10 vols., MS copy, collection Historiographical Institute, Tokyo University.
Kumazawa Banzan 熊澤蕃山. Gotō Yōichi 後藤陽一 and Tomoeda Ryūtarō 友枝龍太郎, eds. Iwanami Shoten, 1971. (*Nihon Shisō Taikei*, vol. 30).
Kurita Motoji 栗田元次. *Edo jidaishi jō* 江戶時代史上. Naigai Shoseki 内外書籍, 1928.
Kwanghaegun ilgi. 光海君日記. 185 kwŏn 卷. In *Chosŏn wangjo sillok*, vols. 26–33. Includes both the T'aebaeksan 太白山, and the Chŏngjoksan 鼎足山 manuscripts.
Kyemi tongsa ilgi 癸未東槎日記. (anon.), in *Kaikō sōsai*, 3:194–249.
Kyokuba jōran no oboegaki 曲馬上覽之覺書. MS, 1682. Sō Collection, Keio University Library.
Kyŏng Sŏm 慶暹. *Kyŏng ch'ilsŏng haesarok* 慶七星海槎錄, in *Kaikō sōsai*, 2:1–71.
Kyŏngguk taejŏn 經國大典. Gakushūin Tōyō Bunka Kenkyūsho 学習院東洋文化研究所, 1974.
Leach, Edmund, "Ritual," in *International Encyclopedia of the Social Sciences.* New York: The Free Press, 1968. vol. 13, pp. 520–526.
Lebensztejn, Jean-Claude, "57 Steps to Hyena Stomp," in *Art News*, vol. 71, no. 5 (September 1972), pp. 60–75.
Ledyard, Gari. *The Dutch Come to Korea.* Seoul: Royal Asiatic Society, Korea Branch, 1971.
———, "Galloping Along with the Horseriders: Looking for the Founders of Japan," in *Journal of Japanese Studies*, vol. 1, no. 2 (Spring 1975), pp. 217–254.
Legge, James, tr. *Confucius: Confucian Analects, The Great Learning & The Doctrine of the Mean.* Oxford: The Clarendon Press, 1893 (Dover Press reprint, 1971).
Lewis, Andrew W., "Anticipatory Association of the Heir in Early

Kawashima Masao 川嶋将生. "Sakokugo no shuinsen bōeki-ka" 鎖国後の朱印船貿易家, in *Kyōto Shishi Hensansho tsūshin* 京都市史編さん所通信, no. 143 (April 1981), pp. 1–2.

Keene, Donald. *The Battles of Coxinga*. London: Taylor's Foreign Press, 1951.

———. *The Japanese Discovery of Europe, 1720–1830*. Revised edition. Stanford: Stanford University Press, 1969.

Kerr, George H. *Okinawa, the History of an Island People*. Tokyo: Charles E. Tuttle Company, 1958.

Kessler, Lawrence D. *K'ang-hsi and the Consolidation of Ch'ing Rule, 1661–1684*. Chicago: University of Chicago Press, 1976.

Kim, Key-Hiuk. *The Last Phase of the East Asian World Order: Korea, Japan, and the Chinese Empire, 1860–1882*. Berkeley: University of California Press, 1980.

Kim Seryŏn 金世濂. *Sasangnok* 槎上錄, in *Kaikō sōsai*, 2:383–494.

Kimiya Yasuhiko 木宮泰彥. *Nisshi kōtsūshi* 日支交通史. 2 vols., Kinshi Hōryūdō 金剌芳流堂, 1926–1928.

Kitajima Masamoto 北島正元. *Edo bakufu no kenryoku kōzō* 江戸幕府の権力構造. Iwanami Shoten, 1964.

Kobayashi Shigeru 小林茂. "Tokugawa jidai ni okeru Chōsen tsūshinshi no sukegō mondai—Yodo han o chūshin to shite" 徳川時代における朝鮮通信使の助郷問題—淀藩を中心として in *Chōsen gakuhō* 朝鮮学報, 43 (1967): 49–82.

Kōbe Shiritsu Nanban Bijutsukan zuroku 神戸市立南蛮美術館図録. ed., Kōbe Shiritsu Nanban Bijutsukan Zuroku Hensan Iinkai 編纂委員会. 5 vols. Kobe: Kōbe Shiritsu Nanban Bijutsukan, 1968–1972.

Kobori Keiichi 小堀桂一. *Sakoku no shisō* 鎖国の思想. Chūō Kōron Sha, 1974.

Kōda Shigetomo chosakushū 幸田成友著作集. 7 vols. + index. Chūō Kōron Sha, 1971–1974.

Koji ruien 古事類苑. 56 vols., Yoshikawa Kōbunkan, 1969.

Kokusho sōmokuroku 国書総目録. 8 vols. + index, Iwanami Shoten, 1963–76.

Kondō Morishige 近藤守重. *Gaiban tsūsho* 外藩通書, in *Kondō Seisai zenshū*, 近藤正齋全集, 3 vols. Kokusho Kankōkai 國書刊行會, 1906. vol. 3, separate pagination. Also in *Kaitei shiseki shūran* 改訂史籍集覽, 33 vols., Sumiya Shobō すみや書房, 1968, 21:191–454.

Konishi Shiro 小西四郎. *Kaikoku to jōi* 開国と攘夷. Chūō Kōron Sha, 1966.

Kaikō sōsai 海行惣載. 4 vols. Keijo: Chōsen Kosho Kankōkai 朝鮮古書刊行會, 1914.

Kanda Nobuo 神田信夫. *Heizei Ō Go Sankei no kenkyū* 平西王呉三桂の研究. Meiji Daigaku 明治大学, 1952.

―――. "Sanpan no ran to Chōsen" 三藩の乱と朝鮮, in *Shundai shigaku* 駿臺史學, 1 (March 1951): 60–75.

Kan'ei jūsan heishi nen Chōsen shinshi kiroku 寛永十三丙子年朝鮮信使記録. 3 vols. MS copy, collection Historiographical Institute, Tokyo University.

"Kan'ei 6 nen 'go-jōkyō no toki mainikki'" 寛永6年「御上京の時毎日記」, ed. Tashiro Kazui 田代和生, in *Chōsen gakuhō* 朝鮮学報, 95 (April 1980), pp. 73–116.

Kan'ei Shōhō no tabi Yaso shūmon go-genkin ni tsuki Chōsen-koku go-ōfuku go-shokan utsushi. 寛永正保之度邪蘇宗門御厳禁ニ付朝鮮國御往復書翰寫. Sō Collection, Historiographical Institute, Tokyo University.

Kanezashi Shōzō 金指正三. *Kinsei kainan kyūjo seido no kenkyū* 近世海難救助制度の研究. Yoshikawa Kōbunkan, 1968.

Kang Chae'ŏn 姜在彦. *Chōsen kindai shi kenkyū* 朝鮮近代史研究. Nihon Hyōron Sha 日本評論社, 1970.

―――. *Kindai Chōsen no henkaku shisō* 近代朝鮮の変革思想. Nihon Hyōron Sha, 1973.

Kang Hongjung 姜弘重. *Tongsarok* 東槎録, in *Kaikō sōsai*, 2:205–311.

Kanō Eikei 狩野永敬. *Chōsenjin gyōretsu zu* 朝鮮人行列圖. Spencer Collection, New York Public Library.

Kansei chōshū shokafu 寛政重修諸家譜. 22 vols. and 4 index vols. Zoku Gunsho Ruijū Kanseikai 続群書類従完成会, 1964–1968.

Kanshu nikki 館守日記, or *Mainikki* 毎日記. (logbooks of the overseers of the Tsushima trading factory in Pusan). MS, 860 vols. 1687–1870. Sō Collection, National Diet Library, Tokyo.

Kansō dokugen 閑窓獨言. Variously attributed to Suyama Totsuan 陶山訥庵, Nakagawa Nobuyoshi 中川延良, and Kotō Bun'an 古藤文庵. *Tsushima Sōsho*, vol. 6. Murata Shoten, 1979.

Katagiri Kazuo 片桐一男. "Sakoku jidai ni motarasareta kaigai jōhō" 鎖国時代にもたらされた海外情報, in *Nihon rekishi*, 249 (February 1969): 83–98.

Katō Hidetoshi, "The Significance of the Period of National Seclusion Reconsidered," in *Journal of Japanese Studies*, vol. 7, no. 1 (Winter 1981), pp. 85–109.

Katsumata Shizuo, "The Development of Sengoku Law," in *Japan before Tokugawa*, ed. John W. Hall, et al., pp. 101–124.

―――, "Reopening of the Diplomatic Relations Between Japan and Siam During Tokugawa Days," in *Acta Asiatica*, 4 (1963): 1-31.

――― 岩生成一. *Sakoku* 鎖国. Chūō Kōronsha 中央公論社, 1966.

―――. *Shuinsen bōeki shi no kenkyū* 朱印船貿易史の研究. Kōbundō 弘文堂, 1958.

Jansen, Marius B. *Japan and Its World*. Princeton: Princeton University Press, 1980.

Japan before Tokugawa: Political Consolidation and Economic Growth, 1500 to 1650. ed. John W. Hall, et al. Princeton: Princeton University Press, 1981.

Japan in the Muromachi Age. ed. John Whitney Hall and Toyoda Takeshi. Berkeley: University of California Press, 1977.

Jinmei daijiten 人名大辞典. 10 vols. Heibonsha 平凡社, 1953-1955.

Jinnō shōtōki, Masukagami 神皇正統記, 増鏡. ed. Iwasa Tadashi 岩佐正, Tokie Akinori 時枝誠記, Kidō Saizō 木藤才藏. Iwanami Shoten, 1965. (*Nihon Koten Bungaku Taikei*. 日本古典文学大系, vol. 87).

Jippensha Ikku (text) 十返舎一九 and Kitagawa Utamaro (illustrations) 喜多川歌麿. *Chōsenjin raichō gyōretsu ki* 朝鮮人來朝行列記. Edo 江戸: Nishimuraya Genroku 西村屋源六, and Ōmachi (Tsushima) 大町(對州): Mikiya Kizaemon 三木屋喜左衛門, 1811. Photographically reproduced as front matter in *Chōsen shinshi raichō kihanroku*, q.v.

Jonas, Manfred. *Isolationism in America, 1935-1941*. Ithaca: Cornell University Press, 1966.

Jūkyūkō jitsuroku; Sōshi kafu 十九公実録宗氏家譜. ed. Suzuki Shōzō 鈴木棠三. *Tsushima sōsho* 對馬叢書, vol. 3. Murata Shoten 村田書店, 1974.

Kaempfer, Engelbert. *Geschichte und Beschreibung von Japan*. 2 vols. Stuttgart: F.A. Brockhaus, 1964.

―――. *The History of Japan Together with a Description of the Kingdom of Siam, 1690-92*. tr. J. G. Scheuchzer. 3 vols. Glasgow: James MacLehose and Sons, 1906.

―――. *Kenperu Edo sanpu kikō* ケンペル江戸参府紀行. tr. from Kaempfer, *Geshcichte und Beschreibung von Japan*, by Kure Shūzō 呉秀三. 2 vols. *Ikoku sōsho* 異國叢書, vols. 7, 8. Yūshōdō 雄松堂, 1928, 1929; reprint, 1966.

Kagoshima kenshi 鹿児島縣史. 5 vols. Kagoshima: Kagoshima Ken, 1940-1943.

Kagoshima kenshiryō Kyūki zatsuroku tsuiki 鹿児島縣史料旧記雑録追記. Comp., Kagoshima Ken Ishin Shiryō Hensanjo 鹿児県維新史料編纂所. Kagoshima: Kagoshima Ken, 1971.

Inoue Mitsusada, "The *Ritsuryō* System in Japan," in *Acta Asiatica*, no. 31 (1977), pp. 83-112.
Irie Keishirō 入江啓四郎, "Nigen teki genshusei to Meiji ishin" 二元的元首制と明治維新, in *Nihon gaikōshi kenkyū* 日本外交史研究 (Fall 1957), pp. 22-39.
Ishihara Michihiro 石原道博, "Chōsen gawa yori mita Minmatsu no Nihon kisshi ni tsuite" 朝鮮側よりみた明末の日本乞師につ いて, in *Chōsen gakuhō*, 4 (March 1953): 117-130.
Ishihara Michihiro 石原道博. *Minmatsu Shinsho Nihon kisshi no kenkyū* 明末清初日本乞師の研究. Fuzanbō 富山房, 1945.
Ishii Ryōsuke 石井良助, ed. *Go-tōke reijō; ritsuryō yōryaku* 御當家令條・律令要略. Sōbunsha 創文社, 1959. (*Kinsei hōsei shiryō sōsho* 近世法制史料叢書, vol. 2).
―――, ed. *Tokugawa kinrei kō zenshū* 徳川禁令考前集. 6 vols. Sōbunsha, 1959.
Ishimoda Shō 石母田正, "Nihon kodai ni okeru kokusai ishiki ni tsuite: kodai kizoku no baai" 日本古代における国際意識について―古代貴族の場合, in *Shisō* 思想, no. 454 (April 1962), pp. 2-9.
Ishin shiryō kōhon 維新史料稿本. MS, Collection Historiographical Institute, Tokyo University.
Ishin Sūden 以心崇傳. *Honkō kokushi nikki* 本光國師日記. 7 vols., Zoku Gunsho Ruijū Kanseikai 続群書類従完成会, 1970.
―――. *Ikoku goshuin chō* 異國御朱印帳. MS copy, collection Historiographical Institute, Tokyo University.
―――. *Ikoku nikki* 異國日記. 4 vols., MS copy, collection Historiographical Institute, Tokyo University.
Itazawa Takeo 板澤武雄. *Mukashi no nanyō to Nihon* 昔の南洋と日本. Nihon Hōsō Shuppan Kyōkai 日本放送出版協會, 1940.
―――. *Nihon to Oranda* 日本とオランダ. Shibundō, 1955.
―――. *Oranda fūsetsugaki no kenkyū* 阿蘭陀風説書の研究. Yoshikawa Kōbunkan, 1974. (reprint of Nihon Kobunka Kenkyūsho 日本古文化研究所 ed., 1937).
Itō Tasaburō 伊東多三郎, "Edo bakufu no seiritsu to buke seijikan" 江戸幕府の成立と武家政治觀, in *Rekishigaku kenkyū* 歴史學研究, 131 (Jan. 1948): 1-10; 132 (March 1948): 29-44.
―――, "Shugo mondai to shōgun ken'i" 殊号問題と将軍權威, in *Nihon rekishi* 日本歴史, 67 (December 1953): 2-13.
Iwao, Seiichi, "Li Tan 李旦, Chief of the Chinese Residents at Hirado, Japan in the Last Days of the Ming Dynasty," in *Memoirs of the Research Department of the Toyo Bunko*, no. 17, 1958. pp. 27-83.

政道論. (*Nihon shisō taikei*, v. 38). Iwanami Shoten, 1976, pp. 22–29.
Hong Ujae 洪禹載. *Tongsarok* 東槎錄, in *Kaikō sōsai*, 4:1–67.
Honjo, Eijiro. *Economic Theory and History of Japan in the Tokugawa Period*. New York: Russell & Russell, Inc., 1965.
Honpō Chōsen ōfukusho 本邦朝鮮往復書. Compiled by the resident monks of the Iteian hermitage, MS copy, 120 vols., collection Historiographical Institute, Tokyo University. Originals in Sō Collection, National History Compilation Committee, Seoul.
Hori, Kyotsu. "The Economic and Political Effects of the Mongol Wars," in John W. Hall and Jeffrey P. Mass, eds., *Medieval Japan, Essays in Institutional History*. New Haven: Yale University Press, 1974, pp. 184–198.
———. "The Mongol Invasions and the Kamakura Bakufu." Unpublished Ph.D. dissertation, Columbia University, 1967.
Hsü, Immanuel C. Y. *The Rise of Modern China*. New York: Oxford University Press, 1970.
Huber, Thomas M. *The Revolutionary Origins of Modern Japan*. Stanford: Stanford University Press, 1981.
Hummel, Arthur W. *Eminent Chinese of the Ch'ing Period (1644–1912)*. Washington, D.C.: United States Government Printing Office, 1943; reprint, Taipei: Ch'eng Wen Publishing Company, 1975.
Hwang Ch'up'o 黃秋浦. *Tongsarok: Mallyŏk pyŏngsin chutung t'ongsinsa ilhaeng Ilbon wanghwan illok* 東槎錄萬曆丙申通信使一行日本往還日錄. MS, 1596, in Kawai Bunko 河合文庫, Kyoto University Library.
Hwang Ho 黃㦿. *Tongsarok* 東槎錄, in *Kaikō sōsai*, 3:49–115.
Hyojong taewang sillok 孝宗大王實錄. 28 kwŏn, in *Chosŏn wangjo sillok*, vols. 36–37.
Ikoku ōfuku shokan shū/Zōtei Ikoku nikki shō 異國往復書翰集・增訂異國日記抄. *Ikoku sōsho* 異國叢書, vol. 11. Komiyama Shoten 小宮山書店, 1966.
Im Kwang 任絖. *Pyŏngja Ilbon ilgi* 丙子日本日記, in *Kaikō sōsai*, 2:312–382.
Inaba Iwakichi 稻葉岩吉. *Shina kinseishi kōwa* 支那近世史講話. Nihon Hyōronsha 日本評論社, 1938.
———. *Kōkaikun jidai no Mansen kankei* 光海君時代の滿鮮關係. Keijo: Ōsakayagō Shoten 大阪屋號書店, 1933.
Injo cho sillok 仁祖朝實錄. 50 kwŏn, in *Chosŏn wangjo sillok*, vols. 33–35.
Inobe Shigeo 井野邊茂雄. *Ishin zenshi no kenkyū* 維新前史の研究. Chūbunkan Shoten 中文館書店, 1935.

———, Nagahara Keiji, and Kozo Yamamura, eds., *Japan before Tokugawa: Political Consolidation and Economic Growth, 1500 to 1650*. Princeton: Princeton University Press, 1981.

Harootunian, Harry D., "The Functions of China in Tokugawa Thought," in *The Chinese and the Japanese: Essays in Political and Cultural Interactions*, ed. Akira Iriye. Princeton: Princeton University Press, 1980, pp. 9–36.

Hayashi Akira 林煒. *Tsūkō ichiran* 通航一覧. 8 vols., Kokusho Kankōkai 國書刊行會, 1913; reprint, Osaka: Seibundō Shuppan, 清文堂出版, 1967.

Hayashi Gahō 林鵞峯. *Gahō Sensei Hayashi Gakushi bunshū* 鵞峯先生林學士文集. Contents, prefaces 1 and 2, plus 120 *kan*, in 51 fascicles; prefaces dated 1689.

——— and Hayashi Hōkō 林鳳岡, comp. *Ka'i hentai* 華夷變態. 3 vols., Tōyō Bunko 東洋文庫, 1958.

Hayashi Nobuatsu 林信篤. *Kan'ei shōsetsu* 寛永小説, in *Zoku shiseki shūran* 續史籍集覧. 10 vols. Kondō Shuppanbu 近藤出版部, 1930, vol. 6.

Hayashi Razan 林羅山. *Hayashi Razan bunshū* 林羅山文集. Osaka: Kōbunsha 弘文社, 1930.

Hayashi Sukekatsu 林亮勝, "Dai sandai Tokugawa Iemitsu" 第三代徳川家光, in *Tokugawa shōgun retsuden* 徳川将軍列伝. ed., Kitajima Masamoto 北島正元. Akita Shoten 秋田書店, 1974, pp. 88–127.

Henthorn, William. *A History of Korea*. New York: The Free Press, 1971.

Hibbett, Howard. *The Floating World in Japanese Fiction*. Rutland, Vermont & Tokyo, Japan: Charles E. Tuttle Company, 1975.

Hirano Kunio 平野邦雄, "Yamato ōken to Chōsen" ヤマト王権と朝鮮, in *Iwanami kōza Nihon rekishi*, vol. 1 (1975), pp. 227–272.

Hitomi Chikudō 人見竹洞. *Chikudō zenshū* 竹洞全集. 3 vols., abridged MS copy, collection Historiographical Institute, Tokyo University.

Hiyōroku, Kōtoku ben, Han hiroku 丕揚録, 公徳辨, 藩秘録. ed. Kitajima Masamoto, Murakami Tadashi, Kanai Madoka 北島正元, 村上直, 金井圓. Kondō Shuppansha 近藤出版社, 1971.

"Hō Chōrō Chōsen monogatari tsuketari Yanagawa shimatsu" 方長老朝鮮物語附柳川始末, in *Shintei zōho Shiseki shūran* 新訂増補史籍集覧. 41 vols. Kyoto: Rinsen Shoten 臨川書店, 1967, vol. 28.

Hofstadter, Douglas R. *Gödel, Escher, Bach: An Eternal Golden Braid*. New York: Basic Books, 1979.

Honda Tadakatsu 本多忠勝, "Honda Heihachirō kikigaki" 本多平八郎聞書, in Naramoto Tatsuya 奈良本辰也, ed., *Kinsei seidō ron* 近世

Mahmud II," in *International Journal of Middle Eastern Studies*, vol. 3, no. 4 (October 1972), pp. 388-416.
Fujiki Hisashi, "The Political Posture of Oda Nobunaga," in *Japan before Tokugawa*, ed., John W. Hall, et. al., pp. 149-193.
Fujino Tamotsu 藤野保. *Bakusei to hansei* 幕政と藩政. Yoshikawa Kōbunkan 吉川弘文館, 1979.
———. *Kaitei zōho bakuhan taiseishi no kenkyū* 改訂增補幕藩体制史の研究. Yoshikawa Kōbunkan, 1976.
Fujiwara Seika shū 藤原惺窩集. 2 vols. Kokumin Seishin Bunka Kenkyūjo 國民精神文化研究所, 1938-1939.
Fushiminomiya Sadafusa Shinnō 伏見宮貞成親王. *Kanmon gyoki* 看聞御記. in *Zoku gunsho ruijū hoi* 續群書類從補遺, vol. 2, parts 1, 2. rev. ed. Zoku Gunsho Ruijū Kanseikai 續群書類從完成會, 1958-1959.
Goffman, Erving. *Interaction Ritual: Essays in Face-to-Face Behavior*. Chicago: Aldine Publishing Company, 1967.
Goodrich, L. Carrington, ed., and Ryusaku Tsunoda. tr. *Japan in the Chinese Dynastic Histories, Later Han through Ming*. Pasadena: Perkins Oriental Books, 1968.
Goody, Jack, "Introduction," in Goody, ed., *Succession to High Office (Cambridge Papers in Social Anthropology, no. 4)*. Cambridge, England: Cambridge University Press, 1966, pp. 1-56.
Grossberg, Kenneth A., "From Feudal Chieftan to Secular Monarch: The Development of Shogunal Power in Early Muromachi Japan," in *Monumenta Nipponica*, vol. XXXI, no. 1 (Spring 1976), pp. 29-49.
Haboush, JaHyun Kim, "A Heritage of Kings: One Man's Monarchy in the Confucian World," Unpublished Ph.D. dissertation, Columbia University, 1978.
Hall, John Whitney. *Government and Local Power in Japan, 500 to 700. A Study Based on Bizen Province*. Princeton: Princeton University Press, 1966.
———, "Hideyoshi's Domestic Policies," in *Japan before Tokugawa*, pp. 194-223.
———, "Notes on the Early Ch'ing Copper Trade with Japan," in *Harvard Journal of Asiatic Studies*, vol. XII, nos. 3-4 (December 1949), pp. 444-461.
———. *Tanuma Okitsugu (1719-1788): Forerunner of Modern Japan*. Cambridge, Mass.: Harvard University Press, 1955.
———, "Tokugawa Japan: 1800-1853," in James B. Crowley, ed., *Modern East Asia: Essays in Interpretation*. New York: Harcourt, Brace & World, Inc., 1970, pp. 62-94.

Dennerline, Jerry, "Hsü Tu and the Lessons of Nanking: Political Integration and Local Defense in Chiangnan, 1634–1645," in Spence and Wills, ed. *From Ming to Ch'ing*, pp. 89–132.

Deuchler, Martina. *Confucian Gentlemen and Barbarian Envoys: The Opening of Korea, 1875–1885*. Seattle and London: The University of Washington Press, 1977.

Dokai kōshū ki 土芥冠讎記. ed. Kanai Madoka 金井圓. Jinbutsu Ōrai Sha 人物往来社, 1967.

Dolgin, Janet L., David S. Kemnitzer, and David M. Schneider, "Introduction: 'As People Express Their Lives, So They Are ...,'" in Dolgin, Kemnitzer, and Schneider, ed., *Symbolic Anthropology: A Reader in the Study of Symbolic Action*. New York: Columbia University Press, 1977.

Dulles, Allen. *The Craft of Intelligence*. New York: Harper & Row, Publishers, 1963.

Duus, Peter. *Feudalism in Japan*. New York: Alfred A. Knopf, 1969.

Earl, David Margarey. *Emperor and Nation in Japan, Political Thinkers of the Tokugawa Period*. Seattle: University of Washington Press, 1964.

Edo jidai no Chōsen tsūshinshi 江戸時代の朝鮮通信使. comp. Eizō Bunka Kyōkai 映像文化協会. Mainichi Shinbunsha 毎日新聞社, 1979.

Edo zu byōbu 江戸図屏風. ed. Suzuki Susumu 鈴木進. Heibonsha 平凡社, 1971.

Einstein, Albert. *Mein Weldbild*. Amsterdam: Auflage Erstdruck, 1934. repr. Frankfurt/M: Ullstein Materialen, 1979.

———. *The World as I See It*. New York: Covici, Friede, Publishers, 1934.

Elison, George. *Deus Destroyed, The Image of Christianity in Early Modern Japan*. Cambridge, Mass.: Harvard University Press, 1973.

Engel, Mark, "Preface," in Gregory Bateson, *Steps to an Ecology of Mind*, New York: Ballantine Books, 1972, pp. vii–viii.

Fairbank, John K., "A Preliminary Framework," in Fairbank, ed., *The Chinese World Order*, pp. 1–19.

———, ed. *The Chinese World Order*. Cambridge, Mass.: Harvard University Press, 1968.

Fang, Chao-ying "A Technique for Estimating the Numerical Strength of the Early Manchu Forces," in *Harvard Journal of Asiatic Studies*, vol. XIII (June 1950), pp. 192–215.

Farmer, Edward L. *Early Ming Government: The Evolution of Dual Capitals*. Cambridge, Massachusetts: Harvard University Press, 1976.

Findley, Carter V., "The Foundations of the Ottoman Foreign Ministry: The Beginnings of Bureaucratic Reform under Selim III and

Keio University Library. The copy of *Honpō Chōsen ōfuku sho*, q.v., kept in the Tsushima office in Edo.

Chōsen shinshi raichō kihan kanroku 朝鮮信使来朝帆官録. ed., Ishizaka Kōjirō 石阪孝二郎. Kobe: Hyōgo Okagata Komonjo Kankō Iin 兵庫岡方古文書刊行委員, 1969.

Chōsen tsūkō taiki 朝鮮通交大紀. comp. Matsuura Masatada 松浦允任. MS, 10 *kan* 巻. Sō Archives, Banshōin, Izuhara, Tsushima.

Chōsen tsūkō taiki. ed. Tanaka Takeo and Tashiro Kazui. Meicho Shuppan, 1978.

Chōsenjin raihei gyōretsu tsuketari 朝鮮人来聘行列附 Woodblock printed scroll, n.d. Collection Kankoku Kenkyūin, 韓国研究院 Tokyo.

Chōsenjin raichō ni tsuki muramura atemono kakiage chō 朝鮮人来朝ニ付村々宛物書上帳. MS, 1710. Collection of the author.

Chōsenshi 朝鮮史. 36 vols. and index. Keijo: Chōsen Sōtokufu 朝鮮總督府, 1933.

Chosŏn wangjo sillok 朝鮮王朝實録. 48 vols. + index. Seoul: Kuksa P'yŏnch'an Wiwŏnhoe 國史編纂委員會, 1955–1963.

Chun, Hae-jong, "Sino-Korean Tributary Relations in the Ch'ing Period," in Fairbank, ed., *The Chinese World Order*, pp. 90–111.

Chŭngjŏng kyorinji 增正交隣志. Seoul: Asea Munhwasa 亞細亞文化社, 1974.

Cocks, Richard. *Diary Kept by the Head of the English Factory in Japan: Diary of Richard Cocks, 1615–1622*. 3 vols., published under the title *Igirisu Shōkanchō nikki, Genbun-hen* イギリス商館長日記, 原文編, in the series *Nihon kankei kaigai shiryō* 日本關係海外史料, of the Historiographical Institute, University of Tokyo. Tōkyō Daigaku Shuppankai 東京大學出版會, 1978–1980.

———. *Diary of Richard Cocks, Cape Merchant in the English Factory in Japan, 1615–1622*. 2 vols., ed. N. Murakami. Tokyo: Sankosha, 1899.

Dai Nihon kinsei shiryō, Hosokawa-ke shiryō 大日本近世史料, 細川家史料. 7 vols. to date. Tōkyō Daigaku Shuppankai, 1969–

Dai Nihon komonjo bakumatsu gaikoku kankei monjo 大日本古文書幕末外國關係文書. 44 vols. Shiryō Hensanjo 史料編纂所, 1910–

Dai Nihon komonjo iewake dai jūroku Shimazu ke monjo 大日本古文書家わけ第十六嶋津家文書. 3 vols., Tōkyō Teikoku Daigaku 東京帝國大學, 1942–1966.

Dai Nihon komonjo iewake dai ni Asano ke monjo 大日本古文書家わけ第二淺野家文書. Tōkyō Teikoku Daigaku, 1906.

Dai Nihon shiryō 大日本史料. comp., Shiryō Hensanjo. 293 vols., Shiryō Hensanjo, 1901– .

Atobe Kōkai 跡部光海. *Nakatsukuni no setsu* (or *Chūgoku no setsu*) 中國之説. MS copy, signed Gūji Munetsugu 宮司宗次, dated Meiwa 明和 1/8/*gejun* (1764/9/16–25). Collection, Ōsaka Furitsu Daigaku Toshokan 大阪府立大学図書館.

Banzan zenshū 蕃山全集. 6 vols., Banzan Zenshū Kankōkai 蕃山全集刊行會, 1940–1943.

Bateson, Gregory. *Steps to an Ecology of Mind*. New York: Ballantine Books, 1972.

Beasley, W. G. *The Modern History of Japan*. New York: Frederick A. Praeger, Inc., Publishers, 1963.

———. *Select Documents on Japanese Foreign Policy, 1853–1868*. New York and London: Oxford University Press, 1955.

Bitō Masahide 尾藤正英, "Sonnō jōi shisō" 尊王攘夷思想, in *Iwanami kōza Nihon rekishi*, 13 (1977), pp. 41–86.

———, "Yamaga Sokō no shisōteki tenkai" 山鹿素行の思想的転回, pt. 1, *Shisō* 思想, no. 560 (February 1971), pp. 22–37; pt. 2, *Shisō*, no. 561 (March 1971), pp. 82–97.

Blussé, Leonard, "Japanese Historiography and European Sources," in *Reappraisals in Overseas History*, ed. P. C. Emmer and H. L. Wesseling. Leyden University Press, 1979, by Martinus Nijhoff Publishers, pp. 193–221.

Bolitho, Harold. *Treasures among Men: The Fudai Daimyo in Tokugawa Japan*. New Haven: Yale University Press, 1974.

Bouwsma, William J., "From History of Ideas to History of Meaning," in *Journal of Interdisciplinary History*, XII:2 (Autumn 1981), pp. 279–291.

Boxer, C. R. *The Christian Century in Japan, 1549–1650*. Berkeley and Los Angeles: University of California Press, 1951.

———. *Jan Compagnie in Japan*. 2nd rev. ed., The Hague: Martinus Nijhoff, 1950; reprinted, Tokyo: Oxford University Press, 1968.

———, "The Rise and Fall of Nicholas Iquan," in *T'ien Hsia Monthly*, vol. XI, No. 5 (April–May, 1941), pp. 401–439.

Brunnert, H. S., and Hagelstrom, V. V. *Present Day Political Organization of China*. rev. ed., tr. A. Beltchenko and E. E. Moran. n.p.d.

Chang Ts'un-wu 張存武. *Ch'ing-Han tsung-fan mao-i 1637–1894* 清韓宗藩貿易. Taipei: Chung-ying Yen-chiu-yuan Chin-tai-shih Yen-chiu-so 中央研究院近代史研究所, 1978.

Chen, Ta-tuan, "Investiture of Liu-ch'iu Kings in the Ch'ing Period," in Fairbank, ed., *The Chinese World Order*, pp. 135–164.

Chōsen ōfuku sho 朝鮮往復書. MS, 72 volumes, 1645–1870. Sō Collection,

參考書目

Abe Yoshio 阿部吉雄. *Nihon Shushigaku to Chōsen* 日本朱子学と朝鮮. Tōkyō Daigaku Shuppankai 東京大學出版會, 1965.
Aimé-Martin, de M. L., comp. *Lettres Édifiantes et Curieuses, concernant l'Asie, l'Afrique, et l'Amérique*. 18 vols. Paris: Société du Panthéon Litteraire, 1863.
Aizawa Seishisai 会沢正志斎. *Shinron* 新論. in Imai Usaburō 今井宇三郎, et al., ed., *Mitogaku* 水戸学. Iwanami Shoten 岩波書店, 1973. (*Nihon Shisō Taikei* 日本思想大系, vol. 53).
Arai Hakuseki zenshū 新井白石全集. 6 vols. Kokusho Kankōkai 國書刊行會, 1905-1907.
Arano Yasunori 荒野泰典, "Bakuhansei kokka to gaikō-Tsushima han o sozai to shite" 幕藩制国家と外交―対馬藩を素材として, in *1978 nendo Rekishigaku Kenkyūkai Taikai hōkoku* 1978年度歷史学研究会大会報告 (*Rekishigaku kenkyū, beppen* 別編), (November 1978), pp. 95-105.
―――, "Chōsen tsūshinshi no shūmatsu―Shin Ikan 'Kaiyūroku' ni yosete" 朝鮮通信使の終末―申維翰「海游錄」によせて, in *Rekishi hyōron* 歷史評論, no. 355 (November 1979), pp. 63-74.
Asahi shinbun 朝日新聞, 23 November 1980.
Asami Keisai 浅見絅斎, "Chūgoku ben" 中国辨, in *Yamazaki Ansai gakuha* 山崎闇齋学派. Comp. Nishi Junzō 西順蔵, Abe Kōichi 阿部隆一, Maruyama Masao 丸山真男. *Nihon Shisō Taikei*, vol. 31. Iwanami Shoten, 1980. pp. 416-419.
Asao Naohiro 朝尾直弘. *Sakoku* 鎖国. Shōgakkan 小学館, 1975.
―――, "Sakoku," in *Kōza Nihon rekishi* 講座日本歷史, 10 vols., Tōkyō Daigaku Shuppankai 東京大学出版会, 1969-1970. 4:59-94.
―――, "Shogun and Tennō," in *Japan before Tokugawa*, ed. John W. Hall, et al., pp. 248-270.
―――, "Shōgun kenryoku no sōshutsu" 将軍権力の創出, in *Rekishi hyōron* 歷史評論, nos. 241, 266, 293 (1970-1974).
―――, "Shōgun seiji no kenryoku kōzō," 将軍政治の権力構造, in *Iwanami kōza Nihon rekishi* 岩波講座日本歷史. 26 vols., Iwanami Shoten, 1975-1977, 10:1-56.
Aston, W. G., tr. *Nihongi*. London: George Allen & Unwin, Ltd., 1956.

Beyond
70
世界的啟迪

逆轉中華：
江戶日本如何運用情報與外交改寫東亞秩序
State and Diplomacy in Early Modern Japan: Asia in the Development of the Tokugawa Bakufu

作者	羅納德・托比（Ronald P. Toby）
譯者	堯嘉寧
副總編輯	洪仕翰
責任編輯	王晨宇
行銷總監	陳雅雯
行銷企劃	趙鴻祐、張偉豪、張詠晶
封面設計	陳恩安
排版	宸遠彩藝
出版	衛城出版 / 遠足文化事業股份有限公司
發行	遠足文化事業股份有限公司（讀書共和國出版集團）
地址	231 新北市新店區民權路 108-3 號 8 樓
電話	02-22181417
傳真	02-22180727
客服專線	0800-221029
法律顧問	華洋法律事務所　蘇文生律師
印刷	呈靖彩藝有限公司
初版	2024 年 8 月
定價	550 元
ISBN	9786267376638（紙本）
	9786267376584（EPUB）
	9786267376577（PDF）

有著作權，侵害必究　（缺頁或破損的書，請寄回更換）
歡迎團體訂購，另有優惠，請洽 02-22181417，分機 1124
特別聲明：有關本書中的言論內容，不代表本公司 / 出版集團之立場與意見，文責由作者自行承擔。

State and Diplomacy in Early Modern Japan: Asia in the Development of the Tokugawa Bakufu, by Ronald P. Toby, published in English by Stanford University Press.
Copyright © 1984, Preface © 1991 by the Board of Trustees of the Leland Stanford junior University or other copyright holder name. All rights reserved. This translation is published by arrangement with Stanford University Press, www.sup.org.
Complex Chinese translation copyright © 2024
by Acropolis, an imprint of Walkers Cultural Enterprise Ltd.

ACROPOLIS
衛城出版
Email　acropolismde@gmail.com
Facebook　www.facebook.com/acrolispublish

國家圖書館出版品預行編目(CIP)資料

逆轉中華：江戶日本如何運用情報與外交改寫東亞秩序/羅納德.托比(Ronald P. Toby)作；堯嘉寧譯－初版－新北市：衛城出版，遠足文化事業股份有限公司, 2024.08
　面；　公分.－(Beyond；70)(世界的啟迪)
譯自：State and diplomacy in early modern Japan : Asia in the development of the Tokugawa Bakufu
ISBN 978-626-7376-63-8（平裝）

1. 外交史　2. 外交政策　3. 國際關係
4. 江戶時代　5. 東亞

578.31　　　　　　　　　　　　　113009684